미국 정치와 동아시아 외교정책

미국 정치와 동아시아 외교정책

초판1쇄 발행　2017년 3월 30일
초판4쇄 발행　2020년 5월 11일

지은이　서정건 · 유성진 · 이재묵
펴낸이　한균태
펴낸곳　경희대학교 출판문화원
주소　서울시 동대문구 경희대로 26
전화　02-961-0106~8, 팩스 02-961-0291
설립　1960년 9월 16일 제5-8호
등록　1977년 11월 8일 제6-5호
홈페이지　www.khupress.com
전자우편　press@khu.ac.kr

ISBN 978-89-8222-560-4(93340)

AMERICAN POLITICS AND US ASIA POLICY

미국 정치와 동아시아 외교정책

서정건 · 유성진 · 이재묵

경희대학교 출판문화원

American Politics and US Asia Policy

Jungkun Seo
Sung-Jin Yoo
Jae Mook Lee

※ 이 책은 재단법인 여시재(與時齋)와 한국연구재단(NRF-2016-S1A3A2925063)의 지원을 받아 수행된 연구 결과물입니다.

| 서 문 |

미국의 외교정책이 동아시아 국제질서 형성과 변화에 미치는 영향은 크다. 제2차 세계대전 이후 미국 주도의 안보-경제 공동체가 유럽에 구축되었고, 미국 중심의 중층적 양자 관계가 동아시아에 만들어졌다. 그런데 일찍이 찰스 비어드(Charles Beard)가 지적한 대로, 태평양과 대서양 두 대양(大洋)으로 둘러싸인 지리적 특성 탓에 미국은 유럽식 세력 균형(balance-of-power) 필요에 익숙지 않다. 만일 스탈린이 통치하는 소련과의 이념 경쟁이 없었다면 미국은 제1차 세계대전 종결 이후와 마찬가지로 고립주의 전통에 복귀하였을지 모른다. 민주주의, 반공주의, 자유주의 등 가치적 동기가 마련되어야 비로소 국민이 공감하는 외교정책을 만들고 시행할 수 있는 나라가 미국이다. 이처럼 미국의 대외 정책은 국내 정치와 밀접하다.

이 책은 미국의 정치 제도와 과정 분석을 기초로 미국의 동아시아 외교정책을 누가 어떻게 만들고 주도하는지 밝힌다. 미국의 아시아 정책에 관한 기존 논의가 주로 국제 정치 수준과 관점에서 이루어진 데 비해 우리는 이념, 이익, 제도 등 미국 내 요소들의 상호작용에 주목한다. 자유주의와 공화주의가 복합적으로 만들어 내는 미국 외교의 이념적 성향이 동아시아 외교에 그대로 적용될까? 미국의 국익에 대한 다차원적 내부 정의는 아시아 정책에 어떤 차이를 만들어 낼까? 미국 특유의 견제와 균형 제도는 동아시아 외교정책 결정 과정을 어떻게 바꾸어 왔을까? 미국 정치의 시각에서 이 문제들에 대한 답을 찾아볼 것이다.

이후 3장과 4장, 5장에 걸쳐 중국, 일본, 한반도를 대상으로 하는 미국 외교정책의 결정 요인과 형성 과정에 대해 체계적으로 살펴본다. G-2시대 중국은 안보, 무역, 환경, 인권 등 다양한 이슈를 통해 미국 국내 정치에 자리매김하고 있다. 일본의 경우 1980년대 통상 마찰이 사그라진 이후 보다 원만한 동맹 관계가 공고해지는 양상이다. 아직까지 미국 내 이익과 직접 연결되어 있다고 보기 어려운 한반도 문제가 어느 순간 미국 문제(Americanization)로 급변할지 예측 불허다. 동아시아 3개국에 대한 미국의 외교정책을 분석한 이후 결론을 대신하여 2016년 미국 대통령 선거를 분석하고 트럼프 시대 미국 외교를 전망한다.

이 책은 우리 세 사람이 함께 이룬 연구와 토론의 결과물이다. 함께 공부하며 얻은 자극과 기쁨은 오랫동안 기억될 만하다. 2016년 한국정당학회(국회)와 한국정치학회(부산) 학술 대회에서 얻은 여러 선배, 동료 학자들의 비평과 제안도 큰 도움이 되었다. 언제나 변함없이 응원을 보내 주는 가족은 우리 공부의 원동력임에 늘 고맙다. 마지막으로 미국 정치와 동아시아 정책에 관한 우리의 분석이 평화롭고 통일된 나라를 꿈꾸는 모든 이들의 상상력에 조금이라도 보탬이 되기를 감히 기대해 본다.

저자를 대표하여
서정건

| 차 례 |

서문 5

제1장 미국 정치와 동아시아

1. 안에서 밖으로 19
2. 밖에서 안으로 24
3. 국내 정치 분석의 의미 27
4. 누가 결정하는가? 30

제2장 미국 정치와 동아시아 — 이념, 이익, 제도

1. 미국 정치와 동아시아 외교정책 : 이념을 중심으로 41
   1) 미국의 외교정책 : 국내 정치적 영향 요인과 이념
   2) 미국의 동아시아 외교정책 : 지역적 특수성과 미국적 가치
2. 미국 정치와 동아시아 외교정책 : 이익을 중심으로 60
   1) 미국 국가이익의 결정 요인들 : 인과관계의 깔때기
   2) 미국 국가이익 분석 : 이론에서 현실로
3. 미국 정치와 동아시아 외교정책 : 제도를 중심으로 81
4. 미국 정치와 동아시아 외교정책 : 이념, 이익, 제도와 정책 담당자들 92

제3장 G-2 시대 미국 정치와 중국 정책 — 균형과 통합 **서정건**

1. 들어가며 97
2. 미국 정치와 중국 정책 : 변화와 지속 101
   1) 냉전 시기 : 중국 카드에 대한 저울질 시기
   2) 냉전 이후 및 21세기 G-2 시대 : 균형과 통합 사이
3. 미국 정치와 중국 정책 : 이념, 이익, 제도 109
4. 미국 행정부와 중국 정책 결정자들 : 충원 과정과 특징 113
5. 미국의 중국 정책은 어떻게 결정되는가? 120
   1) 의회 차원
   2) 정당 및 여론 차원
6. 마치며 130

제4장 미국의 동아시아 정책과 일본
— 안보 가치와 경제 이익의 양면성 **유성진**

1. 들어가며 135
2. 미국 정치와 일본 정책 : 변화와 지속 138
   1) 냉전 시기 : 패전국에서 냉전의 교두보로
   2) 냉전 이후 : 경제 이익의 충돌 그리고 중국의 부상과 동아시아
3. 미국 정치와 일본 정책 : 이념, 이익, 제도 146

4. 미국 행정부와 일본 정책 결정자들 : 충원 과정과 특징　149
5. 미국의 일본 정책은 어떻게 결정되는가?　155
　1) 의회 차원
　2) 여론 차원
6. 마치며　168

제5장 미국의 한반도 외교정책
— 결정 요인 및 정치 과정을 중심으로　**이재묵**

1. 들어가며　173
2. 미국 정치와 한반도 정책 : 변화와 지속　175
　1) 냉전 시기
　2) 냉전의 종식 및 냉전 이후
3. 미국 정치와 한반도 정책 : 이념, 이익, 제도　187
4. 미국 행정부와 한반도 정책 결정자들 : 충원 과정과 특징　190
5. 미국의 한반도 정책은 어떻게 결정되는가?　201
　1) 의회 차원
　2) 여론 차원
6. 마치며　221

제6장 2016년 미국 대선의 의미와 아시아 정책 전망

1. 2016년 미국 대선의 의미　229
2. 2016년 미국 대선과 동아시아 관계 전망　237

참고문헌　245

| 표 목록 |

표 1 역대 미국 국무부 동아시아-태평양 담당 차관보

표 2 미국 주요 싱크탱크 및 연구진 분석

표 3 국제 정치 이론에 따른 국가이익의 분류

표 4 국가안보전략보고서에 나타난 미국의 국가이익

표 5 냉전 초기 중국 정책에 대한 미국 의회의 표결 현황

표 6 중국에 대한 최혜국대우(MFN) 부여를 둘러싼 미국 하원의 표결

표 7 제109대 미국 의회 중국 핵발전소 대출 금지 법안 표결(2005~2006)

표 8 미국 국무장관의 아시아 방문 횟수(2005~2016)

표 9 미국과 중국의 상품 교역(2002~2015)

표 10 미국 하원 외교위원회 아시아-태평양 소위원회

표 11 중국 관련 미국 의회의 초당파적 / 당파적 입장 차이(1973~2005)

표 12 중국의 부상에 대한 미국 여론(2016년 4월)

표 13 미국의 대일 무역수지(1989~2015)

표 14 역대 국무부 동아시아-태평양 차관보

표 15 미 하원 외무위원회 위원장

표 16 미 상원 외교위원회 위원장

표 17 제114대 미국 상원 군사위원회(2015~2017)

표 18 2000년 이후 미국 국가안보보좌관과 주요 경력

표 19 제113대 미국 의회 한반도 관련 위원회별 청문회 개최 횟수

표 20 최근 10년간 미국 의회 내 코리아 코커스 공동의장 역임자 (제109~114대)

| 그림 목록 |

그림 1 미국 정치 양극화와 북한 정책(2009～2012)
그림 2 미국적 가치와 이념
그림 3 미국적 가치와 이념 그리고 정책 형성
그림 4 미국 외교정책 결정 모형
그림 5 미국 의회의 적극적 외교정책 개입 양상(1789～2001)
그림 6 미국의 행정협약 비율(1789～1989)
그림 7 미국인들의 아시아 각국에 대한 태도(2015년 1월)
그림 8 미국인들의 일본인에 대한 태도
그림 9 미국인들의 일본에 대한 인식 : 공정한 무역 파트너?
그림 10 중국의 부상과 미·일 관계
그림 11 경제 관계에서 일본과 중국에 대한 미국인들의 선호
그림 12 미국의 한반도 정책 관련 주요 관계자 라인
그림 13 제111～112대 미국 의회의 북한 관련 법안이나 결의안 분포
그림 14 미국 외교 엘리트들의 주한 및 해외 미군 주둔 필요성 인식 조사
그림 15 미국 외교 엘리트들의 한국에 대한 군사적 방어 의지 조사
그림 16 미국 일반 국민들의 한국에 대한 군사적 방어 의지 조사
그림 17 한·미·일 3개국 시민들의 한·미·일 삼각 동맹 중요성 인식 조사
그림 18 미국 일반 국민들의 북한 문제 해법에 대한 선호 조사
그림 19 미국 일반 국민들의 한반도 통일 이후 한·미 동맹 선호 조사
그림 20 미국 역사상 중대 선거들
그림 21 2016년 미국 대선 결과
그림 22 역대 미국 대선의 인종별 정당 지지 변화

제 1 장

미국 정치와 동아시아

미국의 대외 정책(American Grand Strategy)은 동아시아 지역에 어떻게 적용되는가? 거꾸로 동아시아 국제 정세의 특수성이 미국 외교정책의 제도적 틀에 미치는 상관관계 혹은 영향력은 무엇인가? 로버트 서터(Robert Sutter)에 따르면, 미국의 동아시아 외교정책은 그동안 미국이 추진해 온 세 가지 정책 목표의 결정판이라 할 수 있다.(Sutter 2009) 세 가지 정책 목표는, 첫째 동아시아 지역에서 미국의 군사 이익에 유리한 힘의 균형 유지와 미국에 적대적인 세력에 의한 지역 균형 파괴 방지, 둘째는 무역과 투자의 증대를 통한 미국의 경제 이익 증대와 보호, 셋째는 민주주의와 인권 등 미국이 중요시 여기는 가치와 규범을 동아시아 지역에서 증진시키는 일이다. 다만 세 가지 정책 목표의 우선순위는 시대에 따라 변해 왔는데, 이는 외교정책 결정자들이 미국의 동아시아 외교정책을 설정하고 조직화하는데 있어 시대별로 상이한 국내외 환경에 부응해야 했기 때문이다.

실제로 북대서양조약기구(NATO)를 위시한 미국의 유럽 정책 기조인 다자주의(multilateralism) 원칙이 동아시아에는 적용되지 않는다. 대신에 동아시아에는 양자주의(bilateralism)가 중층적으로 존재한다.(Hemmer and Katzenstein 2002 ; Stein 2014) 제2차 세계대전 이후 미국 주도의 국제 질서와 냉전 종식 이후 G-2(미·중 경쟁) 시대에 있어서 미국이 중국, 일본 및 한반도에 대해 표방하는 외교정책은 내용과 형식이 모두 같지는 않다. 또한 이렇게 서로 다른 정책의 제도적 기반 역시 개별적으로 분석할 필요가 있다. 전후 미국 외교정책의 제도적 맥락이 유럽과의 군사 동맹 및 경제 교류, 이스라엘과의 국내외적 유대 관계를 기반으로 형성된 점을 고려할 때 공산당 지배의 중국, 아시아 동맹의 핵심축(linchpin) 일본 그리고 분단된 한반도에 적용되어 온 미국 외교정책의 제도적 틀을 종합적으로 검토할 필요가 있는 것이다. 다시 말해 미국의 기존 대외 정책의 제도적 맥락이 동아시아 정책에 반영된 측면도 있고, 반대로 동아시아에서 벌어진 국제 정치에 의해 미국 국내의 외교정책과 제도들이 영향을 받고 변화된 양상도 있다. 따라서 이에 대한 총체적이고 균형 잡힌 분석이 필수적이다. 이것은 곧 미국 정치와 동아시아 상호작용의 '안'과 '밖'을 동시에 살펴야 하는 이유이기도 하다.

미국 외교정책의 틀이 동아시아 지역과 연관될 때 달라지는 점은 무엇일까? 첫째, 상대적으로 의회의 영향보다는 행정부의 역할이 커진다는 점을 꼽을 수 있다. 물론 의회의 개입적 역할이 주목 받고 그 영향력을 무시하지 못할 사례들이 종종 있어 왔다. 예를 들어 1989년 천안문 사태 이후 2000년 중국의 세계무역기구(WTO) 가입을 위한 최혜국대우 영구 적용 법안(Permanent Normal Trade Relations)이 통과되는 시기까지 의회가 매년 중국 문제를 놓고 토론과 표결을 거치며 입김을 발휘한 일이 있다.(Seo 2010) 1980년대 엄청난 규모의 무역 적자로 인해 "일본 때리기(Japan bashing)" 역할에 앞장선 것도 의회였고, 2007년 정부 간에 합의된 한국과 미국 간 자유무역협정(KORUS)이 2011년에 가서야 통과된 것도 의회 내에 발생한 이견 때문이었다.

하지만 동아시아와 관련하여 의회의 역할과 영향은 주로 무역 관련 정책에 집중된 경향을 보이는데, 그마저도 동아시아 국가들로부터의 수입으로 인한 미국 국내의 승자와 패자(winners-and-losers) 관련 사항이 주를 이룬다. 다시 말해 외교정책의 제도적 틀 관점에서 보자면 주로 반응적(reactive) 정책 논의가 의회에서 비정기적으로 선거철을 중심으로 이루어지는 정도이다. 게다가 안보 관련, 이른바 상위 정치(high politics) 분야까지 외교정책 영역을 확대하면 행정부 주도 현상이 더욱 눈에 띈다. 백악관 내부의 대통령 보좌진 중 동아시아 담당자들과 국무부 및 국방부의 동아시아 데스크 정도로 주요 정책 형성 및 결정자들이 국한되는 양상을 보인다.(Bader 2012) 하지만 이들도 주목할 만한 핵심 역할자라기보다는 백악관 내부와 외부를 잇는 연결 고리 기능을 담당하고 동아시아 국가 정부와 협의를 주로 맡는 모양새다.[1] 결국 미국의 동아시아 외교정책의 제도적 특징은 의회에 비해 행정부가 주도하는 형태라 할 수 있다. 행정부 내에서도 광범하지 않은 소규모 집단의 정책 담당자들이 중심이 되고 정치적 고려보다 관료적 협의가 우선인 모양새이다.

둘째, 미국의 동아시아 관계가 주로 국가별로 상이한 양자 관계(bilateral relations)에 기반하고 있고 그 내용상 안보와 경제 이슈가 상호 연결된 양상을 보임에 따라 미국 외교정책의 제도적 양상도 혼재적 특징을 보인다. 이러한 양상은 냉전 이후 구소련과의 이념 대결이 막을 내리고 지구촌 경제(economic globalization)에서의 국가 간 경쟁과 협력이 미국 외교정책의 기조가 되면서 본격화되었다. 실제로 미국의 중국 정책은 세력 균형 또는 경제 협력 중 어느 한쪽 방향으로 규정되지 않고 안보와 경제가 서로 영향을 미치는 가운데 외교정책적 균형점을 찾아 나가는 추세이다. 특히 중국 공산당의 사회/문화 정책에 반감을 가지는 새로운 보수 그룹이 1990년대 중반 이후 공화당 내로 진입하고, 자유주의적 국제주의(liberal internationalism)에 찬성하지 않는 무역 규제 선호 그룹이 민주당 내 일정 세력을 형성함에 따라 미국의 중국 정책에 대해 공화당과 민주당 모두 내부에서 다양한 목소리가 터져 나오고 있다.(Seo and Trubowitz 2012 ; Gries 2014) 또한 일본과 한국의 경우 동아시아 지역 핵심 군사 동맹국이자 주요

1 한편 미국 외교정책을 역사 기자 입장에서 주로 다루어 온 제임스 만(Mann 2004, 127)에 따르면, 레이건 행정부 시절 동아시아 외교정책을 전담한 트로이카는 국무부의 폴 울포위츠(Paul Wolfowitz), 국방부의 리처드 아미티지(Richard Armitage), 국가안보회의의 개스턴 시거(Gaston Sigur)였다. 이들은 매주 월요일 오후 정기 회합을 가졌고, 중국 또는 타이완 상대 무기 수출 등 현안이 등장하면 보다 비공개적인 만남을 통해 정책을 조율했다.

교역국이라는 특성이 “안보-무역 교차(security-trade nexus)”라는 정책 흐름을 만든다.(Seo 2015) 다시 말해 무역 및 경제 협력으로 인한 국내 정치적 파급력을 고려할 때도 정책 담당자와 의회 지도자들의 셈법에 군사 동맹 관계가 늘 주요 변수로 들어가 있다는 분석이 가능하다.

셋째, 동아시아 지역의 이해관계를 직접적으로 반영하는 미국 국내의 이익 단체 정치가 활발하지 못한 반면에 이를 대체하는 해외 정부 로비가 활성화되어 있다.(Smith 2005) 1940년대와 1950년대 미국 의회 정치에 영향을 미쳤던 “차이나 로비(China Lobby)”의 경우 장제스(蔣介石)를 지지하는 미국 내 엘리트들과 공화당 내 의원들이 주를 이루었다.(Koen 1974) 이후 “차이나 로비”가 점차 사라지고 미국 국내 아시아계 시민들의 정치 참여가 활발하지 못한 상황에서 동아시아 관련 이익 단체들은 거의 형성되지 않았다. 물론 노동조합을 중심으로 일본 그리고 이후에는 중국과의 무역 역조와 일자리 이동 등에 대한 시정을 요구하는 이익 집단들이 생겨났다. 하지만 당파에 관계없이 자유 무역을 선호하는 역대 미국 대통령들의 리더십으로 인해 무역 관련 이익 집단 정치가 뿌리내리지 못한 측면도 있다. 이러한 상황에서 주목할 점은 일본과 한국 정부가 미국 워싱턴에서 경쟁적으로 벌이는 정부 로비라고 할 수 있다.(Calder 2014) 워싱턴 내의 영향력 있는 로비스트들을 고용하여 미국 정·관계의 유력 인사들을 접촉하고 자국의 정치 및 경제적 이익을 증진하는 방식인데, 이는 이익 단체의 입김이 일정 정도 작용하는 기존의 미국 외교정책의 제도적 형태와는 구별되어 분석되어야 한다.

그러면 미국을 움직이는 힘은 무엇일까? 누가 어떤 동기를 가지고 미국 외교정책을 만드는 것일까? 이 책에서는 미국 외교정책 사례를 분석함으로써 미국 정치의 근간이 되는 이념 및 가치 체계와 정책 결정 과정을 고찰하고자 한다. 사실 미국 외교정책에 대해서는 그동안 많은 저술들이 미국과 해외 학자들에 의해 집필되었다. 하지만 대부분의 연구들이 단편적인 이슈를 설명하거나 인물 중심의 스토리를 전개하는 데 그치고 있다. 미국 외교정책 결정 과정을 총체적으로 분석하면서 핵심을 아우르는 연구는 의외로 찾아보기 어렵다. 특히 한반도와 일본, 중국 등 동아시아 3개 지역을 대상으로 한 미국 외교정책의 경우 정책이 결정되는 과정과 주요 행위자는 더더욱 베일에 가려져 있다. 또한 최근 미국이 아시아에 새로운 관심을 갖고 있고 중국의 부상에 따른 대책을 체계적으로 강구함에 따라 다각도의 연구와 분석이 필요한 실정이다.

이 책은 기존의 국제 정치 논의 및 외교정책 분석과는 다른 몇가지 방법론적 특징을 가지고 있다. 첫째, 통상적으로 미국 외교정책 분석은 국가 대 국가, 즉 현실주의적 전통에 기반을 둔 국제 정치 관점에서 기술되어 온 데 반해 이 책은 미국 정치에 대한 이해를 바탕으로 하여 미국 외교정책 결정과 행위자 수급(elites recruitment)을 분석한다. 이는 국내 정치와 국제 정치의 상호 영향을 함께 다루는 국제 정치학의 최근 연구 경향에 맞추어 국내 정치가 국제 정치에 미치는 실질적 영향을 검증해 보는 작업이기도 하다.(Fearon 1998 ; Kupchan and Trubowitz 2007 ; Milner and Tingley 2016) 둘째, 미국의 아시아 정책 결정 과정에서 그 행위자들은 누구이며 어떠한 가치 체계를 근간으로 어떤 목적을 가지고 정책을 수립하고 집행하는지에 대해 일관된 연구 틀을 적용한다. 가설 검증을 통한 이론 정립이라는 기존의 순수 학문적 접근법과는 달리 미국의 외교정책 엘리트들에 대한 개별 정보들을 공유하는 차원이기도 하다. 셋째, 실제 사례 분석을 통해 미시적 기초(micro foundation) 관점에서 미국의 아시아 정책에 대한 종합적 이해를 도모한다. 중국과 일본, 한반도와 관련된 미국의 동아시아 외교정책 사례를 선별하여 구체적이고 총체적인 조사와 분석을 수행함으로써 추상적 서술이 아닌 실체적 이해를 추구한다.

1. 안에서 밖으로

미국의 국내 정치적 상황으로 인해 동아시아 외교정책이 형성된 경우는 적지 않다. “안에서 밖으로”라고 명명할 수 있는 이러한 상관관계는 의회-행정부 관계, 선거와 정당 경쟁 등 미국의 민주주의 시스템이 동아시아 외교정책 결정과 집행에 미치는 영향을 가리킨다. 여기서는 미국 정치가 동아시아 외교정책 전환을 가져온 역사적 사례를 몇 가지 소개한다. 먼저 남북전쟁 이후 미국 정당 정치와 중국인 노동자 문제를 살펴보자. 중국과 미국의 최초 조약인 1868년 벌링게임 조약(Burlingame Treaty)으로 인해 중국인 노동자들이 급속히 미국 내로 유입되었다. 남북전쟁(Civil War)을 거치면서 노동력 공급에 어려움을 겪던 미국의 국내 경제에 이들 중국인 노동자들은 경제 회복의 새로운 활력소가 되었다. 1870년대 이후 물밀 듯이 들어온 중국인 노동자들이 탄광 산업, 담배 산업, 구두 산업 등의 일자리를 차지하게 되었던 것이다. 하지만 이들이 미국 사회에 적응하고 미국 노동자들과 동화되어 지내는 문제는 전혀 별개의 것이었다. 중국인 노동자들은 언어, 문화 등의 이유로 자기들끼리 모여 살고 변발을 고집한 채 미국 사회의 일원이 되기 위한 노력을 거의 하지 않았다. 특히 캘리포니아 지역에 밀집되었던 중국인 노동자들은 광산업 등에서 값싼 노동력을 제공함으로써 백인 노동자들과 점점 더 갈등의 골이 깊어졌다.

중국 이민 노동자들에 대해 캘리포니아를 중심으로 한 서부 지역 백인 유권자들이 가지고 있던 반감은 남북전쟁 이후 진행되었던 남부 재건설(Reconstruction) 시대가 1876년 대선을 계기로 종식됨에 따라 민주당에게는 호재로, 공화당에게는 악재로 작용하게 되었다. 캘리포니아를 중심으로 한 서부 지역이 대권 향배를 결정짓는 경쟁 지역(swing state)으로 부상하였고, 미국 연방 의회에서도 서로 다른 입장을 가진 의원들과 대권 주자들이 각자의 이념과 가치관, 정치적 성공 등을 위해 경쟁을 벌이게 된 것이다.(Seo 2011)

예를 들어 캘리포니아의 호레이스 페이지(Horace Page) 하원의원은 적극적으로 중국인 노동자 입국 금지 법안을 발의함으로써, 소속한 정당의 입장을 따르기보다 철저히 지역구 위주의 활동을 펼쳤다. 이에 반해 공화당 중진 상원의원인 조지 호어(George F. Hoar)는 중국인 노동자들에게도 평등권을 주어야 한다는 주장을 제기하였다. 링컨당(Party of Lincoln)으로서의 정체성을 지키자는 입장이었다. 연방 상원의원이자 1884년 대권 후보였던 제임스 블레인(James G. Blaine)은 자신이 대표하는 동부 메인 주의 정서와는 상관없이 캘리포니아 출신 의원들과 합세하여 중국인 노동자의 축출과 금지에 적극적으로 나섰다.

요컨대 중국과의 1868년 조약의 결과 값싼 중국인 노동자들이 대거 유입되고 이에 따른 정치적 파장이 커지면서 미국의 대통령 선거 경쟁에 임하는 정당 및 정치인들이 서로 정치적 유불리에 따라 정책 선호를 재구성하게 된 것이다. 그 결과 1882년 향후 10년간 중국인 노동자들의 미국 내 입국을 금지하는 법안이 의회에서 통과되었고 중국과의 관계에도 부정적 영향을 미치게 되었다. 이후 중국인 금지 법안은 1943년 제2차 세계대전 종식을 위해 중국국민당의 협력이 필요한 상황에서 프랭클린 루스벨트(Franklin D. Roosevelt) 대통령이 직접 사과하면서 폐지되는 수순을 밟는다.

미국의 국내 정치가 동아시아 외교정책에 미치는 영향을 보여 주는 또 다른 예는 북한의 인권 문제이다. 미국 의회 내에서는 지속적으로 북한의 핵 문제나 인권 상황에 관심을 가지고 있는 특정 의원들이 존재한다.(Seo 2013) 1993년부터 2009년까지 북한 관련 법안 및 결의안들을 분석한 결과, 공화당의 에드 로이스(Edward Randall Royce) 하원의원과 크리스 스미스(Chris Smith) 하원의원이 가장 빈번하게 발의자 또는 공동 발의자로 참여하였음이 밝혀졌다. 에드 로이스 하원의원은 현재 미국 하원의 외교위원회 위원장을 맡고 있다. 캘리포니아 주 출신인데, 그의 지역구는 아시아 출신과 히스패닉 인구가 거의 50퍼센트를 차지할 정도로 소수 인종이 주를 이루는 곳이다. 특히 로이스 의원의 지역구에 위치하고 있는 오렌지카운티(Orange

County)는 미국 전국적으로 볼 때도 한국계 2세 또는 이민자들이 가장 많이 거주하는 지역이다. 크리스 스미스 의원은 뉴저지 제4지역구 출신으로 1981년 이래 하원에서 활동한 베테랑 외교정책 전문가 의원이다. 중국의 인권에 큰 관심을 보이며 북한 문제 중에서도 북한 주민의 인권 문제에 특히 주의를 기울이고 있으며, 관련 청문회와 공청회도 수차례 개최한 바 있다.

또 다른 캘리포니아 출신 연방 하원의원인 데이나 로라바커(Dana Rohrabacher) 의원의 경우도 강경 보수 노선에 근거하여, 북한의 인권 상황에 비판적 목소리를 내는 정치인으로 알려져 있다. 사실 북한 탈북자 문제에 있어서는 샘 브라운백(Samuel Dale 'Sam' Brownback) 전 상원의원을 거론하지 않을 수 없다. 샘 브라운백은 캔자스 주 연방 상원의원을 지냈고, 현재는 주지사로 활동하고 있다. 2008년 미국 대선 경선에 뛰어든 브라운백은 당시 존 매케인(John McCain) 후보가 강경 보수 및 기독교 근본주의 그룹으로부터 확실한 지지를 얻지 못하자, 이에 착안하여 북한 인권 문제를 제기하는 전략을 사용하였다. 여성 의원 중 플로리다 주 연방 하원의원인 일리애나 로스레티넌(Ileana Ros-Lehtinen) 의원이 특히 활발한 북한 정책통인데, 2008년 북한인권법을 다시 만들어 의회에 제출한 것으로 유명하다. 로스레티넌 의원은 쿠바계 미국인으로서 피델 카스트로(Fidel Castro)의 일인 독재와 인권 탄압을 경험했는데, 이러한 개인적 경험이 북한의 독재와 탄압에 대한 반감으로 이어졌다고 볼 수 있다.

이처럼 미국 의회 내 다양한 구성원들이 각각 이념과 이익 등에 기초하여 북한의 인권 문제에 적극성을 보이고 있다. 이것은 미국의

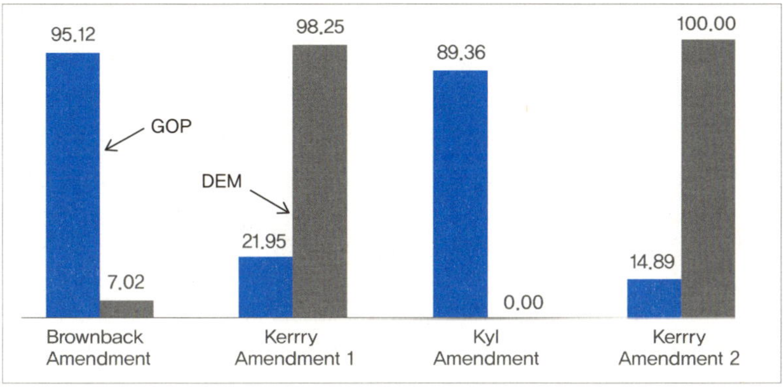

출처 : Seo(2013, 204)

그림 1 미국 정치 양극화와 북한 정책(2009~2012)

국내 정치, 특히 의회 제도에 기반을 둔 동아시아 외교정책의 단면을 보여 준다 할 수 있다. 또한 현재 미국 정치의 가장 큰 문제인 양극화 현상이 의회의 북한 문제 접근법에도 여실히 적용된 사례가 있다. 제111대 의회(2009~2010년)에서는 북한을 테러 지원 국가로 규정하는 문제를 두고 표결을 한 결과, 온건파 존 케리(John F. Kerry) 상원의원과 강경파 샘 브라운백 상원의원이 제시한 두 가지 판이한 수정안에 현격하게 당파적인 표결 상황을 보인 것이다.(그림 1 참조) 제112대 의회(2011~2012년)에서는 북한의 미사일 발사에 대응한 조치로서 식량 원조를 중단해야 한다는 존 카일(John H. Kyl) 의원과 대통령에게 이 문제를 일임하자는 존 케리 의원이 대립하였을 때 또 한 차례 공화당 소속 의원들과 민주당 소속 의원들이 당파적 표 대결을 벌인 일이 있다.

2. 밖에서 안으로

미국의 동아시아 정책은 국내 정치에 의해 주로 영향을 받지만, 반대로 동아시아 관련 국제 정세가 거꾸로 미국 국내 정치와 외교정책에 영향을 미치기도 한다. 먼저 1949년 중국의 공산화는 향후 대통령과 의회 중심의 미국 외교정책에서 지속적인 변화를 이끌어 냈다. 1949년 10월에 중국 본토가 마오쩌둥(毛澤東)이 이끄는 공산당에 의해 장악되고 장제스의 국민당은 당시 포르모사(Formosa, 포르투갈어로 '아름다운 섬'이라는 뜻의 '일랴 포르모사Ilha Formosa'에서 유래함)로 알려진 현재의 타이완으로 도피하게 되었는데, 이 일은 1932년 이래 대통령 선거에서 이겨보지 못한 공화당에 호재로 작용하였다. 만년 야당으로 지지부진하던 공화당에게 "중국의 몰락", 즉 공산당에게 중국 본토가 넘어간 사실은 해리 트루먼(Harry S. Truman) 대통령과 당시 집권당이던 민주당을 공격할 수 있는 정치적 자산이 된 것이다. 동아시아 국제 정세 변화가 미국의 국내 정치에 미친 이러한 파장은 이후 미국 정치와 외교정책에 큰 영향을 미쳤다. 공산주의를 막지 못한 정치적 책임을 직접 목격하고 1952년 대권을 쟁취한 드와이트 아이젠하워(Dwight David Eisenhower) 대통령이 "도미노 이론"을 내세우며 인도차이나 지역에 군사 전문가를 파견한 사실이나, 린든 존슨(Lyndon B. Johnson) 대통령이 미국 내의 거센 저항을 무릅쓰고 재선 이후 1965년 베트남 확전을 결정한 예가 그것이다.

또한 1989년 중국의 천안문 사태는 당시 중국공산당을 상대로 한 개혁 요구와 시위를 둘러싸고 벌어졌지만, 미국 내 중국 정책이 전환되는 결정적 계기가 되었다. 사실 1979년 지미 카터(Jimmy Carter) 행정부가 중국과 국교를 수립한 이래 1989년까지는 중국과의 무역 관계에 대한 의회의 초당파적인 동의가 존재했다. 1974년 제정된 잭슨-베닉 수정안(Jackson–Vanik Amendment)을 대통령이 면제해 줄 것을 의회에 요청하였고, 의회가 이를 뒤엎는 결의안을 통과시키지 않는 한 최혜국대우(most–favored–nation treatment) 조항을 중국과의 무역에 적용하도록 되었다. 그런데 1989년 6월 중국의 천안문 사태가 전 세계에 생중계되었고 이를 접한 미국 국민들은 경악하였다. 미국 내 중국 여론이 급속도로 악화되자 중국과의 무역이 갑자기 정치적 쟁점으로 부상하게 되었다.

이전까지 미국 국민들 사이의 중국 관련 인식은 무역과 교류를 통해 양국 간의 관계가 개선될수록 중국의 민주화에 기여할 것이라는 생각이 주를 이루었다.(Mann 2007) 그러나 중국 국민들의 민주화 요구와 시위에 대한 중국 정부와 군대의 무차별적인 탄압을 직접 목격하게 됨으로써 미국 내 여론은 급속도로 반중국 쪽으로 기울었다. 이 모든 과정은 특히 1980년 대선에서 로널드 레이건(Ronald Reagan)에게 정권을 넘겨준 이래 세 번 연속 대통령 선거에서 패배하였던 민주당에게는 공화당 행정부의 외교정책 실패를 부각시킬 수 있는 절호의 기회로 여겨졌다. 중국 문제가 미국 내 정치 이슈로 부각되는 경로에서 단순히 국제 문제로서뿐 아니라 미국 국내 정당 정치와 선거 정치의 주요 변수로 등장하는 과정을 다시금 확인해 볼 수 있는 것이다.

동아시아 국제 정세가 미국 외교정책을 바꾸어 놓은 또 하나의 주요 사례는 한국전쟁이다. 1946년 미국 중간 선거에서 공화당이 내건 "이제 그만 충분하다(enough is enough)" 슬로건은 제2차 세계대전 참전으로 잠복해 있던 미국 국민들의 반(反)국가주의 정서를 자극하기에 충분했다. 1932년 이후 처음으로 다수당 위치를 되찾은 공화당을 상대로 일찍이 해럴드 라스웰(Harold Lasswell)이 경계한 요새국가(garrison state) 가능성이 있는 정책을 추진하기는 매우 어려운 상황이었다.(Lasswell 1941) 그런데 구소련과 냉전 구도 하의 국방비 증액 주장이 담긴 국가안보회의 문서(NSC-68)를 복원시킨 것이 바로 1950년 발발한 한국전쟁이었다. 스탈린의 지원을 받은 북한의 침공, 이후 공산화된 중국의 참전 등은 냉전이라는 국제 정세가 반공이라는 미국 국내 정치로 그 영향력을 증대시킨 계기가 된 것이다.

한국전쟁에 대한 미국의 개입은 1950년부터 불어닥친 매카시즘(McCarthyism)과 더불어 제1차 세계대전 이후 우드로 윌슨(Woodrow Wilson)의 국제연맹 아이디어 실패, 일상으로의 복귀(back to normalcy) 흐름과는 정반대로 미국의 적극적이고 주도적인 국제 질서 창시자 및 유지자의 역할을 제도적으로 보장하게 되었다. 또한 1952년 대선에서 "한국을 방문하겠다(I shall go to Korea)"고 천명하고 승리를 쟁취한 드와이트 아이젠하워 후보는 전통적인 민주당 텃밭인 남부 주들 중 일부에서 승리함으로써 이후 정당 재편성(partisan realignment)의 가능성을 열어 놓았다. 결국 한국전쟁이 없었다면 제2차 세계대전 이후의 미국 국내 정치가 국제주의 외교(internationalist policy)를 적극적으로 수용했을지 장담할 수 없는 상황인 것이다.

3. 국내 정치 분석의 의미

앞서 살펴본 대로 미국 정치와 동아시아는 역사적으로 상호작용을 통해 서로에게 영향을 끼쳐 왔다. 하지만 제2차 세계대전 이후 미국 주도의 국제 질서 수립과 유지를 설명하려는 국제 정치 연구들은 지역적으로 미국과 유럽/중동 관계에 치중했고 이론적으로 체제 수준의 국제 관계에 집중해 왔다. 월터 러셀 미드(Walter Russell Mead)는 이러한 "현실주의(realism)" 또는 "자유주의(liberalism)" 국제 정치 이론이 유럽 정치의 세력 균형(balance of power) 전통에 경도되어 있으며 미국 특유의 복잡한 외교정책을 분석하기에는 지나치게 이분법적이라고 파악한다. 대신에 미국 외교정책 역사상 국제주의(internationalism)와 고립주의(isolationism)를 대표하는 정치가들의 이름을 따서 4가지 유형의 분류법을 제시하였다.(Mead 2002)

우선 국제주의 전통에 속하는 해밀턴주의(Hamiltonianism)는 조지 워싱턴(George Washington) 초대 내각의 재무장관이자 연방파의 대표 이론가였던 알렉산더 해밀턴(Alexander Hamilton)의 무역 위주의 적극적인 외교정책을 가리킨다. 영국으로부터 독립했지만 신생국 미국의 향후 국가 비전을 영국식 통상국가(commercial state)에 두었던 알렉산더 해밀턴은 무역이 평화를 가져온다는 믿음을 가지고 있었다. 이는 제2차 세계대전 이후 팍스아메리카나(Pax Americana) 시대를 지탱했던 자유 무역 원칙으로 이어졌고, 2016년 공화당 대선 후보 경선에서 도널드 트럼프(Donald Trump)가 공격했던 공화당 주류의 대외 정책 입장과도 일맥상통한다. 로널드 레이건 이래 미국의 역대 대통령들이 후보 자격으로 선거 유세를 할 때 중국을 비판하다가 당선이 되면 별다른 반중국 정책을 내놓지 않는 이유도 바로 해밀턴주의로 설명할 수 있다. 중국 시장에서 미국의 이익을 수호하는 것이야말로 정치 지도자가 만드는 외교정책의 근간이 되어야 한다고 보기 때문이다.

같은 국제주의적 접근이지만 무역이나 경제 중심이 아닌 가치와 규범 차원의 외교정책 방향은 윌슨주의(Wilsonianism)로 명명된다. 자유와 인권 등 민주주의 가치 체계를 수호하고 전파하는 것이 미국 외교정책의 대명제이어야 한다는 주장이다. 제1차 세계대전에서 승리한 후 국제연맹(League of Nations) 창설을 주장하고 14개 조항(Fourteen Points) 등을 발표한 우드로 윌슨 대통령의 외교정책에서 착안하였다. 1916년 대선 유세 당시 유럽의 전쟁에 개입하지 않을 것을 약속했던 윌슨 대통령이 1917년 연임한 첫해에 참전을 결정하면서 내세웠던 슬로건 또한 "민주주의를 위해 세계를 구하려는(saving the world for democracy)" 전쟁이었다. 일부 학자들은 조지 W. 부시(George W. Bush) 행정부의 9·11 대응 전략 및 이라크 전쟁을 "군화로 수행하는 윌슨주의(Wilsonianism in boots)"라고 부르는데, 이는 민주주의 가치를 전파하는 방식이 일방적이고 무력적이라고 보기 때문이다.

국제주의와 맞서는 고립주의 전통 또한 미국 외교정책 역사의 상당 부분을 차지한다. 물론 제2차 세계대전 이후 미국 중심의 세계 질서 안에서 상대적으로 그 영향력을 상실한 것이 사실이지만, 조지 워싱턴 대통령이 중립주의("Entangling Alliances with None") 조언을 표방한 이래 국제 정세 변화에 따라 미국 정계의 비개입주의는 늘 화

두가 되어 오고 있다. 이 중에서 제퍼슨주의(Jeffersonianism)는 특히 해밀턴주의에 반대하는 진영인데, 통상으로 촉진되는 세계화 과정은 결국 특정 대기업과 금융 자본가들에게만 유리할 뿐이라고 본다. 토머스 제퍼슨(Thomas Jefferson) 대통령이 1800년 대선에서 승리할 수 있도록 한 국내 경제와 주 정부 중심의 아이디어는 현재 민주당 내 해외 자유 무역을 반대하는 노조들 및 이익 단체들의 입장과 동일하다. 게다가 2016년 경선 과정에서 돌풍을 일으킨 공화당의 도널드 트럼프와 민주당의 버니 샌더스(Bernie Sanders)도 공정 무역을 지지하고 나섰으며, 힐러리 클린턴(Hillary Clinton) 또한 환태평양경제동반자협정(Trans–Pacific Partnership)에 반대하는 입장을 분명히 했다.

마지막으로 잭슨주의(Jacksonianism)는 국제주의와 고립주의 중간쯤 위치하는 접근법으로 평상시 고립주의 외교 기조를 유지하다가 이유를 막론하고 미국의 국익에 손해가 생기는 경우 철저한 보복과 응징에 나선다는 입장이다. 1812년 전쟁의 영웅 앤드루 잭슨(Andrew Jackson) 대통령이 당시 국경을 넘어 영국군 2명을 쫓아가 사살한 사건에서 유례를 찾아볼 수 있다. 제2차 세계대전 이후 미국 중심으로 세계 질서가 재편되기 이전, 그리고 제2차 세계대전 이후에도 종종 잭슨주의는 미국 외교가의 핵심 사상으로 부상하여 영향을 끼쳐 왔다. 예를 들어 1999년 미국 상원이 제시 헬름스(Jesse Helms, R–NC) 외교위원장의 주도로 핵실험금지조약(Comprehensive Nuclear–Test Ban Treaty)을 부결시켰는데, 미국의 독자적 행동과 결정을 제약하는 국제 규범은 인정하지 않겠다는 일종의 잭슨주의식 선언과 다름없었다. 콜린 듀익(Colin Dueck)에 따르면(Dueck 2015), 현재 공화당 내에는 세 부류의 외교정책 그룹 — 국제주의자, 비개입주의자, 민족주의자 — 이 있다. 이 중 민족주의 성향이 바로 잭슨주의이며, 공화당 도널드 트럼프의 외교정책 발상도 이와 흡사하다.

4. 누가 결정하는가?

앞서 미국의 국내 정치가 외교정책 결정에 미치는 영향을 살펴보았다. 하지만 실제로 미국 국내의 정치적 전통과 이념들의 총합만으로 대외 정책이 만들어진다고 결론짓기는 쉽지 않다. 특히 군사 및 안보 분야의 경우 의회, 선거, 정당, 이익 단체, 여론 등의 영향력보다는 국제 정세 맥락과 외교 담당자들의 리더십과 실천력이 더 중요하다. 이를테면 냉전 시대 공산권과의 데탕트를 촉발했던 1972년 리처드 닉슨(Richard Nixon) 대통령의 중국 방문(Opening to China) 같은 전격적 외교정책 실행은 국내 정치 행위자들 간의 토론, 압력 혹은 전략 등의 결과물로 보기는 어렵다. 또 현재 남중국해를 둘러싼 중국과의 영토 분쟁이 미국의 국내 정치 영역에서 주요 논쟁 거리로 등장할 것으로 기대하기는 어렵다. 결국 행정부 내 외교정책 담당자들의 역할이 중요한데, 이들의 외교 경험과 정치적 판단이 미국의 동아시아 외교정책 어젠더를 설정하게 된다. 국무부 정책 결정자들과 미국의 싱크탱크를 예로 들어 설명해 보자.

우선 국무부 동아시아–태평양 담당 차관보(Assistant Secretary for East Asia and the Pacific)들의 면면에 주목할 필요가 있다. 1908년 설

립된 극동과(Division of Far Eastern Affairs)는 국무부 내 최초의 지역 단위 부서였고, 1949년 후버위원회(Hoover Commission)의 권고에 따라 극동 담당 차관보 자리가 만들어졌다. 1966년 동아시아-태평양 담당 차관보로 이름이 바뀐 이래 딘 러스크(Dean Rusk, 1950~1951년), 리처드 홀부르크(Richard Holbrooke, 1977~1981년), 폴 울포위츠(Paul Wolfowitz, 1982~1986년), 개스턴 시거(Gaston Sigur, 1986~1989년), 조지 솔로몬(George Solomon, 1989~1992년), 윌리엄 클라크(William Clark, 1992~1993년), 윈스턴 로드(Winston Lord, 1993~1997년), 제임스 켈리(James Kelly, 2001~2005년), 크리스토퍼 힐(Christopher Hill, 2005~2009년), 커트 캠벨(Kurt Campbell, 2009~2013년) 그리고 대니얼 러셀(Daniel Russel, 2013~2017년) 등이 직책을 이어 왔다. 표 1은 빌 클린턴(Bill Clinton) 행정부 이후 국무부 동아시아-태평양 담당 차관보들의 학력과 주요 경력을 정리한 것이다.

한편 국무부 내 동아시아-태평양 담당 차관보들이 외교정책의 최전선에서 일하는 당국자들이라면, 워싱턴 소재 싱크탱크는 아시아 정책 전문가들에게 일종의 회전문 역할을 맡고 있다. 오랜 기간 외교 관련 실무 및 연구 기관에 종사해 온 리처드 하스(Richard Haass) 미국외교협회장(President, Council on Foreign Relations) 또한 싱크탱크의 역할을 강조한다.[2] 리처드 하스에 따르면, 미국에서 싱크탱크는

2 2016년 3월 4일 《로이터 통신》 보도에 따르면, 공화당 대선 후보 도널드 트럼프가 호감을 표현한 3명의 외교정책 전문가 중에 리처드 하스가 포함된다. 원문은 다음과 같다. "Asked who he trusts on national security, Trump had warm words for three men with world views that differ from one another, and who diverge sharply on some key issues

크게 5가지 경로를 통해 대외 정책 형성 과정에 영향을 행사할 수 있다. ① 먼저 싱크탱크는 참신한 아이디어와 정책 옵션을 제시한다. ② 그들은 정부 요직에 배치될 주요 전문가들을 위한 훌륭한 전문가 인력풀을 공급해 준다. ③ 전문적이고 수준 있는 논의의 장을 마련해 준다. ④ 미국 일반 시민들에게 국제 문제나 외교 이슈에 대한 교육과 정보를 제공해 준다. ⑤ 갈등을 중재하고 해결하고자 하는 공식적 업무들을 보완해 준다.

사실 미국에서 싱크탱크는 길게는 100년이라는 오랜 역사를 갖고 있다. 학자들은 설립 시기를 기준으로 주요 싱크탱크들을 세대로 구분하기도 한다.(김인욱 2011) 우선 1세대 싱크탱크들은 제1차 세계대전 전후인 1910년경부터 설립되기 시작했는데, 초창기에 이들은 주로 정치적으로 독립적으로 활동하며 정부 기관에 관련 분야에 대한 전문 지식과 정보를 제공하여 정책 자문을 하는 것이 주된 업무였다고 할 수 있다. 대표적인 1세대 미국 싱크탱크로는 카네기재단(Carnegie Endowment for International Peace, 1910년 설립), 후에 브루킹스연구소(Brookings Institute, 1927년 공식 설립)로 발전하는 정부연구소(Institute for Government Research, 1916년 설립), 그리고 미국외교협회(Council on Foreign Relations, 1921년 설립) 등이 존재한다.

2세대 미국 싱크탱크들은 제2차 세계대전이 끝난 1945년 즈음부터 본격적으로 설립되기 시작한다. 제2차 세계대전 승리 및 냉전의

from Trump himself. They are former diplomat Richard Haass and retired U.S. Army officers Gen. Jack Keane and Col. Jack Jacobs." Warren Strobel. *Reuters*, Mar 4, 2016.

표 1 역대 미국 국무부 동아시아-태평양 담당 차관보

국무부 동아시아·태평양 차관보	대통령	학력 및 경력
윈스턴 로드 (Winston Lord) 1993.04~ 1997.02	빌 클린턴	예일대학교 학사(Yale College) 터프츠대학교(Fletcher School) 석사 국무부 동아시아·태평양 담당 차관보(1993~1997) 주중국 미국대사관 대사(1985~1989) 대통령의 외교관계협의회 소속(1977~1985) 국무부 정책기획부 부장(1973~1977) 국가안보특별보좌관(1970~1973)
스탠리 로스 (Stanley O. Roth) 1997.08~ 2001.01	빌 클린턴	브랜다이스대학교 정치학 학사 존스홉킨스대학교 석사 국무부 동아시아·태평양담당 차관보(1997~2001) 국가안전보장회의 아시아 담당 특별보좌관(1994~1996) 국무부 동아시아·태평양 담당 부차관보(1993~1994)
제임스 켈리 (James Kelly) 2001.03~ 2005.01	조지 W. 부시	하버드대학교 학·석사 미국 해군사관학교(U. S. Naval Academy) 미국 국방대학교 국방연수원(National War College) 국무부 동아시아·태평양 담당 차관보(2001~2005) 국제전략문제연구소 태평양포럼 의장(1994~2001)
크리스토퍼 힐 (Christopher Hill) 2005.04~ 2009.04	조지 W. 부시 & 버락 오바마	보도인대학(Bowdoin College) 경제학 학사 미국해군대학(Naval War College) 석사 미국 덴버대학교 국제대학학장(2010~) 주이라크 미국대사관 대사(2009~2010) 국무부 동아시아·태평양 담당 차관보(2005~2009) 주한 미국대사관 대사(2004~2005) 주폴란드 미국대사관 대사(2000~2004) 주마케도니아 미국대사관 대사(1996~1999) 주알바니아 미국대사관 부대사(1991) 주한 미국대사관 경제 담당 서기관(1985)
커트 캠벨 (Kurt Campbell) 2009.06~ 2013.02	버락 오바마	캘리포니아대학교(UC San Diego) 학사 아르메니아 예레반대학교 수료(Yerevan University in Soviet Armenia) 옥스퍼드대학교 국제관계학 박사 아시아그룹(Asia Group) CEO(2013~) 국무부 동아시아·태평양 담당 차관보(2009~2013) 신미국안보센터 소장(2007) 하버드대학교 케네디대학원 공공정책학 부교수(1988~1993)

대니얼 러셀 (Daniel Russel) 2013.07~	버락 오바마	세라로렌스대학 학사 영국 런던대학교 국무부 동아시아·태평양 담당 차관보(2013~) 국가안보회의 동아시아 담당 보좌관(2009~2013) 국무부 일본 담당관(2008~2009) 주고베 미국 총영사관 총영사(2005~2008) 주네덜란드 미국대리대사(2002~2005) 주오사카 미국 총영사관 총영사(1999~2002) 주한 미국대사관 북한 담당관(1992~1995)

출처 : 저자 정리

시작으로 외교 안보 관련 정책 수요가 높아진 만큼 이 시기에 설립된 주요 민간 연구 기관들은 주로 정부 용역을 담당하기 일쑤였다. 대표적인 2세대 싱크탱크로는 초기 공군 자금의 도움을 받기도 한 랜드연구소(RAND Corporation) 등이 있다.

3세대 싱크탱크들은 주로 1970년대 이후부터 설립된 민간 또는 정부 출연 연구 기관들을 말하는데, 이들은 기존 싱크탱크들과 달리 보다 능동적이며 적극적으로 특정 이념과 정치색을 드러내며 때로 정부를 압박하는 행태를 보이기도 하였다. 보수적 이념 색채가 강한 헤리티지재단(Heritage Foundation, 1973년 설립), 그리고 미국의 대표적 진보 정책 연구소 중 하나인 정책연구소(Institute for Policy Studies, 1963년 설립) 등이 대표적인 제3세대 싱크탱크들이라 할 수 있을 것이다.

미국 싱크탱크들은 주로 정책 자문을 통해 미국 대외 정책에 영향을 행사하지만, 주요 정부 요직에 전문가 풀을 제공해 정책 결정 과정에 개입하기도 한다. 실제로 버락 오바마(Barack Obama) 행정부뿐만 아니라 과거 클린턴 행정부와 조지 W. 부시 행정부에도 많은 외교 안보 관료들이 주요 싱크탱크에서 충원된 것은 널리 알려진 사실이다. 조지 W. 부시 행정부에서 군비 통제와 국가 안보 담당 차관을 지내고 나중에 주 UN 대사에 임명된 존 볼턴(John Bolton)은 대표적인 경제 관련 싱크탱크인 미국기업연구소(American Enterprise Institute)의 부소장을 맡았고, 조지 W. 부시 행정부에서 동아시아-태평양 차관보를 지낸 제임스 켈리(James Kelly)도 국제전략문제연구소(CSIS)의 태평양 포럼 책임자였다. 뿐만 아니라 클린턴 행정부의 국무부 장관이었던 매들린 올브라이트(Madeleine Albright)도 장관으로 재임하기 전 워싱턴의 국가정책연구소(Center for National Policy)를 이끌었던 경험이 있다. 매들린 올브라이트와 함께 클린턴 국무부를 이끌었던 스트로브 탤벗(Strobe Talbott) 전 국무부 부장관은 퇴직 후 오랜 기간 동안 브루킹스연구소장으로 재직하고 있다.

정책이나 외교 관련 연구 기관에 근무하다 관련 행정부나 정부 기관으로 종종 충원되기도 하고, 또 외교나 정무 관련 현직 업무를 보다 퇴임 후 다시 싱크탱크로 돌아와 관련 연구 업무를 지속하게 해준다는 점에서 미국 싱크탱크는 종종 "회전문"에 비유되기도 한다.(Haass 2002, 9) 이런 이유로 한반도 관련 정책 자문 역할을 하는 미국의 주요 싱크탱크와 연구진에 대한 관심이 필요하다. 이들 연구소는 미국 정부의 한반도 관련 주요 정책에 직간접적 영향을 행사할 수 있으며, 또한 장차 상황에 따라 이들 연구진이 직접 관련 업무를 담당하는 공직자로 충원될 가능성도 충분히 존재하기 때문이다. 표 2는 미국 내 주요 싱크탱크에서 한반도 관련 정책 연구를 담당하고 있는 주요 연구진들을 정리한 것이다(비상근 연구자 제외).

결론적으로 미국 외교정책의 경우 국제 관계 맥락과 국내 정치 변

표 2 미국 주요 싱크탱크 및 연구진 분석

연구소	성향	연구자	직책	학력	경력
헤리티지재단 (Heritage Foundation)	보수	브루스 클링너 (Bruce Klingner)	Senor Research Fellow	석사	CIA
		피터 브룩스 (Peter Brookes)	Senior Fellow	박사	정부·민간
카토연구소 (Cato Institute)	보수	더그 밴도 (Doug Bandow)	Senior Fellow	JD	인콰이어리(Inquiry) 편집인
		테드 갤런 카펜터 (Ted Galen Carpenter)	Senior Fellow	박사	전 VP
미국기업연구소 (American Enterprise Institute)	보수	니콜라스 에버스태트 (Nicholas Eberstadt)	Scholar	박사	싱크탱크
사사카와 평화재단 (Sasakawa Peace Foundation USA)	보수	드니스 블레어 (Dennis Blair)	Chairman, CEO	석사	전 미 해군 사령관 전 DNI
		준코 차노 (Junko Chano)	President, Executive Director	석사	일본국제교류기금, 필라델피아재단, 포드재단
		대니얼 봅 (Daniel Bob)	Director, Senior Fellow	석사	미국외교협회, 오바마 캠프
국제전략문제연구소 (CSIS)	중도-우	빅터 차 (Victor Cha)	Korea Chair	박사	컬럼비아대 교수
		리사 콜린스 (Lisa Collins)	Fellow	JD	아산정책
아시아재단 (Asia Foundation)	중도	딜런 데이비스 (Dylan Davis)	Country Repre-rentatives	학사	버클리대 연구소

미국외교협회 (Council on Foreign Relations)	중도	스콧 스나이더 (Scott Snyder)	Senior Fellow	석사	싱크탱크
피터슨 국제경제연구소 (Peterson Institute for International Economics)	중도	마커스 놀런드 (Marcus Noland)	Director	박사	싱크탱크
미국평화연구소 (United States Institute of Peace)	중도	존 박 (John S. Park)	Senior Research Associate	박사	민간·학계
SAIS 한·미연구소 (US-Korea Institute at SAIS)	중도	S. W. 보스워스 (S. W. Bosworth)	Emeritus Chairman	학사	주한대사
		재 구 (Jae H. Ku)	Director	박사	학계
브루킹스연구소 (Brookings Institute)	중도-좌	마이클 오핸런 (Michael O'Hanlon)	Senior Fellow	박사	CBO
		리처드 부시 3세 (Richard Bush III)	Director	박사	NIC
카네기재단 (Carnegie Endowment for International Peace)	중도-좌	토비 댈턴 (Toby Dalton)	Co-Director	박사	국무부
		폴 해늘 (Paul Haenle)	Director	석사	미 육군, NSC
국제정책센터 (Center for International Policy)	중도-좌	셀리그 해리슨 (Selig Harrison)	Director	학사	언론
정책연구소 (Institute for Policy Studies)	진보	존 페퍼 (John Feffer)	Director		싱크탱크/학계

출처 : 김인욱(2011)의 분류를 근거로 최근 정보 및 수정 사항 업데이트 (비상근 연구자 제외), 이념 분류는 FAIR STUDY : Think Tank Spectrum 2012 등의 자료를 참고하여 저자가 작성.

수들을 종합적으로 판단해야 한다. 정치 제도, 정당 경쟁, 이익 집단, 이념 대립, 여론 변화, 선거 운동, 미디어, 사회 운동 등 국내 정치적 기반 위에서 국제 관계상의 국가이익(national interest)이 정의되기 때문이다. 그런데 의외로 국내 정치와 대외 정책 간의 상호작용에 관한 정치학 연구는 많지 않다. 역사학자들은 예를 들어 의회와 정당 또는 대통령이 대외 정책을 형성하는 데 관여하는 사례들에 대해 체계적인 연구를 이어오고 있는 반면, 국제 정치학자들은 외교정책과 국내 정치는 별 상관관계가 없는 것으로 간주해 왔다.

이러한 경향은 주로 케네스 왈츠(Kenneth Waltz)가 주창한 구조적 현실주의(structural realism) 국제 이론에 기인한다. 현대 주류 국제 정치 이론은 국가가 합리적(rational)이며 단일한(unitary) 행위자여서 국내 정치적 차이는 외교정책상의 차이를 초래하지 않는다고 본다. 하지만 미국의 외교정책 영역은 단순한 군사, 안보뿐만 아니라 경제, 사회, 문화, 원조, 종교, 자원, 비정부 단체, 국제기구 등 다양한 분야에 걸쳐 있다. 미국의 대외 정책이 단순히 대통령과 행정부 관료들의 전유물이 될 수 없는 이유이다. 이 책에서는 우선 미국 정치와 외교정책을 이념, 이익, 제도 차원에서 분석해 본다. 이후 미국 정치의 다양한 각도에서 중국, 일본, 한반도 등 동아시아 지역 외교의 결정 주체와 결정 과정을 면밀하게 살펴볼 것이다.

특히 미국 정치와 동아시아에 대해 집중해서 살펴볼 질문들은 다음과 같다. 미국의 백악관(White House), 국무부(State Department), 국방부(Defense Department) 그리고 기타 정부 부처의 동아시아 정책을 담당하는 직책은 어떻게 구성되며 주요 담당자는 누구인가? 이들은 어떤 배경과 가치관을 가지고 주요 직책에 임명되었으며 아시아 정책을 만드는 원칙과 전략구이며 이들은 어떠한 이유에서 아시아에 관심을 가지게 되었는가? 실제로 미국 외교정책은 국내 정당 정치 및 의회/선거와 큰 관련이 있는데, 미국의 상원과 하원 의원들이 취해 온 동아시아 정책의 비전은 무엇이며, 행정부의 정책 수행에 어떠한 영향을 미쳐 왔는가? 마지막으로 미국 정치와 외교정책에 종종 결정적 방향을 제시하는 여론은 어떻게 작용하는가? 우리는 미국의 동아시아 외교정책에 있어 국가별 사례를 중심으로 미국을 움직이는 힘을 분석하고 미국의 동아시아 외교정책의 미래를 전망함으로써 21세기 G-2 시대 한국 외교의 새로운 좌표를 모색해 보고자 한다.

제 2 장

미국 정치와 동아시아 — 이념, 이익, 제도

1. 미국 정치와 동아시아 외교정책 : 이념을 중심으로

전통적으로 국제 정치와 국내 정치는 그 환경적 상이성으로 인해 행위자들의 상호작용이 각기 다른 특성을 가지는 것으로 이해되어 왔다. 대표적으로 국제 정치 환경은 동등한 권한을 갖는 국가 행위자들로 구성되어 무정부적 속성을 지니며 폭력적 갈등 요인이 상존하는 까닭에 생존을 위한 "자구(自救, self-help)"가 무엇보다 중요한 행위자들의 목표로 인식되어 왔다.(Morgenthau 1948 ; Waltz 1979) 이러한 국제 정치의 환경적 특성은 국제 정치에서의 상호작용을 국내 정치의 상호작용과는 명확히 구분되는 것으로 각인시켜 왔다.[3] 그러나 최근 국제 정치와 국내 정치가 행위자 간 상호작용이 발생하는 환경에서 차이가 있지만 그 상호작용이 양자 간의 밀접한 연계를 통해 결정된다는 주장이 폭넓게 제기되고 있다. 국제 정치의 장에서 결정된 선택은 국내 정치의 여러 행위자들에게 영향을 미치는 한편, 국내 정치적 선택이 국제 정치 행위자들의 의사 결정과 선택을 제약한다는 사실은 이미 많은 연구들에 의해 설득력 있게 제시되고 있다.(Martin 2000 ; Milner 1997 ; Putnam 1988)

실제로 국제 정치 행위자들 역시 국내 정치적 요인에 의해 권한을 위임 받고 그 위임에 맞추어 의사 결정을 하도록 되어 있기 때문에 국제 정치와 국내 정치의 연관성 자체를 부인하기는 대단히 어렵다. 또한 대외 정책이 갖는 국내 정치적 폭발성이 매우 크며, 대외 정책을 둘러싼 사회적 갈등의 경우 대부분 그 강도에서 더 이상 국내 정책을 둘러싼 갈등과 큰 차이를 보이지 않는다. 게다가 이러한 갈등이 사회·정치적 분열로 전환되는 것도 이미 일상적인 일이 되어 버렸다. 요컨대 국제 정치와 국내 정치와의 연관성은 그 자체로 논란의 여지가 없어 보인다. 따라서 국내 정치적 요인에 대한 고려 없이 대외 정책을 설명한다는 것은 더 이상 설득력을 갖기 어려운 것이 사실이다. 그러나 국제 정치와 국내 정치가 갖는 상호작용의 내용이 무엇인지 그리고 국내 정치의 어떠한 요인들이 어떠한 방식으로 국

3 이러한 현실주의 시각과는 조금 다른 관점에서 헤들리 불(Hedley Bull)은 국제 정치에서도 국내 정치적 속성들이 관찰될 수 있다고 본다.(Bull 1977) 이는 국제 정치에서 '사회(society)'라고 일컬어질 수 있는 국내 정치적 속성들이 배양될 수 있는 가능성을 제시하는 것이지만 이 역시 국제 정치의 무정부적 속성을 전제한다는 점에서 국내 정치적 영향력을 주장하는 최근의 연구들과 차이가 있다.

제 정치적 선택과 결정에 영향을 미치는지에 관해서는 아직 명확한 이해가 정립되어 있지 못하다.

이 장에서는 이러한 공백을 메우기 위한 노력의 일환으로, 국내 정치적 요인에 초점을 맞추어 미국의 동아시아 정책이 어떻게 설명될 수 있는지 검토한다. 특히 미국적 가치와 이념에 초점을 맞추어 이론적 차원에서 그것이 미국의 동아시아 정책을 결정하고 실행하는 데 어떠한 영향을 미치는지 살펴본다. 이를 위해 기존 논의를 토대로 미국의 외교정책에 영향을 미치는 국내 정치적 요인들을 먼저 살펴보고, 그 속에서 이념이 어떠한 역할을 수행하는지 논의한다. 또한 미국의 동아시아 외교정책에 초점을 맞추어 미국의 이념이 동아시아 지역의 대외 정책을 결정하는 데 어떠한 영향을 미치는지 검토한 뒤 동아시아 지역의 특수성을 고려하여 몇 가지 주목할 점을 살펴본다.

1) 미국의 외교정책 : 국내 정치적 영향 요인과 이념

삼권분립의 원칙을 기반으로 형성된 대통령제 정치 체제에서는 대통령을 정점으로 한 행정부와 선거를 통해 입법 권한을 위임 받은 의회가 정책 결정에 직접적 권한을 갖게 된다. 이러한 정치 체제하에서 행정부-의회 관계의 중요성은, 두 행위자가 헌법으로부터 각기 다른 권한을 부여 받은 동시에 민주적 방식으로 대중으로부터 권한을 위임 받았다는 민주적 정당성을 갖고 있다는 사실에서 파생한다. 따라서 정책 결정 과정에서 두 정치 제도 간의 상호작용은 지속적인 관심의 대상이 되어 왔다.

정책 결정 과정에서 행정부와 의회 간의 관계는 그 정책의 내용과 범위가 무엇인지에 따라 달라진다. 일반적으로 국내의 합의를 전제로 한 국내 정책에서는 의회가 입법 과정의 주도권을 잡고 행정부를 견제·감시하는 역할을 능동적으로 수행한다. 반면에 다른 국가들과의 관계를 수반한 외교정책에서는 행정부가 주도권을 잡고 정책 결정을 진행하며 의회는 행정부에 의해 일차적으로 제안된 내용을 검토, 승인하는 과정에서만 제한적 역할을 수행한다고 이해된다. 결국 외교정책을 결정하는 과정에서 의회의 역할은 제한적인 것으로 여겨져 왔고, 많은 연구들이 외교정책에서 행정부의 주도성을 지적하고 있다.(Crabb and Holt 1989 ; Desler 1985 ; Goldstein 1986; Neustadt 1960 ; Pastor 1980 ; Robinson 1967 ; Schlesinger 1973 ; Sundquist 1981)

문제는 외교정책에서 행정부가 주도적 역할을 수행한다는 점이 의회의 수동적 역할을 의미하지는 않는다는 점이다. 외교정책을 국내 정책과의 상호작용 속에서 파악하고 국내 정치적 관점에서 외교정책의 결정 과정에 주목하는 주장들은 크게 세 가지 측면에서 국내 정치적 영향력이 대외 정책을 설명하는 데 포함되어야 한다고 본다.(Martin 2000, 21~52 ; Milner 1997, 33~66) 첫째, 외교정책의 결정에는 다양한 국내 정치적 행위자들이 관여한다. 표면상 대통령을 정점으로 하는 행정부에 의해 주도되는 것처럼 보이지만 실제로 외교정책을 결정하는 데에는 대통령과 행정부는 물론, 의회와 현안과 관련된 다양한 이익 집단들이 참여하기 마련이다. 때문에 외교정책의 결정에는 다양한 행위자들의 이해관계가 수반되며 국내 정치적 요인들이 영향을 미친다.

둘째, 권력 기관 간 견제와 균형이 제도화된 민주주의 정치 체제 하에서 정책의 실행은 제도적으로 다양한 제도적 장벽을 무사히 통과할 경우에만 가능하다. 외교정책의 실행에서는 의회의 검토와 승인이 필수적인 절차인 경우가 빈번하다. 따라서 외교정책을 주도하는 대통령과 행정부의 입장에서 정책을 실행하기 위해서는 이러한 제도적 견제 장치의 통과를 고려해야 할 필요가 있다. 그러한 과정에서 권력 구조와 행정부와 의회 간 권력 배분이 정책 실행에서 중요한 영향을 미친다. 마지막으로, 대통령과 행정부 역시 민주적 선거에 의해 권한을 위임 받았기 때문에 국내 정치적 고려로부터 자유롭지 않다. 선거를 통해 실행된 정책들을 평가 받게 되어 있는 상황에서 국제 정치의 주요 행위자인 대통령과 행정부가 국내 정치적인 고려 없이 정책을 실행한다는 것은 기대하기 어렵다. 외교정책 역시 이러한 국내 정치적 고려에서 예외가 될 수 없다는 것이다. 이와 같은 논거는 미국 외교정책 결정 과정에서 대통령과 정당, 이익 집단 등 주요 국내 정치적 행위자들의 선호가 어떻게 구성되는지가 매우 중요함을 의미한다. 더불어 각 행위자들 간 국내 정치적 권력분립의 형태 역시 중요한 결정 요인이 됨을 의미한다.

이상의 논의에서 볼 때 행위자들의 이해관계 그리고 국내 정치적 권력 구조 등 국내 정치적 요인들이 미국의 외교정책에 미치는 영향은 자명해 보인다. 문제는 이러한 논의들이 국내 정치와 국제 정치의 긴밀한 상호작용을 보여 주는 데는 유용하지만, 외교정책의 내용과 구체적 정책을 통해서 추구하는 바가 무엇인지 파악하는 데에는 그리 도움이 되지 않는다는 점이다. 다시 말해, 각 행위자들이 왜 특정한 선호를 주장하는지 그리고 특정한 시기에 선택된 외교정책의 목적이 무엇인지는 각 행위자들의 선호가 어떠한 내용을 축으로 형성되며 미국 외교정책을 역사적으로 이끌어 온 근본적 가치들이 무엇인지에 대한 이해가 선행될 경우에만 가능하다. 여기에서 미국적 가치 그리고 그것이 응축된 결과물인 이념에 대한 고려가 중요해진다. 이러한 고려가 미국 외교정책의 역사적 흐름과 선택을 이해하는 데에 중요한 단서를 제공해 줄 수 있기 때문이다.

그러면 미국을 지탱하는 근본적 가치들은 무엇인가? 알렉시스 드 토크빌(Charles Alexis Clérel de Tocqueville)이 일찍이 통찰력 있게 관찰했듯이 한 나라의 정치 체계를 이해하려면 제도적 접근이나 사회 경제적 접근만으로는 충분하지 않으며, 그 공동체의 가치관이나 윤리 및 신념에 대한 이해가 같이 이루어져야 한다. 이런 측면에서 미국 사회의 핵심적 가치와 그것이 응축된 이념에 대한 이해는 국내 정책이든 외교정책이든 정책을 결정하는 과정을 파악하는 데 대단히 중요하다. 학자마다 세부적인 내용에서 차이는 있지만 미국 사회를 지탱해 온 핵심 가치로 공통적으로 언급되는 것으로 크게 자유주의와 공화주의를 들 수 있다.[4]

미국의 자유주의는 존 로크(John Locke)의 자유주의를 지칭하는 것으로 개인주의와 사적 권리를 중시하는 이념적 전통을 의미한다.(Hartz 1955) 원래 개인의 정치적 자유로부터 출발한 로크의 자유주의는 미국 자본주의의 성장을 거치면서 경제적 자유주의로서의 내용을 함께 담게 되었고, 이후 다원주의적 색채가 가미되면서 사회적 권리 보장의 내용도 포괄하게 되었다.[5] 그 결과 미국의 자유주의는 정치·경제·사회의 영역에서 개인의 자유를 보장하는 포괄적 의미를 갖게 되었는데, 제한정부론에 기반하여 정부 권력의 분립과 견제와 균형의 원리를 도입하고 경제 영역에서 공적 부문의 배제 그리고 사회적 영역에서 다양한 형태의 시민권 보장 등의 내용을 담고 있다.

미국 사회를 지탱해 온 또 다른 핵심 가치는 공화주의이다. 단순하게 말해, 미국의 공화주의는 시민의 자유를 보장하기 위해 정치적 부패가 방지되어야 하며 이를 위해서는 시민의 덕성과 애국심 그리고 공동체 정신이 중요하다고 보는 견해이다. 공화주의를 주장하는 학자들은 자유주의 이념이 강조하는 개인의 자유와 평등 그리고 이를 보장하기 위한 제한 정부와 시장자율주의와는 또 다른 가치가 미국 건국 시기에 형성되었다고 본다. 이들에 따르면, 건국 당시의 미국인들은 시민의 자유 보장을 위해 정치적 부패 방지가 대단히 중요하며 이를 위한 방편으로 시민의 덕성과 애국심 그리고 공동체 정신을 강조하였다. 이로 인해 개인의 권리만큼이나 공동체의 이

4 권용립은 미국 역사학의 합의 사학의 논의를 통해 '자유주의'와 '공화주의'를 초기부터 미국의 '합의된 정치 이념'으로 파악하고 이 둘의 융합이 미국 정치와 외교의 틀을 잡아온 '미국의 정치 문명'의 토대이며, 이 두 정치 이념의 긴장과 융합을 통해 미국 정치와 외교를 설명할 수 있다고 주장한다.(권용립 2003, 47~65) 미국 역사학계에서 각각의 정치 이념이 형성되는 과정에서 관해서는 권용립(2003), 제3장을 볼 것.

5 권용립은 이를 "로크의 정치적 자유주의와 애덤 스미스의 경제적 자유방임주의를 섞어놓은, 일종의 자유방임적 자본주의, 자유방임적 자유주의를 의미하는 것으로 변질했다"고 본다.(권용립 2003, 90~91)

익을 강조하고 개인의 사적 이익보다 공민적 의무와 덕성의 중요성을 강조하는 공화주의적 전통을 구성하게 되었다.(Bailyn 1967 ; Wood 1969)

자유주의와 공화주의라는 미국 사회를 지탱하는 두 핵심 가치는 현실에서 미묘하게 절충되는 모습을 취한다. 개인의 정치적·경제적·사회적 자유를 중시하는 자유주의적 가치는 공민적 의무와 덕성의 중요성을 강조하는 공화주의적 가치와 긴장 관계를 형성하며, 이 두 핵심 가치는 서로가 극단화하지 않도록 제어하는 역할을 수행한다. 즉 자유주의적 가치는 공화주의적 가치가 담고 있는 틀 내에서 제약되며, 공화주의적 가치는 미국 사회를 지탱하는 자유주의적 가치가 극단화하여 이러한 가치를 보존하는 것이 문제시될 때 영향력을 얻게 된다. 이러한 두 핵심 가치는 미국 사회를 이끌어 가는 축으로 기능한다. 즉 사회 변화에 따라 일종의 진자와 같이 때로는 자유주의적 가치가, 때로는 공화주의적 가치가 부각되는 상황이 이어지며 영향력을 행사하고 있다. 보다 본질적 측면에서 이러한 핵심 가치의 이면에는 이민자 국가로서 다양한 인종적·문화적 집단을 포용하면서 국민적 정체성을 확립해야 한다는 강박감이 내면화되어 있다고 할 수 있다. 이렇듯 두 핵심 가치는 일정한 범위 내에서 긴장 관계를 형성하면서 절충적인 타협으로 이어지고 있다.

비슷한 맥락에서 허버트 매클로스키(Herbert McClosky)와 존 잴러(John Zaller)는 20세기 미국 사회를 구성하는 핵심 가치로 자본주의와 민주주의를 들며 양자 간의 긴장과 갈등이 미국 정치의 진화와 발전을 설명하는 특징적인 모습이라고 제시한다.(McClosky and Zaller

1984) 이들은 자유와 평등에 기반을 둔 민주주의에 대한 집착과 경제적 성취를 강조하는 자본주의에 대한 집착을 미국 사회를 구성하는 핵심 가치로 본다. 이들에 따르면 이 두 가지 가치는 교환의 자유, 합리적 의사 결정 그리고 신분에 근거하지 않는 기회와 권리를 공통된 원칙으로 하고 있지만, 자본주의의 속성상 불가피하게 발생하는 부와 소득의 불평등으로 인해 양자 간의 긴장과 갈등이 대두된다.(McClosky and Zaller 1984, 164~168)

이러한 논의를 앞서의 자유주의와 공화주의라는 측면에 적용시켜 보면, 자본주의와 민주주의의 긴장 관계는 사익(私益)적 가치를 담고 있는 자유주의와 공익(公益)적 가치를 담고 있는 공화주의 간의 긴장과 갈등 관계와 맥이 닿아 있다고 볼 수 있다.

이념과 정책이라는 측면에서 흥미로운 사실은 이러한 핵심 가치들이 현실에서는 다양한 형태의 절충적 조합으로 나타나며 '미국적' 보수주의와 진보주의에 응축되어 표현된다는 것이다. 보다 구체적으로 '미국적 보수주의(American Conservatism)'에는 제한 정부와 시장의 자율성을 강조하는 경제적 보수주의, 공민적 의무와 시민적 덕성을 강조하는 사회적 보수주의, 그리고 개인의 자유에 대해 절대적 믿음을 갖고 있는 '자유지상주의 전통(libertarian tradition)'이 혼재되어 있다. 한편 '미국적 진보주의(American Liberalism)'에는 개인의 권리와 평등에 대한 믿음, 자본주의의 폐해에 대한 우려 그리고 이를 위한 정부의 적극적인 역할에 대한 기대가 함께 담겨 있다.

그러면 이러한 미국의 가치들은 외교정책을 결정하는 과정에서 어떤 역할을 하는가? 일차적으로 이러한 가치들의 역할은 외교정책을

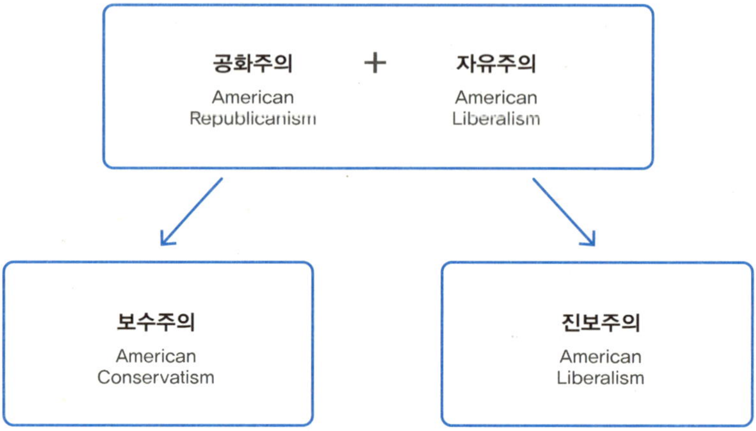

그림 2 미국적 가치와 이념

형성하는 기반으로 작동하여 정책을 통해 구현하려는 공동체의 이익이 무엇인지 구체화하는 도구가 된다. 어떤 정책이든 그것이 추구하고자 하는 목표가 무엇인지 명확하지 않으면 설득력 있게 받아들여지기 어렵다. 그리고 핵심적 가치와 그것이 응축된 결과물인 이념은 정책의 목표를 명확히 하는 데 중요한 논의의 틀을 제공한다. 더불어 이념은 정책 달성의 구체적 수단을 선택하는 데도 영향을 미친다. 여러 정책들 간의 우선순위를 결정하는 데도 중요한 설득의 도구가 될 뿐 아니라 선택된 정책을 정당화하는 수단이 되기도 한다.

행위자의 측면에서 미국의 외교정책은 대통령을 중심으로 한 행정부, 의회, 이익 집단을 중심으로 한 여론 그리고 이들을 연계하는 정당들의 갈등과 견제, 타협을 통해 구체화된다. 이념의 형태로 응축된 미국의 가치들은 일종의 구조와 같이 고착화된 모습으로 이러한 행위자 간 상호작용을 매개하는 기본적 논의의 틀로서 작용한다. 대통령과 의회, 이익 집단, 정당들은 미국적 핵심 가치의 조합을 바탕으로 정책의 선택 과정에 영향을 미치려 하며, 선택된 정책을 정당화함에 있어서도 미국적 핵심 가치를 적극적으로 반영하려 시도한다.

이러한 관점에서 보면 미국적 방식으로 변모된 자유주의적 가치와 공화주의적 가치를 근간으로 형성된 미국의 이념은 미국 정치 과정의 핵심적 행위자인 정당 즉 민주당과 공화당의 정책 기조를 구성한다. 그리고 이것은 당시의 국제 정치적 상황과 국내 정치적 여론의 영향 아래 "다양한 가치의 조합"으로 표출된다. 여기에서 "다양한 가치의 조합"이란 민주당과 공화당이 각기 하나의 이념을 대변하는 것이 아니라 다양한 이념형의 조합을 포괄함을 의미한다. 이것은 곧 정당 내부의 구성에 따라 다양한 이념형의 조합 중 하나가 부각되어 정책으로 발현될 수 있는 가능성을 내포한다.

이러한 가능성은 같은 형태의 정책으로 보인다 하더라도 그것을 지탱하는 가치의 조합은 다를 수 있으며, 이에 따른 정책적 목표 또한 달라질 수 있다는 것을 의미한다. 이는 현실주의와 이상주의, 보수주의와 진보주의, 개입주의와 고립주의와 같이 국제 정치학에서 흔히 이야기하는 미국 외교정책의 이항 대립은 본질적 차이를 내포하기보다는 정책을 구현하는 방법상의 차이에 불과할 수 있다는 것을 의미한다. 따라서 가치와 이념에 초점을 맞추어 미국의 외교정책을 살펴볼 경우 개별 정책의 유사성과 차이에 집중하기보다는 그러한 정책을 통해 어떠한 가치를 구현하려 하는지 그 목적을 파악하는 것이 중요하다. 이러한 의미에서 미국 정치와 외교에 관한 다음의 진술은 암시하는 바가 크다.

> 보수적 아메리카니즘은 미국 정치와 미국 외교의 근본 패러다임 …… 이 패러다임에는 애초부터 자유주의와 공화주의 간의 긴장이 내포되어 있었다. 이 '내번적 긴장'은 정치적으로는 '주기적 개혁 이념의 분출' 현상으로 또 외교적으로는 '팽창 지향성'으로 표출되었다. (권용립 2003, 68쪽)

이 진술에서 "주기적 개혁 이념의 분출"은 사실 두 가지 전혀 다른 내용을 의미할 수 있다. 한편으로 진보적 관점에서 자본주의의 폐해에 대한 개혁 요구의 분출을 의미할 수도 있고, 다른 한편으로 보수적 관점에서 '미국적 가치의 복원'을 요구하는 목소리의 주기적인 분출이라는 이중적 의미를 가질 수도 있다.[6] 같은 맥락에서 '팽창 지향성'은 역시 그 목적에 따라 다른 양상으로 나타날 수 있다. 미국적 가치의 확산과 복원이 미국 정책의 핵심적 가치 체계라는 점에서 볼 때 미국의 대외 정책은 때때로 '팽창 지향적'으로 나타날 수 있지만, 항상 그런 모습일 것으로 기대하기는 어렵다. 미국적 가치가 자유주의의 확산에 영향을 받을 수 있다고 보는 공화주의적 전통에 따르면, 미국적 가치의 복원이 중요하다는 인식이 폭넓게 형성될 경우에는 팽창 지향적인 모습보다는 고립주의적인 정책이 더욱 설득력을

6 E. J. 디온(E. J. Dionne)은 1960년대 이후 미국 공화당이 "미국적 가치의 회복"을 주기적으로 주창하면서 변화해 왔다고 본다. 그에 따르면, 현재 공화당이 처한 위기는 공화당이 주기적으로 주창한 "미국적 가치의 회복"이 지나치게 이상화함에 따라 지킬 수 없는 약속이 되었고 그러한 과정 속에서 유권자들의 불신과 상실감이 강화되면서 초래되었다.(Dionne 2016)

지니기 때문이다. 이러한 자유주의와 공화주의 간 긴장의 의미는 보수와 진보가 하나의 진자처럼 제한된 범위 내에서 상호 견제하면서 정책의 방향성을 결정한다는 측면을 고려하면 이해하기 쉽다.

결국 미국적 가치와 이념은 역사적 상황에 따라 그 조합을 달리하며, 그 조합은 정당 내부의 정파적 세력 관계에 따라 변화해 왔다. 따라서 미국적 가치와 이념에 집중하여 미국 외교정책을 파악하기 위해서는 정책 형성 과정에 관여하는 행위자들이 기대고 있는 가치의 조합에 대한 검토가 선행되어야 한다. 그리고 그것이 구체적인 정책 내용에 어떤 모습으로 반영되었는지 살펴볼 필요가 있다. 이는 미국 외교정책에 있어서 대통령의 언술 체계와 의회 권력의 구성, 해당 이슈에 대한 여론의 추이, 이를 반영한 정당의 정책 모습들에 대한 검토가 동시에 이루어지고 각각의 공통분모를 찾아낼 경우에만 가능하다.

구체적 방법에서 미국의 외교정책에 대한 연구는 다음과 같은 요인들을 파악함으로써 수행될 수 있다. 그림 3에 표현되어 있듯이, 미국 외교정책에 대한 연구는 미국적 핵심 가치에 대한 이해에서 출발한다. 여러 차례 강조한 바와 같이 미국적 핵심 가치는 행위자들이 갖는 정책적 입장의 토대가 될 뿐 아니라 정책을 형성하는 과정에 중요한 논의의 틀을 제공한다. 이러한 가치의 영향력은 정책 결정자들에게 직접 영향을 미칠 뿐 아니라 정당을 통해 매개되기도 한다. 실제 정책은 미국적 핵심 가치가 표출된 특정한 조합의 결과물이기 때문에 핵심 가치의 조합이 어떻게 이루어지고 있는지 파악하는 것이 중요한데, 이를 파악하기 위해서는 여론의 추이, 의회 지배

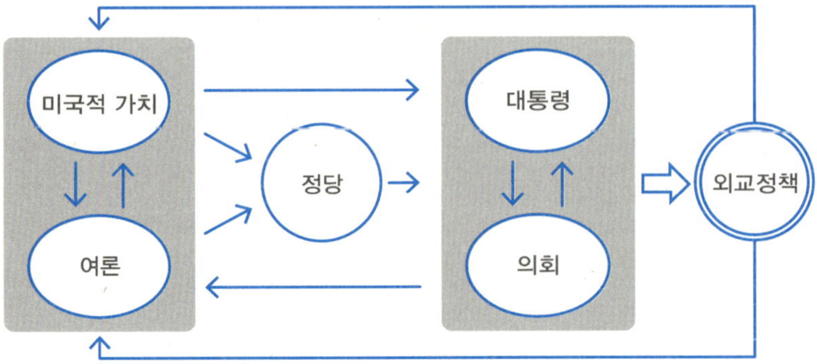

그림 3 미국적 가치와 이념 그리고 정책 형성

정당의 다수를 차지하는 정파, 대통령[7]과 같은 주요 정책 결정권자들이 정책에 대해 갖고 있는 입장들을 함께 살펴보는 과정이 필요하다.(Jentleson 2010, 65~67)

결국 미국의 외교정책은 핵심 가치의 여러 조합을 중심으로 정책의 실행을 통해 달성하려고 하는 목표가 무엇인지 명확히 파악함으로써 설명되어야 한다.

2) 미국의 동아시아 외교정책 : 지역적 특수성과 미국적 가치

미국적 가치와 이념의 중요성은 미국의 동아시아 외교정책에서 어

7 대통령은 소속 정당이 추구하는 핵심 가치의 조합이 일차적으로 구현된 표상으로 이해될 수 있다.

떻게 반영되고 있는가? 이를 명확히 살펴보기 위해서는 먼저 동아시아 지역이 갖는 특수성을 고려할 필요가 있다. 많은 이들이 지적하듯이, 동아시아 지역은 미국의 외교정책 결정자들에게 큰 난제로 받아들여지고 있다.

먼저 한국과 일본, 중국은 상이한 권력 구조를 가지고 있다. 대통령중심제의 한국, 내각책임제의 일본 그리고 공산주의 정치 체제를 갖고 있는 중국의 존재는 미국이 동아시아 지역의 외교정책을 결정함에 있어서 각 국가의 서로 다른 정치 체제와 권력 구조를 맞닥뜨려야 함을 의미한다. 미국의 입장에서 이것은 각 국가의 권력 구조에 맞게 개별적으로 외교정책을 구사해야 할 필요성을 제기한다. 실제로 이러한 동아시아 지역 국가들의 권력 구조상의 특수성은 미국의 유럽 정책 기조인 다자주의 정책이 이 지역에 적용되지 못하고 양자주의 정책이 주로 구사되게 하는 원인이 되었다.

둘째, 20세기 초반의 역사적 경험과 전쟁은 동아시아 지역의 국가들이 공통된 문화적 상징에도 불구하고 지역 결합체를 실현하지 못하는 원인으로 작용하였다. 과거의 경험을 기반으로 한 상호 신뢰의 부재와 적대감의 존재는 이 지역의 갈등 구조를 복잡화하였고, 이는 외교정책의 측면에서 미국이 이 지역에서 구사할 수 있는 선택의 폭을 크게 제약하고 있다.

셋째, 북한이라는 위협 요인의 존재로 한반도를 중심으로 여전히 남아 있는 냉전의 유산 그리고 한국과 일본이 미국적 가치 확산의 모범적 전형이라는 사실은 미국이 동아시아 지역에 갖고 있는 지역 이익이 앞으로 상당 기간 동안 강하게 남아 있을 것임을 의미한다.

이에 더해 중국의 부상과 이에 따른 미국 패권의 위협은 미국의 동아시아 지역에 대한 지속적 관여를 불가피한 선택으로 만들고 있다.

이와 같이 동아시아 지역의 특수성과 그것이 파생하는 지역 이익의 존재는 앞으로 상당 기간 동안 이 지역이 미국 외교정책의 중심 지역이 될 것임을 암시한다. 실제로 오바마 행정부 이후 구체화된 아시아로의 회귀 정책은 동아시아 지역에 대한 미국의 전략적 방향을 보여 주고 있다. 그러면 미국적 가치와 이념은 미국의 동아시아 정책에 어떠한 영향을 주고 있는가? 동아시아 지역에서 미국의 전략적 목표는 동아시아 지역에서 미국의 이익을 어떻게 보호해야 하느냐에 초점이 맞추어져 있다. 오바마 행정부 이후 지금까지 미국의 동아시아 외교정책을 살펴보면, 중국의 부상으로 지역질서 재편의 가능성이 대두되는 상황에서 한국과 일본 등 핵심 동맹 국가들과의 협력 관계를 강화하는 한편 중국과의 관계를 적대적 경쟁자로서보다는 전략적 파트너로 형성함으로써 동아시아 지역에서 미국의 영향력을 최대한 유지하려는 현상 유지 정책을 취하고 있다. 즉, 현 시점에서 미국의 외교정책은 20세기 후반 이후 동아시아 지역에서 지켜 온 미국의 절대적 영향력을 지속적으로 유지하는 데 전략적 초점이 맞추어져 있다.

미국의 동아시아 외교정책에서 미국적 가치와 이념의 영향력을 확인할 수 있는 부분은 크게 두 가지이다. 첫째, 미국적 가치와 이념은 동아시아 지역에서 미국의 이익을 어떻게 설정하느냐에 영향을 미친다. 앞에서 논의한 것처럼 미국적 가치와 이념이 정책 형성을 위한 논의의 기본 틀을 설정하는 데 영향을 미친다는 점을 고려하면, 미국의 이익이 어떻게 정의되느냐의 문제는 외교정책이 달성하고자 하는 목표와 결부되는 중요한 문제일 뿐 아니라 정책 상대국을 바라보는 미국의 인식에도 영향을 미친다.

예를 들어, 중국의 성공적인 부상과 이로 인한 이 지역 역학 관계의 변화는 군사적으로 그리고 경제적으로 미국의 이익에 대한 위협으로 여겨지기도 한다. 하지만 이를 미국의 가치와 이념의 측면에서 바라보면, 상이한 정치 체제를 가진 중국의 부상은 미국이 스스로의 체제에 갖는 우월감에 대한 위협으로 이해될 수도 있다. 더 근본적으로는 상이한 정치 체제를 갖고 있는 중국이 미국과의 경쟁적인 위치로 부상한다는 것은 미국적 가치의 보존과 확산에 직접적인 위협으로 받아들여질 가능성을 높이게 되며 미국의 대중국 정책을 보다 강경한 방향으로 선회시킬 수 있다. 역사적으로 1989년 천안문 사태 이후 미국의 대중국 외교정책의 전환이 일어났다는 사실과 미국이 주기적으로 개인의 권리와 민주주의, 소수민족 정책 등 중국 국내의 정치적 이슈에 대해 지속적으로 비판을 제기하고 있다는 것은 미국적 가치와 이념에 대한 고려가 영향을 미친 결과로 이해할 수 있다. 이러한 고려는 궁극적으로 미국의 중국에 대한 인식, 즉 전략적 파트너로 볼 것이냐 아니면 적대적 경쟁자로 볼 것이냐에 영향을 미친다.

미국의 대중국 정책과 대조적으로 살펴볼 수 있는 사례는 일본에 대한 미국의 외교정책이다. 1980년대 후반 일본이 미국의 경제적 이익에 도전하는 경쟁적 위치로 부상하였을 때 미국의 대일본 정책에서는 무역 정책에 대한 비판 이외에 다른 요소들에 대한 문제 제기를 찾아보기 어렵다. 이는 미국의 동아시아 정책에서 일본이 갖고 있는 핵심 동맹국으로서의 위치 그리고 미국적 가치가 이식·확산된 성공적 사례로서 일본에 대한 인식이 반영된 결과로 이해할 수 있다. 또한 최근 일본의 군사력 강화와 권위주의 체제 강화에 대한 미국의 용인 역시 같은 맥락에서 살펴볼 수 있는 사례이다. 다만 무역 정책에서 공정한 경쟁과 정부의 차별적인 무역 정책에 대한 미국의 비판은 미국적 자유주의로부터 문제 제기가 이루어진 것으로 볼 수 있다.

미국적 가치와 이념에 대한 고려가 외교정책에 미치는 또 다른 영향은 정책의 우선순위 설정과 선택 그리고 선택된 정책에 대한 정당화에서 찾아볼 수 있다. '팽창 지향성'이라는 말로 표현되듯이 미국 외교정책의 역사적 전개에서 "미국적 가치의 보존과 확산"은 정책의 근본적 목적으로 이해되어 왔다. 세계의 패권국으로 부상한 20세기 중반 이후 미국은 스스로가 인식하고 있는 가치의 우월성을 토대로 미국적 가치의 확산을 통한 미국적 질서의 세계화에 진력해 왔다. 이러한 상황은 미국이 "미국적 가치의 보존과 확산"을 위협 받고 있다고 판단할 경우에 대외 정책이 매우 강경해지며 경우에 따라서는 폭력적인 수단의 동원까지 불사할 수 있다는 가능성을 의미한다. 때때로 목격되듯이 경제 정책에서 정부 개입의 최소화를 바라는 미국인들이 대외 정책에서 정부의 강력한 정책을 요구하는 이중적인 모습은 미국적 가치에 대한 우월감과 위협에 대한 적대적 반응이 반영된 결과로 이해될 수 있다.

이와 같은 고려는 향후 미국의 동아시아 외교정책이 결국 미국에 대한 중국의 정책이 어떻게 진행되느냐에 따라서 크게 영향 받을 수 있음을 의미한다. 중국의 부상에 대비하여 미국은 미국적 가치의 확산을 위한 교두보로서 한국 및 일본과 밀접한 동맹 관계를 유지하는 데 힘쓸 것이다. 하지만 그러한 노력의 강도는 중국이 동아시아 지역의 질서를 변화시키기 위해 어떠한 정책 방향을 견지하느냐에 따라 달라질 것이다. 결국 미국의 외교정책에서 미국의 이익이 어떻게 정의되느냐의 문제는 정책의 목적과 선택 그리고 정당화에 있어서 대단히 중요한 영향을 미친다. 미국적 가치와 이념에 대한 고려가 중요한 이유는 그것이 미국의 이익에 대한 정의에서부터 정책의 형성, 실행, 평가에 이르기까지 포괄적 영향을 미친다는 점에 있다. 이러한 사실은 미국의 동아시아 외교정책에서도 예외가 될 수 없다.

자유주의적 가치와 공화주의적 가치의 미묘한 절충과 타협으로 형성된 미국적 가치는 본질적으로 항구적인 속성을 띠고 있다. 하지만 현실에서는 일정한 범위 내에서 다양한 형태의 조합으로 표출된다. 그리고 이러한 표출은 미국 국내의 정치적 여론과 행정부와 의회에서의 정당 간 권력 배분 그리고 정당 내부의 권력 배분에서 어떠한 가치가 우월적 지위를 획득하느냐에 달려 있다. 미국 국내의 정치권력 구조의 변화와 여론의 추이가 외교정책에 중요한 결정 요인이 되는 이유는 바로 여기에 있다.

2. 미국 정치와 동아시아 외교정책 : 이익을 중심으로

국익(national interest) 개념은 한 국가의 외교정책을 설명하고 국제 관계를 분석하는 데에서 결코 간과될 수 없는 주요한 개념이다. 그러나 모든 국가는 이기적 존재로서 자신의 이익을 추구한다는 전통적 현실주의 유의 국익 개념은 최근의 국제 정치학 논의에서 큰 의미를 갖지 못한다.(이근욱 2016, 91) 모든 국가가 자신의 이익을 추구한다는 것은 너무나 자명한 이치이기 때문이다. 따라서 국제 정치학의 최근 논의들은 더욱 다양한 독립 변수들을 사용해 복잡성을 더해 진화하고 있는 국가의 이익 개념을 정의 내리고자 한다는 것이 보다 타당한 설명일 수 있다. 그렇다면 우리의 주된 관심인 미국의 외교정책에서 국가의 이익은 과연 무엇일까? 미국의 외교정책 또는 대외 관계사를 면밀히 살펴본다면 결코 어느 시기에도 단 하나로 정의되는 국익 개념은 존재하지 않았다고 할 수 있다.(Beard 1934 ; Nye 2002 ; Trubowitz 1998) 다시 말해 미국의 국익이 무엇인가에 대한 보편적 합의가 존재하는 시기를 찾는 것은 매우 어려운 일이다. 그보다는 오히려 미국 외교정책의 목표가 무엇인가에 대한 학문적이며 정치적인 논의들이 오랫동안 이어져 왔다고 하는 편이 더 합당할 것이다.

물론 외부로부터 가해지는 명확한 위협 요인이 존재하는 시기에는 그 위협 요소에 대한 방어 또는 제거라는 상대적으로 뚜렷한 국익 개념이 등장할 수 있다. 따라서 소련이라는 미국의 안보와 이해에 대한 현실적 위협이 상존하고 있던 냉전 시기에 미국의 국익이 지금에 비해 상대적으로 명확하였다고 할 수는 있다.[8] 실제로 미소를 중심으로 하는 양극 체제하에서의 미국 외교정책은 소련과 공산주의 세력의 팽창을 억지하는 데 초점이 맞추어져 있었다. 그러나 1991년 구소련의 붕괴로 실질적으로 냉전이 종식되자 국제적 양극 체제가 미국 중심의 단극 체제로 전환되면서 미국의 국익 개념은 다시 중심을 잃고 표류하게 된다. 이런 이유로 조지 W. 부시 정권하에서 국무부장관을 지낸 콘돌리자 라이스(Condoleezza Rice)도 소련의 부재 이후로 미국의 국익이 과연 무엇인가를 정의내리는 것이 훨씬 더 어려워졌다고 언급하고 있다.(Rice 2000, 45)

냉전이 종식된 이후 미국 외교정책에 가중된 혼란은 많은 학자와 정치인들로 하여금 과연 미국의 국익이 무엇인가에 대한 깊은 고민을 던져 주었다. 이런 가운데 1996년에는 방향을 잃고 표류하는 미국의 국익을 다시금 정리하고자 하는 취지에서 미국 국가이익위원회(The Commission on America's National Interests)가 발족되어 보고서를 출간하였다.[9] 보고서는 1990~1991년 이후 시기를 1918년 이후 그리고 1945년 이후 등에 비견되는 20세기에 미국이 맞닥뜨린

8 물론 냉전 시기가 여타 시기와 비교해 보다 뚜렷한 국익 개념, 또는 국익에 대한 전 국민적 합의가 존재하였다고 꼭 볼 수는 없는데, 그 대표적인 예로 베트남 전쟁의 손익을 둘러싼 미국 사회의 오랜 갈등 문제를 들 수 있을 것이다.

9 위원회의 공동 위원장은 로버트 엘스워스(Robert Ellsworth), 앤드루 굿패스터(Andrew Goodpaster), 리타 하우저(Rita Hauser) 등 세 사람이 맡았고, 보고서 작성의 실무를 담당한 세 명의 책임자(executive directors)에는 하버드대학교의 그레이엄 앨리슨(Graham Allison, Jr.), 닉슨센터(Nixon Center for Peace and Freedom)의 드미트리 심스(Dimitri Simes), 랜드연구소(The RAND Corporation)의 제임스 톰슨(James Thomson) 등이 위임되었다.

세 번째의 전후 이행기(the third post-war transition)로 간주하고 있다. 보고서는 미국의 국익을 사안별 중요도에 따른 위계 구조로 인식하여 사활적(vital), 매우 중요(extremely important), 중요(just important), 이차적(secondary or less important) 등 총 네 단계로 나누어 접근하고 있다. 여기서 5가지 미국의 사활적 이익은 곧 미국에 대한 핵 공격이나 생화학 공격의 위협을 줄이고 억지하는 것(prevent, deter, and reduce the threat of nuclear, biological, and chemical weapons attacks on the United States), 유럽이나 아시아에서 적대적 패권이 등장하는 것을 막는 것(prevent the emergence of a hostile hegemon in Europe or Asia), 미국 국경이나 인접 해역에서 적대적인 주요 세력의 등장을 방지하는 것(prevent the emergence of a hostile major power on U.S. borders or in control of the seas), 주요 국제 체제가 심각하게 붕괴되는 것을 차단하는 것(prevent the catastrophic collapse of major global systems[trade, financial markets, supplies of energy, and environmental]), 그리고 미국의 주요 동맹들의 생존을 보장하는 것(ensure the survival of U. S. allies) 등으로 제시된다. 결국 외부로부터 유입되는 위협 요인을 중심으로 미국의 국익을 정의내리는 위와 같은 견해는 국제 환경의 변화에 논의의 초점을 맞추고 있다고 할 수 있다. 따라서 국제 체제의 성격 또는 외부적 요인을 중심으로 국가의 외교정책과 국가이익을 분석하는 현실주의, 혹은 보다 정확히는 신현실주의(neo-realism) 이론의 관점과 맥이 닿아 있다고 할 수 있다.(Rose 1998 ; Waltz 1979)

소련이 붕괴된 이후 탈냉전기로 들어서면서 미국의 외교정책에 대한 외부로부터의 압력이나 제약은 냉전기에 비해 상대적으로 약화되었다고 할 수 있다. 나아가 국제 구조가 미국 중심의 단극 체제로 전환되면서 미국에 대한 대외적 압력이 감소함에 따라, 다른 국가들에 비해 미국에서 외교정책 결정 과정에 미치는 내부적 요인들의 영향이 증가하게 된 것이다.(마상윤 2016, 295)

더욱이 민주주의의 역사가 오래되고 안정된 미국은 비단 외교정책뿐 아니라 다양한 정책 결정 과정에서 다수의 경쟁적 행위자들의 역할과 참여가 존중된다. 이 같은 대내 요인이 외교정책 결정 과정에 미치는 영향은 미국 국가이익의 성격에 복잡성을 더하게 된다. 이와 관련해 냉전 종식 후 미국의 국익은 점차 전체 미국 국민을 대변하는 보편적 이익을 벗어나 상업이나 비즈니스 또는 특정 인종(ethnic)의 이익을 대변하는 것으로 변모해 왔다고 새뮤얼 헌팅턴(Samuel Huntington)은 주장한다. 결국 이것은 미국 외교정책의 국내정치화(domesticization)에 일정 정도 기인한다고 볼 수도 있을 것이다.(Huntington 1997, 40)

조지프 나이(Joseph Nye)가 정의 내린 민주주의 사회에서 국익이 갖는 의미는 이러한 외교정책의 국내 정치화를 극단적으로 보여주는 예라고 평가할 수 있다. 조지프 나이에 따르면, "민주 사회에서 국익이란 단순히 적절한 심의 과정을 거쳐 시민들이 그에 대해 언급하는 것"이라고 정의된다.(Nye 2002, 237)[10] 그러나 외교정책 결정 과

10 "In a democracy, the national interest is simply what citizens, after proper deliberation, say it is."(Nye 2002, 237) 조지프 나이는 전작에서도 국익에 대한 유사한 정의를 내린 바 있다.["In a democracy, the national interest is simply the set of shared priorities regarding the relations with the rest of the world (Nye 1999, 23)."]

정에서 국내 정치 변수의 과도한 영향력 확대는 결국 외교정책의 비일관성(incoherency)으로 이어질 수 있다. 또한 때에 따라 이것은 미국이 다수 국민들에게 널리 용인되며 보편적이고 명확하게 정의되는 국익을 갖추고 있기보다는 특정 정부나 정파가 바라보는 국익만을 갖고 있다는 논쟁도 제기할 수 있다.(Lowther and Lucius 2013) 이런 관점에서 로서와 루시우스는 미국의 대통령들이 주기적으로 발행하는 미국 국가전략보고서(National Security Strategy Report)에 나오는 국익은 결코 광범한 미국 국민들의 합의에 근거한 국익이라기보다는 특정 정파 또는 현직 대통령과 행정부의 외교정책 어젠더라고 지칭하는 것이 더 타당할 것이라는 비판을 제기하기도 하였다.

새뮤얼 헌팅턴의 정의에 따르면, (미국의) 국익이란 모든 또는 대다수의 미국인들에 관계되는 공공재이되, 그중에서도 사활적 이익은 국민들이 그것을 방어하기 위해 기꺼이 재산과 생명을 헌납하는 것을 마다하지 않을 사안이라 할 수 있다.[11] 이렇게 본다면 일반적 관점에서 (미국의) 국익은 국가의 군사적이고 경제적인 이익을 방어하고, 또한 동시에 미국 사회가 중요시하는 윤리적이고 보편적인 가치(American creed)를 수호하는 것이라 할 수 있을 것이다.(Huntinton 1997, 35) 새뮤얼 헌팅턴에 따르면, 전통적 시각에서 볼 때 미국인의 정체성은 크게 두 가지 요소, 즉 문화와 신조(creed)를 중심으로 형성되어

11 "A national interest is a public good of concerns to all or most of Americans; a vital national interest is one which they are willing to expend blood and treasure to defend."(Huntington 1997, 35).

왔다. 여기에는 자유(liberty), 평등(equality), 민주주의(democracy) 등의 보편적 가치들이 포함된다. 따라서 냉전 기간에는 소련을 필두로 한 공산주의 세력이 미국의 안보와 가치(American Values)에 동시적 위협으로 간주되었기 때문에 미국의 국익이 무엇이고 그것을 어떻게 방어해야 하는지가 비교적 명확했고, 국익 개념에 대한 합의도 덜 어려웠다고 할 수 있다.

그러나 냉전이 종식된 후 복잡성을 더하게 된 국제 질서의 성격으로 인해 과연 미국의 국익이 무엇인지에 대한 학문적 논의가 지속되어 왔다. 이런 맥락에서 새뮤얼 헌팅턴은 미국 국민 전체의 이익이라는 관점에서 정의되는 국익의 실종을 지적하고, 특정 계층이나 집단만의 이익이 아닌 보편적 의미에서 미국의 국익이 무엇인지 모색하였다.(Huntington 1997) 헌팅턴은 미국의 국익이 무엇인지 알기 위해서는 먼저 과연 미국인들은 누구인가, 즉 미국의 정체성에 대한 이해가 선행되어야 한다고 주장한다. 다시 말해, 미국이 어떤 국가이고 어떤 성격을 갖고 있는가에 대한 명확한 이해 없이는 미국의 국익을 논하기 어렵다는 것이다.

국제 정치에서 한 사회가 상호주관적으로(inter-subjectively) 공유하는 지식이나 규범들이 외교정책에 영향을 미칠 수 있다는 주장은 주로 구성주의자들(constructivist)에 의해 주창되어 왔다.(남궁곤 2016, 32 ; Houghton 2007, Weldes 1996 ; Wendt 1992) 이들에 따르면, 국가의 이익은 군사력이나 경제력 같은 물질적 요인들에 의해서뿐 아니라 규범적이고 관념적인 요소들에 의해 구성된다.(Wendt 1992) 이처럼 미국의 국가이익은 어느 한 가지의 합의된 개념으로 존재하기보다 다양하고 복합적인 요인들로 설명 가능하다고 말하는 편이 더 타당하다. 이러한 흐름은 특히 냉전이 종식된 이후 뚜렷한 외부적 위협 요인이 제거된 국제 환경하에서 더욱 설득력을 갖는다고 할 수 있다. 따라서 이 글에서는 어떤 주요한 대내외적 요인이 미국의 국익과 외교정책을 설명해 주는가에 초점을 맞추어 논의를 전개하고자 한다.

1) 미국 국가이익의 결정 요인들 : 인과관계의 깔때기

다수의 전문가들은 탈냉전기로 접어든 이래 일차원 또는 하나로 수렴할 수 있는 합의된 국가이익 개념을 미국 사회에서 찾기 어렵다고 말한다. 실제로 1990년대 중반 냉전 종식 후 미국의 국익 개념을 재정립하기 위해 미국외교협회(Council on Foreign Relations)가 중심이 되어 수행한 연구의 주된 결론도 "의견 불일치 또는 합의 도출 불가(dissensus)"였다. 즉 100명이 넘는 외교 전문가들이 참여했음에도 합의된 국가이익 개념을 도출하는 데 실패한 것이다. 따라서 미국의 국가이익에 대해 다양한 사람들과 정치 세력들은 각기 다른 생각을 갖고 있을 수 있으며, 그만큼 다양한 국익이 존재할 수 있다는 것이다.

그런데 만약 다양한 중첩된 이해 요소들이 존재한다면, 미국의 국가이익은 그 사안의 경중에 따라 위계적으로 분류하여 이해할 수도 있을 것이다. 실제로 미국 국가이익위원회가 발행한 보고서는 미국의 국익을 사안별 중요도에 따른 위계 구조로 인식하여 사활적, 매우 중요, 중요, 이차적 등의 총 4단계로 나누어 접근할 필요가 있음을 제안하였다. 이와 유사하게 드니스 드루(Dennis Drew)와 도널드 스노(Donald Snow) 또한 국익을 어느 특정의 단일 수준에서 접근하기보다는 안건의 중요도에 따라 구분하여 접근할 필요성을 제기하였다.(Drew and Snow 2006) 그들의 분류에 따르면 국익은 사안의 중요도에 따라 사활적(vital), 주요한(major), 주변부적인(peripheral) 것의 세 가지 수준으로 분류된다. 여기서 사활적 이익의 선별 기준은 두 가지로 나타난다. 첫째는 해당 사안에 관한 어떤 타협도 용인되지 않는 것이다. 둘째는 그 사안과 관련된 국가의 이익을 수호하기 위한 전쟁의 수행은 정당하며 필요한 국가의 행동(legitimate and necessary action)이라고 간주되는 것이다.(Drew and Snow 2006, 32~35)

역사적으로 볼 때, 통상 이익의 보호는 외교정책의 중요 목적 중 하나인 미국의 번영과 직접적으로 연관되기 때문에 오랜 기간 미국의 필수 이익으로 간주되어 왔다. 또한 영토의 보전(territorial integrity)과 관계된 사안들 또한 지속적으로 미국의 필수 국익 분야로 분류되어 왔다. 반면에 미국의 이익에 잠재적 위협은 되지만 외교적 제재(sanctions), 다자주의적 노력(multilateral efforts) 또는 비밀 공작(covert action) 등 전쟁 외의 수단을 통해 보호 대상이 되는 외교 사안들은 한 단계 아래의 주요한 이익으로 간주될 수 있다. 나아가 인권 침해나 비인도주의적 행위는 비록 미국인들의 보편적이고 도덕적인 가치에 위배되지만, 그것은 미국 대통령이나 국회의 즉각적이고 강력한 군사적 행동이나 외교적 제재를 유발하지 않을 수도 있으므로 주변부적 이해(peripheral interests)로 분류될 수 있다.

그러나 다양하게 존재하는 국가이익들 가운데 여전히 존재하는 문제는 무엇을 기준으로 국가이익의 이러한 위계적 분류를 할 수 있느냐이다. 즉 어떤 이해가 더 중요하고 다른 사안이 덜 중요한지에 대한 보편적 합의를 도출해 내기가 쉽지 않다는 것이다. 브루스 젠틀슨(Bruce Jentleson)은 미국의 국익을 정의 내리는 데 있어 필수적인 4가지 목표로 '4P'를 꼽는다.(Jentelson 2010, 9~24) 여기서 4P는 국력(Power), 평화(Peace), 번영(Prosperity), 원칙(Principal)을 말한다. 국력은 한 국가의 자위(self-defense)와 영토의 보전 그리고 타국으로부터 위협이나 공격을 억제하는 데 필수적인 요소라 할 수 있다. 평화는 언급된 나머지 모든 가치들이 궁극적으로 지향하고 보호하고자 하는 중대한 목표일 것이다. 한편 번영은 보다 경제적인 관점에서 외교정책의 동기를 설명하는 것으로, 안정적인 자원의 수급과 수출 시장의 확보 등을 의미한다. 브루스 젠틀슨이 제시한 미국 외교정책이 추구하는 마지막 목표는 원칙인데, 이것은 곧 민주주의와 자유 등 미국 사회가 전통적으로 중시해 온 소중한 가치(American Values)들의 국제적 전파를 말한다.

제시된 외교정책의 네 가지 목표는 때로 상호보완적이며 한 정책의 범위 내에서 동시에 만족되기도 한다. 그러나 현실에서 대부분의 경우 위의 가치들은 서로 상충하기 일쑤이며, 정책 결정 과정에서 긴장과 이견을 유발하는 경우가 다반사이다. 따라서 미국 외교정책에서 어떤 목표가 다른 것에 우선해야 하느냐는 선택의 문제는 학문적 논의의 대상이 될 수 있다.[12] 다시 말해서 국력, 평화, 번영, 원칙 등 브루스 젠틀슨이 제시한 미국 외교의 주요 목표들은 결국 국제정치학의 다양한 경쟁 이론들(현실주의, 이상주의 또는 자유주의, 그리고 구성주의)의 맥락에서 이해할 필요가 있다.

예를 들어 국력은 전통적으로 국제 정치의 현실주의자들(Realists)이 강조해 온 국가 목표라 할 수 있는데, 국가 간 협력보다 갈등과 경쟁으로 점철되는 국제 사회에서 국력은 그 국가의 안위를 보장해 주는 가장 기본적인 요소라 할 수 있는 것이다. 반면에 평화는 결코 어느 한 학파의 독점적 목표라고 간주되기 어렵지만, 그럼에도 브루스 젠틀슨은 이를 국가 간 협력의 제도화와 외교적 수단을 통해 국제 질서의 안정과 평화를 추구하는 제도주의자들(International Institutionalists)의 궁극적 목적에 제일 근접하는 것으로 설정한다. 한편 번영이라는 목표의 경우, 이는 주로 경제적 측면에서 정의되기 때문에 세계 시장에서 경제적 역학 관계를 중심으로 국제 질서를 분석하는 일련의 이론들(경제주의Economism 그리고 제국주의Imperialism)이 상정하는 가치로 귀속된다. 끝으로 원칙은 민주주의와 자유 등 미국이 신봉하는 주요 도덕적 가치들의 국제적 전파를 통한 국제 질서의 안정을 도모한다는 점에서 민주평화론자들(democratic peace theorists) 또는

12 브루스 젠틀슨은 동일 정책 또는 전략 내에서 상호보완적으로 두 가지 목표가 동시에 추구된 현실의 예로 제1차 걸프 전쟁(the 1990~1991 Persian Gulf War)을 든다. 미국은 걸프 전쟁에서 잔인한 독재자(사담 후세인)의 공격으로부터 쿠웨이트 국민들의 자유를 수호하는 데 관여하여 원칙(principals)을 추구하였고, 동시에 이라크의 쿠웨이트 침공으로 치솟는 국제 원유가와 원유 공급의 위기 문제를 해결하여 미국의 경제적 번영(prosperity)을 수호하였다고 평가된다. 반면에 1989년 중국의 천안문 사태 당시 미국의 어정쩡한 대응은 중국과의 통상 교역 및 전반적인 정치 경제적 가치에 대한 고려(번영)로 인해 미국이 중시하는 민주주의, 인권, 자유 등의 원칙들이 정책 결정에서 제대로 인정받지 못한 사례로 언급된다.(Jentleson 2010, 19~21)

신보수주의자들이 추구하는 목표로 분류된다.

제임스 로제나우(James N. Rosenau)는 한 국가의 외교정책 결정 과정에서 영향을 행사할 수 있는 주요 독립 변인들을 5개의 큰 카테고리, 즉 엘리트 행위자의 개인적 성격, 정책 결정자가 맡고 있는 역할, 정책이 형성되는 정부 환경(governmental setting), 국가의 사회적 환경(societal environment) 그리고 국가를 둘러싼 외부적 환경(external or global environment)으로 수준에 따라 나누어 제시하였다. 유진 위트코프와 공저자들(Wittkopf et al.)은 이러한 제임스 로제나우의 5가지 변수들을 중심으로 외교정책 결정 모형으로서 인과관계의 깔때기(funnel of causality)를 도식화하였다.(그림 4 참조) 이들에 제시한 인과관계의 깔때기 모형은 외교정책을 결정하는 과정뿐 아니라 어떤 변수들이 미국의 이익과 가치를 구성하고 있는가를 이해하는 데 종합적 시각을 제공해 준다. 이러한 도식화를 통해 위트코프와 동료들은 미국 외교정책에 지속적으로 존재하는 가치와 이해들로서 평화와 번영(peace and prosperity), 안정과 안보(stability and security), 민주주의와 방어(democracy and defense) 등을 들고 있다.

인과관계의 깔때기를 통해 우리는 미국 외교정책을 형성하는 데 영향을 미치는 다양한 수준의 결정 요인들을 규명할 수 있을 뿐만 아니라 또한 각각의 요인들을 지탱하고 있는 국제 정치학의 경쟁 이론들과 관련해 국가의 이익을 이해할 수 있다.(Nguyen 2014) 우선 외부적 요인에 보다 초점을 맞춘 이론으로서 현실주의를 생각해 볼 수 있다. 현실주의자들은 국제 체제의 힘의 분포(distribution of power)가 가하는 외부 압력의 영향으로 미국 외교정책이 결정될 수 있다고 주

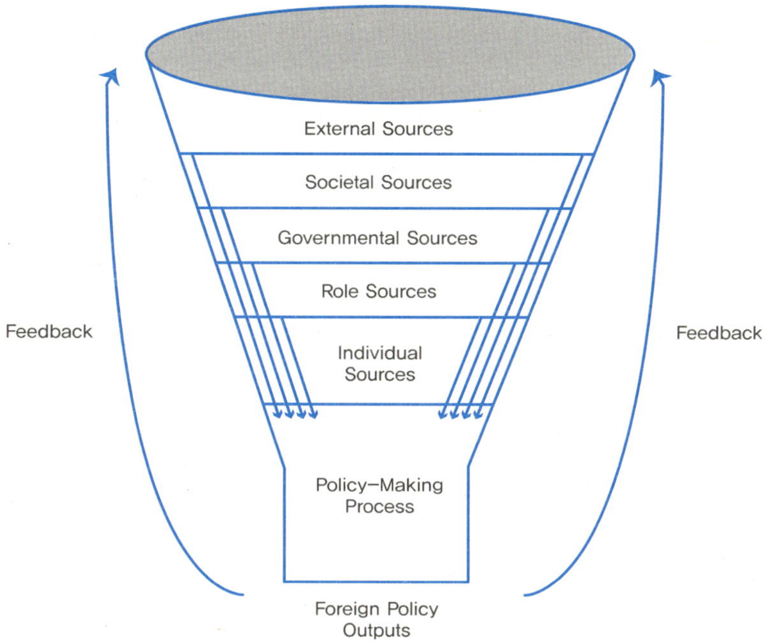

출처 : WittKopf et al.(2008, 18)

그림 4 미국 외교정책 결정 모형

장한다. 이 경우 가장 중요한 미국의 국익은 국력의 증대를 통한 생존의 확보라고 할 수 있을 것이다. 다만 미국의 국가 안보를 보장하기 위한 국력을 어느 수준까지 증강시켜야 하는가에 따라 공격적 현실주의(offensive realism)와 방어적 현실주의(defensive realism)로 나뉜다.

먼저 공격적 현실주의자들은 한 국가의 안위와 생존을 보장하는 데 있어서 최선의 전략은 주어진 국제 질서하에서 가장 강한 국가 또는 패권국가(hegemon)가 되는 것이라고 주장한다.(Meirsheimer 2001, 33) 패권의 추구는 또한 경쟁 지역에서 새롭게 부상하는 패권 도전국의 부상을 사전에 억지하는 것을 의미하기도 한다. 반면에 방어적 현실주의자들은 국력의 극대화를 추구하는 것은 때로 비생산적일 수 있으며 국가 안위에 해가 될 수도 있음을 주장한다.(Snyder 1991 ; Walt 1987 ; Waltz 1979) 즉 방어적 현실주의자들은 지나친 권력의 추구로 인해 타국에 위협적 존재로 부각되기보다는 균형이나 억지 전략의 활용을 통한 안보의 극대화를 추구한다. 물론 공격적 현실주의와 방어적 현실주의는 국제 정치의 무정부 상태, 국가 능력의 불균형 분포, 국가의 합리성 등 현실주의의 제반 가정들을 공유하고 있다. 결론적으로 현실주의자들은 외교정책과 그 목표를 설명하는 데 있어 대내적 요인보다 대외적 요인에 초점을 맞춘다. 그러나 신고전주의 현실주의(neo-classical realism)는 국제 체제 수준의 변수들만으로는 한 국가의 외교정책을 완벽하게 설명할 수 없기 때문에 국내 변수들을 개입 변수로 포함하여 외교정책을 분석하기도 한다.(Rose 1998)

현실주의자들이 외교정책의 결정 요인으로 국내 정치 변수들보다 외부적 요인들에 더 초점을 맞추고 있다면 자유주의자들은 상대적으로 내부적 요인들의 중요성을 강조한다. 자유주의자들은 현실주의가 가정하는 국가의 단일 행위자 가설(state as a unitary actor)을 받아들이지 않으며, 한 국가 안에는 대외 정책에 영향을 행사할 수 있는 다수의 이해관계자가 존재할 수 있음을 지적한다.(Milner 1997) 이러한 입장은 다원적 경쟁이 존재하는 민주주의 사회에서 더욱 타당하며, 이런 이유로 자유주의자들은 대외 정책을 설명하는 데에서 국내 정치 변수들의 역할에 주목한다. 물론 자유주의자들이 상정하는 국가이익을 어느 한 가지로 환원하여 설명하기 어려울 것이다.

표 3 국제 정치 이론에 따른 국가이익의 분류

국제 정치 이론	국가이익 / 외교정책의 목표
현실주의	국가의 생존과 안보 국력 확대(전쟁 억지 및 세력 균형, 방어적 현실주의) 국력 극대화(패권 추구, 공격적 현실주의)
자유주의	평화와 번영 자유민주주의의 확산 상업 이익의 증진
구성주의	사회적 관념 및 규범과 정체성에 의해 구성됨 고정되지 않고 시대에 따라 변화함 외교정책 결정에 관여하는 행위자들의 믿음과 생각에 따라 구성되고 변경됨

그럼에도 자유민주주의의 확산, 자유 무역의 확대, 국제기구나 제도(international institutions)를 통한 국가 간 협력의 증진은 현대 자유주의 국제 정치 이론이 상정하는 대표적인 세 가지 목표라 할 수 있을 것이다.(Snyder 2004 ; Walt 1998) 자유주의자들은 민주주의의 확산이 전쟁과 갈등을 줄여 평화를 증진하며(민주평화론), 자유 무역 및 교류의 확대가 국가 간 상호 의존을 통해 또한 관계국들 간의 평화와 협력을 촉진시킨다고 주장한다. 따라서 자유주의자들에게 미국 외교정책의 가장 중요한 목표이자 국가이익은 자유주의, 민주주의, 인권 등 미국의 주요 가치들을 전 세계적으로 전파함으로써 이룩될 수 있는 것이다.

구성주의자들은 현실주의와 자유주의가 주요하게 다루지 않았던 행위 규범, 집단적 가치, 정체성 등을 중심으로 외교정책과 국익을 설명한다. 특히 구성주의는 한 국가의 외교정책이 군사력이나 경제력 같은 물질적 요인뿐 아니라 규범적이고 관념적인 요인에 의해서도 영향을 받는다는 주장을 펼친다.(남궁곤 2016, 32 ; Houghton 2007 ; Weldes 1996 ; Wendt 1992) 여기서 정체성이란 자기 자신, 다른 행위자와의 관계 그리고 세계와의 관계를 이해하고 규정하는 방식을 말한다.(남궁곤 2016, 32)

예를 들면 핵무기는 물질주의적 관점에서 동일한 위협으로 간주될 수 있다. 하지만 미국의 입장에서 중국, 이란, 북한 등이 소유하는 핵무기와 영국이나 프랑스가 갖는 핵무기는 다를 수 있다. 왜냐하면 북한이나 중국은 잠재적으로 미국의 적이나 경쟁자로 간주되는 반면, 영국은 친구 또는 동지로 인식되기 때문이다. 물론 사회적 정체성과 규범은 고정된 것이 아니라 시대에 따라 변화하기 마련이다. 이런 관점에서 본다면, 미국의 국가이익은 고정된 것이라기보다 그 시대의 지배적 관념 또는 사회적으로 널리 공유되는 관념에 의해 형성되는 것이다.(Wendt 1992) 따라서 미국 외교정책 결정에 관여하는 주요 행위자들이 미국의 정체성 또는 가치로서 주요하게 생각하는 것이 국가이익으로 시대에 따라 다르게 부상하기 마련이다.

2) 미국 국가이익 분석 : 이론에서 현실로

위에서 살펴본 것처럼 미국의 국가이익 또는 미국 대외 정책의 목표는 현실주의가 상정하는 국가의 생존과 확보, 국력의 증진부터 이상주의가 상정하는 평화와 번영, 자유민주주의의 확산까지 다양하게 존재할 수 있다. 제2차 세계대전 이후 미국의 외교정책을 공화당과 민주당 등 주요 정당들의 정치적 입장과 연관 지어 살펴보면, 대체로 공화당의 외교정책은 현실주의 성향을, 그리고 민주당은 자유주의 성향을 보여 왔다고 평가된다.(김재천 2009, 148) 나아가 공화당은 그들이 상정한 국가이익을 달성하기 위한 수단으로 세력 균형, 일방주의(unilateralism), 군사 동맹 등 현실주의적 정책 수단을 선호해 왔다면, 민주당은 외교와 협상, 민주주의 정치제도의 확산 및 전파, 다자주의 및 국제 제도의 활용 등 자유주의적 정책 수단을 주로 선호해 왔다.

다만 문제는 제2차 세계대전 이후 집권한 미국의 대통령들은 어느 한 이론적 입장에 일방적으로 기대어 외교정책을 운용했다기보다는 소속 정파와 상관없이 현실주의와 자유주의 이론을 적절히 혼용해서 사용해 왔다는 것이다. 이는 1987년 이래 비정기적으로 발행되고 있는 미국 국가안보전략보고서(The U. S. National Security Strategy)에 나타난 미국 국가이익에서도 확인할 수 있다. 표 2에 따르면, 공화당이나 민주당 집권 여부와 상관없이 미국 행정부는 안보의 증진을 최우선 국익으로, 그리고 평화와 번영 및 민주주의 가치의 확산을 주요 목표로 지속적으로 언급하고 있다.

물론 이러한 미국 국익의 지속성과 연속성 속에서도 시기에 따라 차이점은 발견될 수 있다. 예를 들어 냉전 시기에 발행된 1987~1990년 시기의 보고서에서는 미국의 생존과 안보 위협의 제거 그리고 동맹국과의 안정적인 협력 관계 유지 등 현실주의적 가치들이 부각되었다. 그러나 탈냉전기에 접어들어 처음 발간된 1993년 보고서에서는 평화와 자유민주주의의 증진이 미국의 새로운 정책 어젠더로 등장하게 된다. 이는 소련이라는 명확한 위협이 사라짐에 따라 미국의 국익을 정의하는 데 있어 현실주의 중심 노선에 약간의 변화의 움직임이 관측되기 시작함을 의미한다. 탈냉전기 이후 처음 등장한 민주당 출신의 클린턴 행정부 시기는 자유주의 이론에 입각한 외교정책의 전개가 본격화된 전성기라 할 수 있다. 클린턴 시대의 미국 외교는 민주주의의 확산과 개입을 그 기조로 내걸었다. 하지만 그럼에도 클린턴 행정부의 주된 관심사는 군사나 안보 분야가 아닌 경제에 있었다고 해도 과언이 아니다.(권용립 2013, 600~602) 냉전 종식 후 소련이라는 큰 위협이 사라진 국제 환경 속에서 어쩌면 이러한 클린턴 행정부의 선택은 합리적이었다고 평가할 수도 있을 것이다. 군사보다 경제 및 통상 이익에 초점을 두게 됨에 따라 클린턴 행정부는 국제 사회에서 힘에 기반을 둔 일방주의가 아닌 유엔 및 국제기구를 중심으로 한 다자주의 노선을 취하게 된다.

이러한 클린턴 행정부의 다자주의 노선 추종은 후에 조지 W. 부시 행정부에 의해 비판의 대상이 되기도 한다. 조지 W. 부시 행정부에서 국무부장관을 지낸 콘돌리자 라이스는 클린턴 행정부가 지나치게 다자주의적 해법만을 추종한 나머지 때때로 미국의 국익에 위배되는 국제 협약(이를테면 교토의정서)에 서명하였음을 비판하였다.(Rice 2000, 47) 콘돌리자 라이스는 미국의 이익이 국제 조약 및 다자주의적 해법뿐 아니라 동맹 관계의 강화를 통해서도 달성될 수 있음을 지적하였다. 또한 무엇보다도 미국의 국익과 관념을 논함에 있어서 국력이 중요함을 가장 먼저 언급하고 있다.(Power Matters, Rice 2000, 47) 이는 냉전 종식 후 클린턴 행정부를 통해 강화된 자유주의 기조에 대한 현실주의의 반격이라고도 할 수 있을 것이다.

그러나 조지 W. 부시 2기 행정부가 시작하는 시점에 발간된 두 번째 저작(Rethinking the National Interest)에서 콘돌리자 라이스는 민주적 발전 모델의 확산을 미국의 가장 중요한 국익으로 천명하고 세력 균형 등 전통적 현실주의 전략에 자유주의 철학을 결합시킨다. 미국식 현실주의(American realism)로 명명된 이러한 외교정책 기조는 조지 W. 부시 행정부 기간 내내 외교정책 형성에 막대한 영향을 행사한 신보수주의자들(Neoconservative, 네오콘)의 주된 신념인데, 이런 이유로 네오콘들은 때때로 "공화당 안의 윌슨주의자(Wilsonians)"라고 불리기도 한다.(권용립 2013, 638) 즉 조지 W. 부시 행정부의 외교정책에는 민주적 가치에 대한 열성적 옹호와 함께 자유주의자들이 전통적으로 옹호해 온 국제 제도에 대한 불신이 혼재되어 나타난 것이다.(Snyder 2004, 58)

이처럼 현실주의와 자유주의가 혼재된 외교 노선은 민주당의 버락 오바마 행정부에서도 그대로 이어진다. 오바마 행정부는 취임 이래 민주당 정부가 전통적으로 추종해 온 국제적 자유주의 정책 기조를 유지해 왔다. 그러나 중국의 정치 경제적 부상에 따라 2012년 제2기 행정부를 중심으로 해서 아시아 재균형(rebalancing) 전략을 비롯한 현실주의 기조가 혼용되어 나타나기 시작했다. 냉전의 종식은 미국으로 하여금 하나의 합의된 국가이익 또는 외교정책의 목표를 상실하게 하고, 국익을 정의 내리는 데 있어서 복잡성을 더해 주었다.

표 4 국가안보전략보고서에 나타난 미국의 국가이익

연도	집권 대통령	핵심 국가이익(미국 국가안보전략보고서)
1987	로널드 레이건	미국의 생존, 미국 경제의 번영, 자유 민주주의와 시장경제의 활성화, 미국에 대한 주된 위협이 없는 안정된 세계, 동맹국과의 건전한 협력 관계 유지.
1988	로널드 레이건	미국의 생존, 미국 경제의 번영, 자유 민주주의와 시장경제의 활성화, 미국에 대한 주된 위협이 없는 안정된 세계, 미국 동맹국과의 건전한 협력 관계 유지(1987년과 동일).
1990	조지 부시	문구 및 표현에 약간의 변화는 있으나 1987/1988년 보고서와 동일한 항목의 국익을 같은 순서로 정리함.
1991	조지 부시	1990년과 비교해 제시된 4가지 국익 리스트에 변화는 없으나, 미국의 동맹국 및 우호적 국가들과의 협력 관계 유지가 안정되고 안전한 세계 추구보다 앞에 놓이게 됨.
1993	조지 부시	이전에 비해 짧은 분량으로 출간. 미국의 안보와 생존 등만이 미국의 국익으로 명기됨. 다만 평화와 민주주의의 증진이 미국의 새로운 정책 어젠더로 부상함.
1994	빌 클린턴	클린턴 행정부의 외교정책 기조인 개입과 확장(engagement and enlargement)이 국가안보전략보고서의 제목에 추가됨. 개입과 확장을 통해 성취되어야 할 국가 목표로서 안보 증진, 경제적 번영의 확대, 민주주의의 확산이 제시됨.
1995	빌 클린턴	1994년과 동일함(enhancing security, promoting prosperity, promoting democracy).
1996	빌 클린턴	1994년과 동일함(enhancing security, promoting prosperity, promoting democracy).
1997	빌 클린턴	1994년과 동일함(enhancing security, promoting prosperity, promoting democracy).
1998	빌 클린턴	3가지로 분류(vital interests, important national interests, humanitarian and other interests). 사활적 이익은 미국 영토 및 시민 그리고 동맹국의 안보와 생존권과 관련됨. 중요 이익은 직접적 생존과 관련은 약하나 국민의 안녕과 행복에 관련되고, 인도주의적 이해는 미국의 전통적 가치와 관련됨.

1999	빌 클린턴	1998년과 동일함.
2000	빌 클린턴	Enhancing security at home and abroad, promoting prosperity, and promoting democracy and human rights
2002	조지 W. 부시	적들로부터 미국을 방어, 위협 제거 및 평화 유지, 그리고 자유주의와 민주주의의 전 세계적 확산 등이 등장하나 뚜렷이 국익을 명기하지 않음.
2006	조지 W. 부시	미국, 이란 등의 국가들에서 독재를 종식하고, 이들 지역에 민주주의를 보급 및 증진하고, 자유를 전 세계로 확산하는 등 외교정책의 주요 목표들이 언급되나 뚜렷이 국익을 명기하지 않음.
2010	버락 오바마	미국이 지속적으로 추구해 온 국가이익으로서 ① 미국과 동맹국들의 안전, ② 미국 경제의 번영, ③ 민주주의와 인권 등 미국적 가치들의 존중, ④ 미국의 리더십을 중심으로 국제 협력을 통해 평화롭고 안정적인 국제 질서 유지를 명기함.
2015	버락 오바마	2010년과 유사함. 다만 각론을 통해 차별화함.

이런 이유로 1990년대 이후 미국의 국가이익을 단일 요인으로 설명하기는 더욱 어려워졌으며, 따라서 다양한 수준에서 국익을 설명하고자 하는 학문적이고 현실적인 시도가 존재해 왔다.

그러나 빠르게 부상하는 중국이라는 외부적 위협 요인의 존재가 미국으로 하여금 국가이익 개념을 재정립하도록 요구하고 있다. 중국은 2010년 국내총생산(GDP) 기준으로 일본을 추월해 미국에 이어 세계에서 두 번째로 큰 경제 대국으로 부상하였다. 중국의 인구 규모에 기대어 생각해 볼 때, 중국의 빠른 경제 성장 추세가 지속될 경우 중국은 빠른 시간 내에 세계 최대의 경제 대국으로 부상할 것이다. 또한 중국은 동아시아 지역에서 미국의 패권을 위협할 군사 강국으로 성장하여 장기적으로는 지역 내 세력 균형 구도에 변화를

초래할 수도 있다.(마상윤 2016, 324)

중국의 부상은 동아시아가 미국 외교에서 차지하는 비중과 역할을 승진시키게 마련이다. 한편 이 때문에 미국은 스스로를 태평양 국가(Pacific nation)로 규정하면서 아·태 지역의 정치 경제 활동에 적극 동참하고, 무엇보다도 이 지역에서 미국의 이익에 반하는 질서가 형성되는 것을 경계하고 있다.(Clinton 2011) 오바마 행정부가 2010년 이래 추구해 온 이른바 "아시아로의 회기(pivot to Asia)" 또는 "재균형(rebalancing)" 전략은 이러한 미국의 동아시아 지역에 대한 인식을 잘 농축하여 보여 준다.

물론 외부적 위협 요인으로서 중국의 부상에도 불구하고 미·중 간의 평화적 협력 가능성도 여전히 존재한다. 미국은 중국의 최대 수출 시장이고, 중국 시장 또한 미국에게 큰 경제적 기회를 제공하는 등 양국 간 경제적 상호의존이 긴밀한 협력을 요구하기 때문이다. 그러나 타이완 문제, 티베트 독립 문제, 중국 인권 문제, 남중국해 문제 등 양국 간 입장 차이가 큰 주요 정책 사안들이 산적해 있으므로 두 국가 간 협력의 기반은 여전히 불안하다.(마상윤 2016, 325) 따라서 미국은 중국과의 협력과 더불어 중국의 부상을 견제하는 정책을 병행하는 복합적 접근을 취하고 있으며, 후자와 관련된 대표적 움직임으로 미·일 동맹이나 한·미 동맹 등 지역 내 미국의 주요 동맹국들과 전략적 파트너 관계를 강화하고 공고화하려는 노력들이 관측되기도 한다. 최근 한국 사회에서 뜨거운 논쟁을 불러일으키고 있는 고고도미사일방어체계(THAAD)의 한반도 배치 문제는 중국에 대한 미국의 군사적 견제가 가장 극명하게 드러난 사례라고 할 수 있을 것이다. 결국 중국에 대한 미국의 자유주의 정책과 현실주의 정책 기조가 혼재하는 속에서 향후 미·중 간 힘의 분포 변화가 장기적으로 미국의 국익 개념에 어떤 변화를 불러올 것인지 눈여겨봐야 할 것이다.

3. 미국 정치와 동아시아 외교정책 : 제도를 중심으로

정치 과정상 다양한 선호를 가진 인물, 이념, 이익들 사이의 상호작용은 대부분 이전 시대에 형성된 특정한 제도적 틀 안에서 이루어진다. 물론 행위자와 사상, 선호 등이 각각 중요성을 가지고 있을뿐더러 정치적 격변기에는 더욱 주도적 역할을 하는 것도 사실이다. 하지만 정치적 변화와 개혁의 결과물도 대부분 제도적 형태로 나타나는 점을 고려해 볼 때 정치제도의 형성 과정에 대한 이해는 필수적이다. 한편 정치 과정과 조직의 제도화는 그 자체로 학자들의 관심의 대상이자 정치 개혁의 목표이기도 하다. 이를테면 의회 정치 제도화에 관한 연구(Polsby 1968), 국가 간 협력의 장으로서 제도에 관한 연구(Keohane 1984) 등이 대표적 예이다.

일단 참여자의 합의를 통해 제도가 만들어지고 제도화 과정을 거친 이후에는 구성원의 선호가 정책으로 직결되는 경우가 드물다. 예를 들어 의회 상임위원장 다선 원칙(seniority)이라는 제도적 장치가 형성된 이후 1960년대 미국 남부 출신의 보수적인 위원장들로 인해 민주당 내 다수 의원들의 진보적 선호가 입법화되기 어려웠던 적이 있다.(Fry 2002) 다시 말해 정치 제도는 정치 과정을 어느 정도 제약한다. 이런 경우 기존의 제도를 둘러싼 이해관계의 갈등이 제도 개혁을 중심으로 표출된다. 참여자의 선호를 기반으로 형성되었던 제도가 이제는 거꾸로 정치 참여자의 이념과 이익에 영향을 미치기도 하는 것이다.(Weingast 1998 ; Shepsle 2006) 제도라는 틀 안에서 형성되는 새로운 이념과 이익이 기존의 제도를 유지할 것인지 아니면 바꿀 것인지 하는 또 다른 정치 과정을 만들어 낸다고 볼 수 있다.

미국 외교정책 결정 과정을 둘러싼 정치 제도를 분석하는 데에는 다양한 접근법이 가능하고 또 필요하다. 우선 무엇보다 미국이 세계 최초의 민주주의 헌법 체계를 근간으로 건국된 나라라는 점을 고려할 때 미국 헌법에서 규정한 외교정책의 제도적 규정을 고찰할 필요가 있다. 미국 헌법의 기초자들이 건국 당시에 만들어 놓은 제도적 틀을 중심으로 미국의 민주주의와 세계의 국제 정치간 상호작용이 결정되어 왔고, 여전히 미국 정치에서 헌법적 가치와 전통이 큰 비중을 차지하고 있기 때문이다. 실제로 1791년부터 1992년까지 27개의 수정헌법 조항들이 만들어졌지만 외교정책 관련 조항은 단 한 건도 없다는 점을 고려할 때에도 건국 당시 헌법의 제도적 틀에 대한 분석은 매우 중요하다고 할 수 있다.

한편 제프리 튤리스(Tulis 1987)는 우드로 윌슨 대통령 이후 등장한 "또 다른 헌법적 체계(second constitution)"의 중요성을 강조하며 미국의 헌법이 단순한 문서적 의미를 넘어 역사적 맥락에 따라 변화하는 속성을 가지고 있다고 주장한다. 다시 말해 헌법에서 규정한 외교정책 관련 제도적 틀이 국가 안보와 경제 위기 상황을 거치면서 정치권과 법원의 대처, 궁극적으로 국민들의 판단에 의해 재해석되어 온

점을 간과할 수 없다. 외교정책 결정 과정에 미치는 제도의 역사적 맥락을 동시에 고려해야 하는 이유이다. 또한 제도 변천과 관련해 헌법의 문서적 성격과 역사의 맥락적 동인 못지않게 경쟁과 협력을 반복해 온 정당과 정치인들의 전략적 측면을 살펴보아야 한다. 선거의 나라 미국에서 1850년대 이후 지속되어 온 양당 정치 체제는 정치인들의 전략과 맞물려 외교정책의 성공과 실패에 큰 영향을 미치고 있기 때문이다.

영국과의 독립전쟁을 통해 나라를 세운 미국이란 신생 국가가 우선적으로 선택한 거버넌스 체계는 중앙정부의 권한을 인정하지 않는 독립된 주 중심의 1781년 연합헌장 체계(Articles of Confederation)였다. 잘 알려진 대로 13개 주의 절대적 지배를 용인했던 최초의 제도적 선택은 1786년부터 2년간 지속된 셰이즈 반란(Shays' Rebellion)을 겪으면서 현재의 연방 헌법 체계(US Constitution)로 전환되었다. 하지만 토머스 제퍼슨(Thomas Jefferson)의 1800년 대선 승리 이후 제2차 세계대전과 냉전 시기 이전까지 대통령의 강력한 리더십보다 의회의 정치적 합의에 근거한 외교정책 결정이라는 제도적 틀이 지속된 바 있다. 국내의 향후 경제 및 사회 발전보다 독립 이후 눈앞에 닥친 유럽의 영향으로부터 국가의 존속이라는 명제에 더 관심을 기울일 수밖에 없었던 헌법 창시자들이었고, 때문에 전쟁 수행에 필요한 군 통수권을 제외한 대부분의 외교 권한을 의회에 넘겨주었던 것이다.

구체적으로 살펴보면 헌법 제1장에 명시된 의회 관련 외교정책의 제도적 규정은 무역, 관세, 전쟁, 군대, 이민, 조약 체결, 대사 파견 등 당시로서 상상할 수 있었던 포괄적 영역을 다루고 있다. 세입(revenue) 관련 결정 권한은 주로 하원에 부여되었는데, 특히 관세 수입이 중요했던 북부 주들의 선호가 반영되었다. 군대를 징집하고 양성하는 정책 또한 의회가 관장하였고, 특히 당시 안보 및 무역에서 주요 현안이었던 해군 함대 양성 및 공해(high seas)의 해적 제재와 관련한 제도적 권한을 제8항에서 구체화하였다. 이민 및 귀화 문제 역시 헌법에서 보장한 의회의 주도적 역할 탓에 이후 반이민주의(nativism) 정서의 부침에 따라 제약적 이민 법안들을 양산한 바 있다. 상원의 경우, 대통령의 외교정책 자문 및 감시 역할이 주로 부여되었는데 외국과 조약을 맺을 때와 대사를 임명할 때의 조언(advice)과 동의(consent) 규정이 제도화되었다. 헌법 규정대로 상원에 직접 조언을 구하러 갔다가 실망하고 돌아온 초대 조지 워싱턴 대통령 이후 조언 규정은 유명무실화되었다. 하지만 동의 규정은 상원의 3분의 2 조항으로 인해 이후 1919년 베르사유조약(Treaty of Versailles) 부결부터 1999년 포괄적핵실험금지조약(Comprehensive Nuclear Test Ban Treaty) 부결에 이르기까지 그 제도적 영향력을 유지해 오고 있다.

1789년 이후 기본 틀이 유지되고 있는 미국 헌법의 제도적 틀 내에서는 사실 대통령에게 외교정책상 상대적으로 최소한의 권한이 주어져 있다. 대통령 관련 헌법 제2장 자체가 짧은 분량에 애매한 내용으로 채워져 있는데, 이는 미국이 독립할 당시 특정인의 독재에 대한 광범한 우려를 반영한 내용이었다. 그나마 제2장 2항에 간단히 다루어져 있는 대통령 권한은 외교정책과 관련한 내용이 주를 이루었다. 우선 독립혁명 당시 총사령관이었던 조지 워싱턴의 대통령

취임이 당연시되는 상황에서 육군 및 해군의 통수권자를 대통령으로 정하는 데는 큰 어려움이 없었다. 또한 조약을 체결하고 대사를 임명하는 권한도 부여되었는데, 그나마도 상원의 동의를 조건으로 삼았다. 더욱이 존 로크(John Locke)도 언급한 바 있는 대통령의 비상대권(emergency power ; gubernaculum)은 건국 헌법 조항에 포함되지 않았다. 1807년 영국 군함이 미국 선박 체사피크(Chesapeake)에 포격했을 당시, 그리고 1861년 남북전쟁 발발 시 토머스 제퍼슨과 에이브러햄 링컨(Abraham Lincoln)이 각각 발동했던 대통령의 비상 조치들은 헌법적 제도의 틀을 벗어난 행위였던 것이다.

실제로 헌법 제정 당시에도 외교정책과 관련하여 의회와 대통령의 권한 범위를 정하는 데 있어 자구 그대로 해석하고 적용하는 것은 한계가 있었다. 연임 첫해인 1793년 조지 워싱턴 대통령이 발표했던 중립선언(Neutrality Proclamation)을 둘러싸고 국가 안위를 책임져야 할 대통령의 역할을 이유로 변호했던 알렉산더 해밀턴(Alexander Hamilton)과 중립선언도 외교 행위이므로 의회의 동의를 거쳐야 한다고 주장했던 제임스 매디슨(James Madison) 간의 대립이 바로 그 예이다. 국무장관 등 대통령이 임명한 정부 관료들의 해임 권한이 대통령에게 귀속되는 것인지, 또한 조약을 종결시키는 데에도 상원 3분의 2의 동의 조항이 그대로 적용되는 것인지에 대한 해석을 둘러싸고 역시 정파 간 대립이 벌어졌다. 결국 미국 건국 당시 헌법으로부터 규정된 외교정책의 제도적 근간 역시 독립 당시의 사상적 조류와 국제적 정세로부터 자유로울 수는 없었다. 하지만 이것이 이후 미국 정치와 국제 정치 사이의 끊임없는 상호작용의 기본 틀을

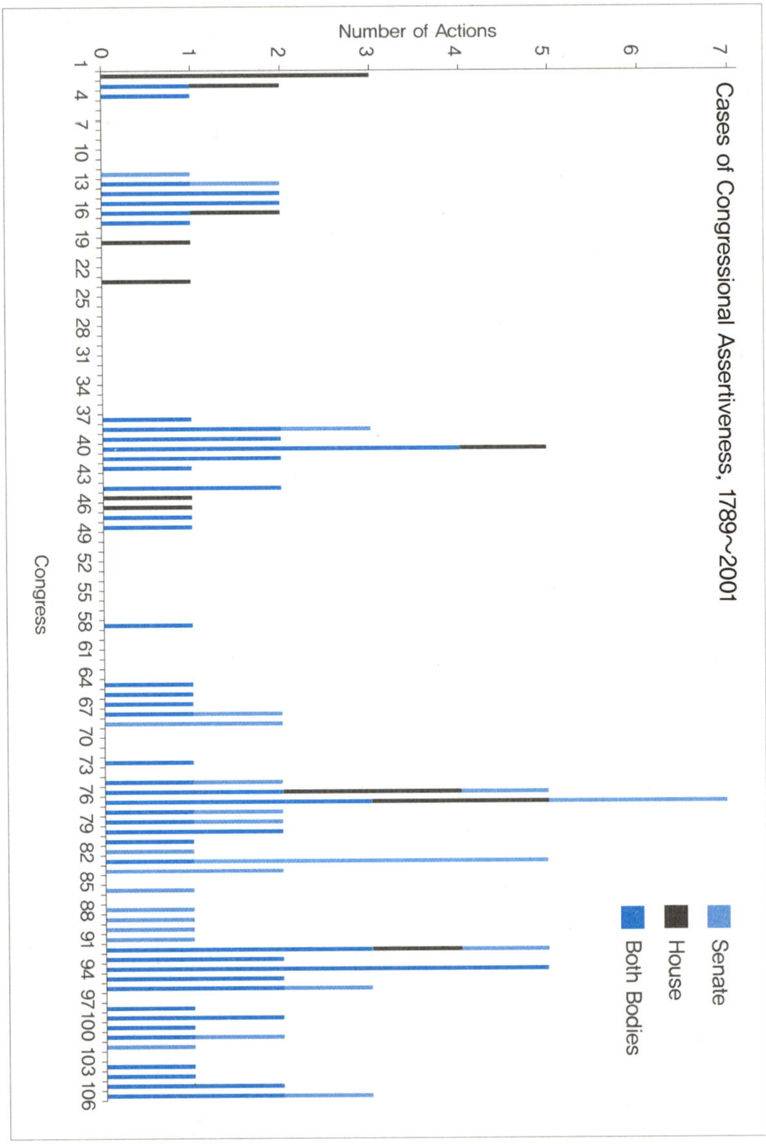

출처 : Taylor(2012, 8)

그림 5 미국 의회의 적극적 외교정책 개입 양상(1789~2001)

제시했다는 점은 부인하기 어려울 것이다.

주 단위로 권력이 분산된 미국의 기존 헌법 체제하에서 외교정책 결정은 에드워드 코윈의 잘 알려진 표현대로("an invitation to struggle for the privilege of directing American foreign policy") 갈등의 반복 및 해석의 논란 그 자체였다.(Corwin 1957, 171) 그런데 역사적 맥락에서 살펴보면 헌법에 규정된 제도적 권한의 충돌은 주로 대통령이 의회의 동의 없이 적극적으로 외교정책을 선택하거나 추진한 경우에 발생하였다. 1812년 헨리 클레이(Henry Clay)가 주도한 대영 강경파(War Hawks)에 밀려 영국과의 전쟁을 치룬 제임스 매디슨 대통령의 경우가 의회에 외교정책의 주도권을 맡긴 헌법 정신과 합치된 거의 유일한 사례라고 볼 수 있다. 물론 그림 5에 나타나듯, 외교정책에서 의회의 적극적 역할은 이후에도 나타났지만 대부분 대통령의 리더십에 대한 반응 양상을 보이는 것이 사실이다.(Carter and Scott 2009 ; Taylor 2012) 따라서 미국 역사상 영토 확장, 전쟁 수행, 경제 위기 등의 사례와 맞물려 헌법 제2장에 막연하고 간단하게 규정되었던 대통령의 권한이 오히려 정치적으로 비대해진 과정을 추적하는 일이 필요하다.

우선 1823년 12월 의회에 보낸 연두교서에 담긴 먼로 독트린(Monroe Doctrine)은 의회와 대통령 간의 제도적 힘의 균형을 크게 훼손하지 않은 채 대통령이 주도한 외교정책 리더십의 한 사례이다. 비식민(non–colonization)과 불개입(non–intervention)의 원칙을 천명한 먼로 독트린은 "미국 동부와 북부의 상업 이익 그리고 남부와 서부의 농업 이익을 동시에 대변하고, 남부 공화파의 영토 확장 이데올

로기와 동북부 연방파의 시장 확장 이데올로기를 동시에 대변"한 외교정책 선언문이었다.(권용립 2010, 165) 이후 힘의 외교를 표방한 루스벨트 지침(Rosevelt Corollary), 소련 봉쇄 정책인 트루먼 독트린(Truman Doctrine), 미국의 방위 분담 역할을 축소한 닉슨 독트린(Nixon Doctrine) 등 미국의 대외 정책상 큰 틀을 변화시킨 선택들이 대통령에 의해 주도된 바 있다.(Dueck 2015)

근본적인 제도 변화 없이 외교정책에서 대통령의 권한 범위가 커진 또 다른 사례는 1846년 멕시코와 전쟁을 수행한 제임스 포크(James Knox Polk) 대통령과 관련이 있다. 텍사스 병합을 반대했던 헨리 클레이와 마틴 밴 뷰런(Martin Van Buren)을 제치고 민주당 후보로 나서 1844년 대통령에 당선된 미국 최초의 다크호스 대통령인 제임스 포크는 영토 확장을 표방한 미국 최초의 선택 전쟁(war-of-choice)을 벌였다. 앞서 언급한 대로 1861년 4월 에이브러햄 링컨 대통령 또한 의회의 휴회기에 남북전쟁을 위한 민병대 소집을 명령하였고 인신보호영장(habeas corpus) 제도를 정지시킨 바 있다. 우드로 윌슨 대통령은 비록 좌절되었지만 제1차 세계대전 직후 집단 안보와 국제 연맹 개념을 통해 대통령의 리더십 우위를 확보하고자 시도한 적이 있다.

헌법상 부여된 외교정책의 제도적 틀을 크게 바꾸어 놓은 결정적 계기는 제2차 세계대전 이후 급속히 진행된 냉전과 관계가 깊다.(Johnson 2006) 1936년 프랭클린 루스벨트(Franklin D. Roosevelt) 대통령 시절 커티스-라이트 판례(United States v. Curtiss-Wright Export Corp)를 통해 뉴딜에는 부정적이던 조지 서덜랜드(George Sutherland)

대법관이 "대통령을 국제 관계 영역에서 유일한 기관(the president as the sole organ of the federal government in the field of international relations)"으로 공식 인정한 적이 있다. 이후 1945년 의회가 인준한 브레튼 우즈(Bretton Woods) 협정과 1947년 발표된 트루먼 독트린을 통해 이미 전후 국제 질서 확립에 깊이 관여하기 시작한 미국이 국내 정치 제도적으로 안보국가(National Security State) 건설에 착수한 것이다.(Koh 1990 ; Hogan 1998) 대공황 이후 의회가 통과시킨 1934년 호혜통상협정법(Reciprocal Trade Agreements Act)을 기점으로 무역 및 관세 정책 권한이 대폭 대통령에게 이양된 바 있지만, 1947년 입법화된 국가안보법(National Security Act)은 대통령 중심의 외교정책을 제도적으로 보장하는 토대가 되었다. 영역별로 나뉘어 있던 안보 체계를 국방부(Department of Defense)를 신설하여 통합하였을 뿐 아니라 중앙정보부(Central Intelligence Agency)와 국가안보회의(National Security Council)를 창설한 것이다.

1973년 베트남 전쟁의 실패 와중에 이미 비대해진 대통령의 전쟁 관련 권한을 제한하기 위해 의회가 전쟁권한결의안(War Powers Resolution)을 통과시켰다. 하지만 법안의 실질적인 적용과 관련한 논쟁은 2011년 리비아 사태 정도에 국한되었다. 당시 버락 오바마 대통령의 국무부 법률 자문관이었던 해럴드 고(Harold Koh)는 "교전(hostilities) 상황"이 존재하지 않았기 때문에 전쟁권한법 자체가 적용되지 않는다고 주장하였다. 더구나 2010년 중간선거로 다수당 지위를 상실한 민주당 지도부나 전통적으로 강경 외교 정당인 공화당 지도부 모두 버락 오바마 대통령을 압박하여 의회의 외교 권한을 회복시킬 동력이나 동기를 가지고 있지도 못했다.

제도 그 자체의 급격한 변화와는 직접 관련이 없을지라도 정치인의 전략은 제도적 틀 안에서 형성되며, 외교정책 전략의 성패에 따라 제도적 양상이 바뀌기도 한다. 예를 들어 미국 건국 초기의 헌법에 규정된 바 없던 정당 및 정당 정치의 형성, 표변 그리고 소멸은 당시 국제 정세에 대처하는 정치인들의 전략과 깊은 관계가 있다. 1795년 제이 조약(Jay Treaty)의 여파로 조지 워싱턴 대통령에 대한 절대적 신뢰에 흠집이 생기게 되었고, 결국 워싱턴-해밀턴을 중심으로 한 연방파(Federalists)와 제퍼슨과 매디슨이 이끈 공화파(Republicans) 간의 정당 정치가 본격화되었다. 이후 1803년 루이지애나 매입 과정을 거치면서 특사 파견 문제와 외교 문서 공개 문제를 놓고 양당이 이전 입장을 전략적으로 번복하는 일이 발생하였다. 그리고 1812년 영국과의 전쟁 당시 영국과의 화전(和戰)을 모색했던, 북부 지역에 기반을 둔 연방당이 1814년 하트퍼드(Hartford) 회합 이후 국민들로부터 배격되고 결국 소멸되기에 이른다. 민주주의와 국제 정치 간의 상호작용이 대의제를 중심으로 한 정치인들의 전략적 선택에 의해 크게 영향을 받는 미국 특유의 전례가 이때 이미 생겨났다고 볼 수 있다.

정당 제도와 외교정책의 상호 영향 못지않게 중요한 것이 국제 정세와 관련된 미국 대통령의 권한 증대 현상이다. 이것은 대통령의 전략적 선택과 관계가 깊다. 사실 냉전 시대에 대통령에게 외교정책상의 권한을 더 실어 주어야 한다는 애런 윌답스키(Wildavsky 1966)의 "두 대통령제(two-presidency)" 주장은 당위적 측면이 강했다.(Fleisher

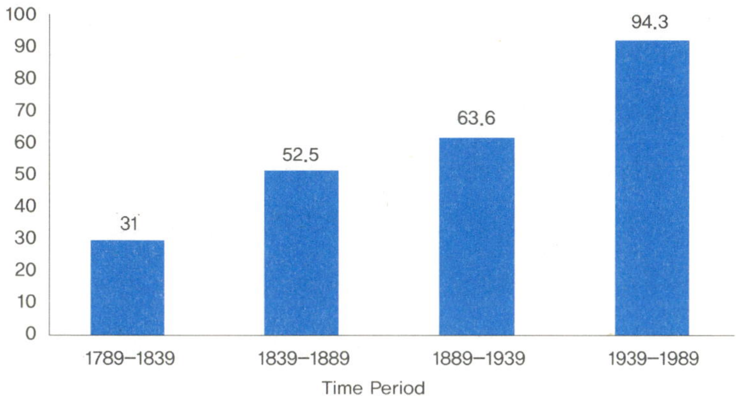

FIGURE 1. Executive Agreements as a Percentage of All International Agreements by Time Period, 1789-1989.
Source: Table II-1 of *Treaties and other international agreement : The role of the United states senate* (U.S. government Printing Office 2001).

출처 : Krutz and Peake(2006, 395)

그림 6 미국의 행정협약 비율(1789~1989)

and Bond 1988) 미국 대통령의 권력을 설명하는 전통적 관점인 리처드 뉴스태드(Neustadt 1960)의 "설득의 권력(power–to–persuade)" 논리 또한 의회 내에서의 성공을 기준으로 삼은 소극적 측면이 있었다. 이에 반해 윌리엄 하월(Howell 2003)이 제시한 대통령의 일방적 권력(unilateral power) 주장은 외교정책 형성 과정에서 보여지는 대통령의 선제적 역할과 독립적 행위에 초점을 맞추었다. 특히 1930년대 이후 조약이 아닌 행정협약(executive agreements) 위주로 미국의 국제 관계가 이루어지면서 대통령의 설득이 필요 없는 권력(power–without–persuasion)이 더욱 증대되었다고 볼 수 있다.(그림 6 참조) 게다가 대법원의 결정들, 예를 들어 미합중국 대 커티스 라이트(United States v.

Curtis–Wright, 1936), 미합중국 대 벨몬트(United States v. Belmont, 1937) 그리고 미합중국 대 핑크(United States v. Pink, 1942) 등은 국제 관계에 있어 대통령의 주도권을 더욱 강화하는 역할을 담당했다고 윌리엄 하월은 주장한다. 결론적으로 위기 관리자로서 대통령의 전략적 판단과 선택들이 외교정책을 지렛대 삼아 행정부의 권한을 증대시키는 제도적 변화를 초래했다고 볼 수 있다.

4. 미국 정치와 동아시아 외교정책 : 이념, 이익, 제도와 정책 담당자들

미국의 외교정책은 단순히 세계 질서와 국제 정세뿐 아니라 미국과 미국 국민이 그동안 겪어 온 이념, 이익, 제도의 변화에 크게 영향을 받아 온 것을 보았다. 여기서는 이러한 이념, 이익, 제도가 미국의 동아시아 정책 결정자들에게 어떠한 의미의 변수 또는 상수로 기능하는지 중국 정책 사례들을 통해 간단히 설명하고자 한다. 앞서 언급한 대로 이 책의 핵심 질문은 누가, 어떻게 미국의 동아시아 정책을 결정하는가에 관한 것인데, 이들 정책 결정자들이 일상적으로 또는 선거 주기적으로 마주할 수밖에 없는 것이 바로 미국 정치의 이념, 이익, 제도적 요소들인 셈이다.

먼저 공화주의와 자유주의가 만들어 낸 보수주의와 진보주의의 다양한 이념 조합들이 정당 경쟁 및 정치인의 야심 구도와 맞물려 외교정책의 가치와 규범을 만들어 낸다. 미국의 동아시아 정책 담당자들은 이러한 미국적 가치와 규범 범주 내에서 외교 방향을 찾기도 하고, 때로는 새로운 외교 전략을 펼치기 위해 미국적 가치와 규범을 재해석하기도 한다. 현재 뜨거운 문제로 떠오른 남중국해 영유권 분쟁에서 미국은 항행 자유라는 국제법상의 규범을 강조하고 있는데, 이는 미국이 건국 이후부터 지속적으로 강조해 온 자신들의 가치 체계와 일맥상통한다. 또한 아시아 담당 행정부 정책 결정자들은 중국을 국제 사회의 책임 있는 일원으로 인정하며 자유주의적 국제주의(liberal internationalism) 규범 안으로 끌어들이려는 외교적 시도를 병행하고 있다. 물론 선거 때마다 중국과의 자유 무역(free trade)이 아닌 공정 무역(fair trade)을 강조하며 잭슨주의식 일방 외교를 외치는 정치인들에게 쉽게 현혹되는 미국 유권자들의 이념적 정서가 존재한다는 것도 엄연한 현실이다.

미국의 이익은 이념보다 훨씬 복잡한 차원에서 접근이 필요하다. 기업과 노조, 도시와 농촌, 주별, 세대별, 인종별로 미국의 국익은 무엇인가에 대한 이해와 요구가 다양하다. 중국과의 무역 문제만 해도 이를테면 텍사스 주는 막대한 수출입 거래량을 통해 경제 성장에 크게 도움을 주고 있는 중국 무역에 긍정적이다. 반면에 같은 남부 주이지만 가구, 섬유 등·수입 경쟁 산업에서 막대한 피해를 보고 있는 사우스캐롤라이나 주는 중국 무역에 적대적이다. 그런데 흥미로운 사실은 이러한 다양한 이익 관련 입장과 요구들은 양대 정당 시스템하의 대의민주주의와 대통령제를 운영하는 미국에서 이념과 제도의 형식으로 대별되고 있다는 점이다. 국제주의냐 고립주의냐에 따라 그리고 공화당 행정부냐 민주당 의회냐 등등에 따라 이익은 이념과 제도의 형식으로 투영되는 것이다. 이 책에서 다루는 정책 결정자들의 스펙트럼도 다양하지만 행정부와 의회, 정당 관련자들을 우선 고려해 볼 때 이들 또한 각양각색의 이익에 대해 자신늘의 정치적 이념과 주어진 제도적 현실 맥락에서 반응하고 있음은 재론의 여지가 없다.

동아시아 외교정책 결정자들이 마주하는 미국 정치의 제도적 양태(institutional dynamic)는 헌법부터 대통령제, 양대 정당제, 의회 권한, 대법원의 판례 등 실로 다양하다. 미국 정치에 대한 대표적 이론 중 하나인 데이비드 이스턴(David Easton)의 정치체계론이 정부의 결정 과정을 일종의 블랙박스로 간주함으로써 정치의 기능을 지나치게 축소 해석했다는 비판에 직면했던 적이 있다. 마찬가지로 미국의 이념과 이익이라는 일종의 투입 요소들은 정치 제도의 틀 안에서 재해석되고 재생산됨을 기억해야 한다. 예를 들어 선거 때마다 등장하는 중국과의 무역 역조 문제를 시정하기 위해 의회에서 다양한 시도들이 이루어지지만, 미국의 양원제 시스템하에서 특히 미국 상원의 성격상 보호 무역 성격의 법안이 통과되기는 쉽지 않다. 왜냐하면 주별 크기에 상관없이 각 주마다 2명의 상원의원을 배정해 놓은 헌법 규정과 상·하원이 동일 법안을 통과시켜야 대통령에게 보낼 수 있는 제도적 장치로 인해 중국 무역으로 혜택을 누리는 주들의 반대를 극복하기 어렵기 때문이다. 어차피 상원에서 보호 무역 법안이 통과되기 어렵다는 것을 인지하는 하원과 대통령, 정당과 미디어들이 각자의 입장에서 중국 무역 관련 정치적 입장을 표명함은 두말할 나위도 없다.

결론적으로 미국의 동아시아 정책 결정자들은 이러한 이념, 이익, 제도의 범주 안에서 이상적이면서 동시에 현실적인 외교 전략을 구상하고 실천한다. 다음 장에서는 동아시아 3개 국가와 지역(중국, 일본 그리고 한반도)에 관한 구체적 사례 분석을 통해 미국의 동아시아 외교 정책 담당자들에 관한 총체적 이해를 모색하고자 한다.

제 3 장

G-2 시대 미국 정치와 중국 정책 — 균형과 통합

서정건

1. 들어가며

국제 정치학자들의 관심은 주로 미국이라는 기존 강대국과 중국이라는 신흥 강대국 간의 관계 재설정 가능성에 집중되어 있다.(최우선 2014 ; 전재성 2015) 노장 국제 정치학자 그레이엄 앨리슨(Allison 2012)이 개념화한 "투키디데스 함정(Thucydides' Trap)"에 따르면 두 세력 간의 충돌과 그로 인한 전쟁은 피할 수 없는 결과로 본다. 그레이엄 앨리슨의 조사에 따르면, 1500년 이후 강대국이 새로 부상한 경우 총 15번 중 11번의 사례에서 국제 질서가 전쟁으로 이어졌다. 공격적 현실주의(offensive realism) 분석 틀을 통해서 존 미어샤이머도 미국과 중국 간 불가피한 군사적 충돌을 예상하고, 미국의 보다 적극적인 중국 봉쇄 정책을 주문하고 있다.(Mearsheimer 2001) 반면 애런 프리드버그는 향후 미·중 관계가 적대적으로 변할 불가피성에 동의하면서도 변화 방향에는 다소간의 여지를 둔다.(Friedberg 2011) 그는 실제로 2003년부터 조지 W. 부시 행정부에서 국가 안보 업무를 맡았던 경험을 통해 견제와 포용을 동시에 추구하는 "견제-포용 결합형(congagement)" 외교정책에 방점을 두고 있다.

한편 브루스 러셋(Russett 1994, 2001)은 민주평화론(democratic peace)에 근거하여 미국과 중국 간의 낙관적인 관계 발전을 전망한다. 긴밀한 경제 협력과 국제기구의 역할은 중국의 국내 정치 발전과 맞물려 불가피한 충돌을 피하거나 미루게 할 수 있다는 것이다. "중국을 적(敵)으로 다루지 않는다면, 중국은 적이 되지 않을 것"이라는 가정에 근거하여 중국의 "평화로운 부상(peaceful rise)" 가능성을 설정한 버락 오바마 행정부의 입장과 비슷한 맥락인 셈이다.[13] 조지프 나이(Nye 2015)의 경우 보다 근본적으로 미국 쇠퇴론과 중국 위협론 자체를 부정하는 입장이다. 결국 경제력뿐만 아니라 군사력과 소프트 파워 측면에서도 당분간 중국이 미국 주도의 세계 질서를 뒤엎을 가능성은 거의 없다는 주장이다. 토머스 크리스텐슨(Christensen 2015a)은

13 2013년 캘리포니아에서 시진핑과의 정상회담 직전 기자회견을 통해 밝힌 버락 오바마 대통령의 공식 입장은 다음과 같다. "And for my part, this will give me an opportunity to reiterate how the United States welcomes the continuing peaceful rise of China as a world power and that, in fact, it is in the United States' interest that China continues on the path of success, because we believe that a peaceful and stable and prosperous China is not only good for Chinese but also good for the world and for the United States." The White House, Office of the Press Secretary, 2013년 6월 7일.

오히려 중국 내부의 도전에 주목하면서 중국 내 민족주의 및 중앙-지방 관계 등 국내적 불안 요소들로 인해 가까운 시일에 중국이 미국에 버금가는 경쟁자(peer competitor)로 부상하기는 쉽지 않으리라 예측한다.(Schweller and Pu 2011)

이처럼 G-2 시대 미국과 중국 간의 협력과 경쟁 전망에 관한 기존의 국제 정치학 분석은 주로 기존 강대국과 신흥 부상국의 관계 맥락에서 이루어지고 있다. 역사적 사례를 근거로 미국과 중국 간의 충돌 불가피론 또는 두 강대국 간의 세력 균형론, 아니면 미국의 주도권 유지론 등이 주조를 이룬다. 그런데 분명한 사실은, 2005년 조지 W. 부시 행정부의 "책임 있는 당사국(responsible stakeholder)" 개념, 그리고 2013년 버락 오바마 대통령의 "평화로운 부상(peaceful rise)" 입장 등에서도 알 수 있듯이, 미국 외교정책의 기조가 냉전 시대 소련에 적용했던 봉쇄(containment) 정책 일변도로 귀결되지는 않는다는 점이다. 다시 말해 이미 "키메리카(Chimerica)"(Ferguson and Schularick 2007)라는 표현이 등장할 정도로 긴밀한 경제적 관계를 맺고 있는 두 강대국에 있어 장기적 관점에서 세력 전이 문제에 대한 예측 못지않게 현실적 차원에서 균형과 통합 사이의 적절한 외교정책 선택이 절실한 상황이다.[14]

문제는 중국과 관련한 미국의 외교정책이 매우 다양한 국내 정치

14 니얼 퍼거슨(Niall Ferguson)과 모리츠 슐러릭(Moritz Schularick)은 수출 주도의 중국 경제와 과도 소비의 미국 경제가 합쳐진, 이른바 키메리카(Chimerica)라는 21세기 세계 경제 질서는 이전 시대 독일과 일본의 전후 성장 사례와 유사하며 2008년 금융위기 이후 중국의 위안화 평가절상 필요성이 더욱 커졌다고 본다.

차원에서 서로 다른 행위자들 사이의 상호작용에 의해 이루어진다는 점이다. 미국 정치 관점에서 볼 때 이미 중국 문제는 국제 관계 차원의 국가 대 국가 수준을 넘어선 지 오래이다. 중국 제품과의 가격 경쟁에 실패해 문을 닫은 사우스캐롤라이나 주의 섬유 공장들, 중국 시장에 막대한 농작물을 수출하는 네브래스카 주의 농업 종사자들, 중국에서 수입된 장난감의 납 성분을 염려해야 하는 미국 소비자 운동가들, 기후변화 공동 대처에 반드시 필요한 중국의 협력을 얻기 위해 분주한 환경 정책 담당자들(손병권 2012), 중국의 미국 기업 사이버 해킹과 중국 내 인권 상황을 비판하는《뉴욕 타임스》, 중국 내 낙태 중지와 종교의 자유를 촉구하며 미국 의회에 행동을 촉구하는 국제종교자유위원회 등 미국 사회에서 중국 문제는 이미 '로컬 이슈'이다.

이 장에서는 이러한 맥락에서 미국의 민주주의와 외교정책 주제를 중심으로 중국과 관련한 미국의 외교정책 결정자들과 결정 과정에 대해 고찰해 보고자 한다. 먼저 미국 정치와 중국 정책 사이의 상호작용을 변화와 지속이라는 측면에서 재발견하는 작업을 시도한다. 즉 냉전 시기와 냉전 종식 이후 G-2 시대에 이르기까지 중국 문제를 둘러싼 미국의 이념, 이익, 제도가 어떻게 중국 정책을 만들어 왔는지 살펴본다. 더불어 현 시점에서 미국 정치와 중국 정책 사이의 상호작용을 상징적으로 보여 줄 수 있는 실제 사례를 소개함으로써 정당 양극화 시대를 겪고 있는 미국의 국내 정치 상황을 대중국 정책 결정 과정과 접목시켜 본다. 이후에는 미국에서 중국 정책은 누가 결정하는지에 대해 정책 엘리트 충원 경향 및 특징을 중심으로 정리한다. 그리고 보다 넓은 의미에서 중국 관련 정책이 행정부 및 의회 차원 그리고 여론 및 정당 차원에서 형성되고 집행되는 과정을 종합적으로 분석한다.

궁극적으로 G-2 시대 미국과 중국 사이의 관계는 양국이 국내 정치의 기회와 한계를 바탕으로 만들어 내는 외교정책에 의해 결정될 수밖에 없다. 이 장에서는 이러한 명제를 중심으로 중국 정책과 관련된 미국의 국내 정치 상황을 체계적으로 살펴보고자 한다.

2. 미국 정치와 중국 정책 : 변화와 지속

1) 냉전 시기 : 중국 카드에 대한 저울질 시기

미국이 1868년 중국과 최초로 맺은 벌링게임 조약 당시 중국 문제는 미국 정치에서 초당파적인 환영과 지지를 받는 경향이 있었다. 당시 미국 상황은 1861년 발발한 남북전쟁이 종결된 후 암살된 에이브러햄 링컨의 뒤를 이어 대통령직을 승계한 앤드루 존슨(Andrew Johnson) 대통령이 의회를 지배한 급진 공화당(Radical Republicans) 의원들과 반목하고 있던 시점이었다. 중국이라는 광활한 시장 진출에 대한 기대 그리고 남북전쟁 여파로 부족해진 노동력을 중국 이민자들로 보충할 수 있으리라는 전망 등이 어우러지면서 중국과의 최혜국대우(Most-favord-nation) 조약이 체결된 것이다. 하지만 태평양을 건너온 중국인 노동자들이 캘리포니아를 중심으로 한 서부 지역에 급증하면서 백인 노동자들과 임금 및 일자리 경쟁을 벌이게 되었고 1876년 대타협을 통해 남부재건(Reconstruction) 시대가 막을 내리면서 중국인 유입 문제는 정당 간 정쟁 이슈가 되어 버렸다.

공화당의 경우 시민 자유를 수호한 링컨당이란 자부심과 원칙보다는 당시 경합 주이던 캘리포니아를 대선에서 붙잡기 위한 선거 전략을 선택함으로써 결국 중국인 축출 법안에 동조하게 되었다. 원래 노예제 사회에 정당 뿌리를 두었던 민주당의 경우 중국인 배제 문제를 적극 제기하면서 남북전쟁 이후 정국 주도권을 쥐어 왔던 공화당의 내부 분열을 노리고 있었다. 1882년 의회에서 통과된 중국인축출법안(Chinese Exclusion Act)은 제2차 세계대전을 수행하기 위해 중국의 협력이 필요했던 프랭클린 루스벨트 대통령이 중국 정부에 공식 사과하면서 폐지되기에 이른다.(Seo 2011)

제2차 세계대전이 연합군의 승리로 끝났다. 하지만 중국 본토에서는 마오쩌둥의 중국공산당(CCP)과 장제스의 중국국민당(KMT) 간의 내전이 계속되었고, 미국 조야에서는 특히 공화당을 중심으로 장제스에 대한 확고한 지지를 보내고 있었다.[15] "차이나 로비(China Lobby)"로까지 불린 미국 내 국민당 지지 세력에는 공산주의에 반대하는 우파 정치인들뿐만 아니라 헨리 루스(Henry Luce)

15 1949년 이후 마오쩌둥이 타이완의 중국 국민당을 공격할 경우 미국의 대응과 관련하여, 마오쩌둥과 스탈린의 결탁을 우려한 해리 트루먼 대통령과 딘 애치슨(Dean Acheson) 국무장관은 적극 개입을 주저한 반면, 전임 대통령 허버트 후버(Herbert Hoover)와 윌리엄 놀런드(William Fife Knowland) 상원의원, 로버트 태프트(Robert Taft) 상원의원 등은 적극 수호를 주장하였다.

표 5 냉전 초기 중국 정책에 대한 미국 의회의 표결 현황

날짜	법안	결과	표결 (찬성-반대)	민주당	공화당	북부 민주당	남부 민주당
제81대 하원 1949년 4월 4일	중국원조법 수정안 (중국에 대한 원조 계속)	가결	279-70	163-40	116-29	95-15	68-26
제81대 상원 1949년 9월 27일	극동지역 담당 차관보로 버터워스(Walton Butterworth) 승인	가결	53-30	43-0	6-27	22-0	21-0
제81대 하원 1950년 1월 19일	한국원조법 (한국에 대한 원조 계속)	부결	197-198	169-61	21-130	114-14	55-47

출처 : Congressional Quarterly Almanac, 1949~1950

《타임(Time)》 편집장 같은 사회 지도층 인사도 대거 포함되었다. 하지만 해리 트루먼 대통령이 파견한 조지 마셜(George C. Marshall) 특사의 휴전 노력에도 불구하고 중국 내전은 격화되었고, 결국 1949년 중국 본토가 중국공산당 손에 넘어가게 되었다.

결국 바로 1년 전 1948년 대통령 선거에서 예상 밖 패배를 당한 공화당이 해리 트루먼 대통령과 민주당 정권의 중국 공산화 책임론 공세를 대대적으로 전개하게 된다. 1950년 초 불안한 정세에 처해 있던 남한에 대한 트루먼 정부의 원조 요청을 공화당이 거부하면서 내세운 논리도 "If Not Formosa(Taiwan), Why Korea?(타이완은 포기하면서 왜 한국은 돕는가?)"였을 정도였다.(표 5 참조) 1932년 대공황의 와중에 정권을 넘겨준 이래 1948년 대선에 이르기까지 단 한 차례도 선거에서 이기지 못했던 공화당의 국내 정당 정치 상황이 중국 공산화라는 정치적 호재를 토대로 전후 잠시나마 형성되었던 초당파적 외교 분위기의 붕괴를 초래한 것이다.(Christensen 1996 ; Trubowitz and Seo 2012)

이처럼 1949년 중국 공산화 그리고 연이어 1950년 한국 전쟁에서의 직접적인 무력 충돌 이후 거의 20여 년간 미·중 관계는 사실상 단절되었다. 그런데 스탈린 사망 이후 지속되던 중국과 소련 간의 갈등이 1960년대 말 국경 분쟁으로 심화되면서 소련과 냉전 중이던 미국에게 중국에 대한 전략적 가치 평가가 달라지기 시작했다. 즉 중국이라는 카드에 대한 미국의 새로운 접근이 시작된 셈이다. 1972년 리처드 닉슨 대통령의 중국 방문은 미국의 엘리트 계층과 일반 대중, 언론 등에 의해 크게 환영 받았고, 1979년 지미 카터 행정부에 의해 중국과의 정식 국교가 수립되기에 이른다. 물론 이 과정에서 타이완과의 국교 단절, "하나의 중국(One China Policy)" 정책 등이 확립되었다. 또한 헨리 잭슨(Henry Jackson) 상원의원 등 민주당 내 강경파들이 공화당과 합세하여 1979년 타이완관계법(Taiwan Relations Act)을 통과시키면서 타이완에 대한 무기 수출 가능성을 여전히 열어두게 되었다.

2) 냉전 이후 및 21세기 G-2 시대 : 균형과 통합 사이

1989년 6월에 벌어진 천안문 사태는 중국과의 교류 확대와 개방 유도를 내용으로 하는 데탕트 시기의 중국 정책 결과에 대한 낙관적 기대와는 완전히 배치되는 사건이었다. 베이징 특파원을 지낸 역사 저널리스트 제임스 만의 지적처럼(Mann 2007) 중국과의 수교 이후 미국의 중국 정책은 미국이 지원하는 덩샤오핑(鄧小平)의 경제 발전 정책이 궁극적으로 중국의 정치 발전까지 이끌어낼 것이라는 입장에 기반을 둔 것이었다. 하지만 중국 인민군 탱크와 맞서는 민주화 시위자의 모습이 전 세계로 TV 생중계되면서, 특히 미국 국민들과 의회 등은 중국 정부와 공산당에 대한 불신감을 재확인하게 되었다.

그런데 1989년 천안문 사태에 대한 미국의 국내 정치 대응은 역시 다층적 측면이 존재한다. 예를 들어 1988년 대선에서 승리한 조지 부시(George H. W. Bush) 대통령의 경우 당장 군사 물자 수출을 금지하고 중국 고위 관료와의 교류를 중지시키는 조치를 취했지만, 베이징 연락사무소장을 지낸 친(親)중국 성향의 공화당 대통령이기에 제재 조치와 비난 수위가 낮은 것 아니냐는 국내외적 비판에 직면하였다. 공화당 내 중서부 출신 의원들을 중심으로 조지 부시 대통령에 대한 불만의 목소리가 나오자 1980년 이래 세 번 내리 대권을 내준 민주당은 단합된 중국 비판 입장을 홍보함으로써 공화당과의 차별성 그리고 공화당의 내부 분열을 노리게 된다.

지역구에 중국인 이민자가 많은 샌프란시스코 주 연방 하원의원 낸시 펠로시(Nancy Pelosi)를 중심으로 민주당의 조지 부시 대통령에

표 6 중국에 대한 최혜국대우(MFN) 부여를 둘러싼 미국 하원의 표결

연도	표결 (찬성-반대)	공화당	민주당	북부 민주당	남부 민주당
1990	247-174	81-90	166-84	117-53	49-31
1991	223-204	51-112	171-92	119-60	53-32
1992	258-135	76-79	181-56	121-41	60-15
1993	105-318	64-108	41-210	25-143	16-67
1994	75-356	36-141	38-215	27-145	11-70
1995[a]	321-107	178-52	143-54	96-40	47-14
1996	141-286	65-167	75-119	62-75	13-44
1997	173-259	79-149	93-112	74-76	19-36
1998	166-264	78-149	87-115	73-76	14-39
1999	170-260	71-150	98-110	81-72	17-38
2000[b]	237-197	164-57	73-138	43-114	30-24

참고 : a와 b의 반대표는 중국과의 자유 무역에 대한 대통령의 입장을 지지하는 투표.
a. 1995년 투표의 찬성표는 중국 '최혜국대우(MFN)' 연장에 대한 대통령의 입장을 지지하는 투표.
b. 2000년 투표의 찬성표는 마지막 단계에서 중국과의 '정상무역관계(PNTR)'에 대한 대통령의 입장을 지지하는 투표.

출처 : Seo(2010, 1079)

대한 공격이 거세지는 가운데 미국 의회는 특히 1974년 잭슨-배닉 수정안에 대한 행정부의 면제 요청을 둘러싸고 1990년 최초로 승인 반대 결의안을 제출하게 된다. 표 6에서 확인할 수 있듯이, 2000년에 항구적 정상무역관계법(PNTR)이 통과될 때까지 중국에 최혜국대우(MFN) 지위를 부여하는 결정을 중심으로 의회는 중국 정책에 직접적으로 개입하게 된다.(Seo 2010)

1990년대를 지배한 미국의 중국 정책 핵심이라 할 수 있는 최혜국대우 조항과 관련한 의회 및 정당 정치의 특징으로는 우선 표결 과정과 의미가 의회 양원 제도와 관련이 깊다는 점이다. 사실 1990년부터 3년 기간 동안만 하원에서 행정부의 잭슨-배닉 수정안 적용 면제 요청이 거부되었는데, 같은 기간 상원에서는 면제 요청이 그대로 승인되는 표결 결과가 지속되었다. 다시 말해 중국과의 자유 무역에 더 적극적인 상원이 어차피 중국에 최혜국대우 조항을 부여할 것을 간파한 하원에서 국내 여론 및 선거 정치 용도로 중국 무역 정책을 결정했을 가능성이 크다는 것이다. 또한 의회 양원 제도의 범주를 넘어서서 의회와 행정부 사이의 관계도 중요 변수였는데, 1992년 대선에서 민주당 빌 클린턴(Bill Clinton) 후보가 당선된 이후 1993년 최혜국대우 조항 표결에서 민주당이 지난 3년간의 반대 입장을 버리고 찬성 입장으로 돌아선 것이다. 빌 클린턴 대통령이 조건부 명목이지만 중국과의 자유 무역을 지지하고 나서자 중국 반대 선봉에 섰던 낸시 펠로시 하원의원을 비롯한 민주당 지도부가 같은 당의 대통령을 옹호하고 나서면서 중국 정책 입장을 급선회한 점이 주목할 만하다.

마지막으로, 양대 정당 내부에서 중국 정책과 관련해 다양한 목소리가 형성되기 시작한 점을 꼽을 수 있다. 1994년 중간선거 과정에서 크게 약진한 공화당 내 새로운 보수 그룹이 자유 무역보다 공정 무역을 강조함으로써 공화당 내 중국 정책 단합도가 약화되었다. 민주당의 경우에도 중국과의 교류 및 협력을 강조하는 전통적 자유주의적 외교정책(liberal internationalism) 세력과는 달리 노동조합의 이익을 대변하면서 보호 무역 기조를 주창하는 의원 그룹이 생겨나게 되었다. 결국 각자의 입장에서 중국 비판에 앞장서는 진보-보수 연합 세력까지 등장하는 상황이 된 것이다.(Nokken 2003 ; Seo 2010)

21세기에 접어들면서 G-2 시대가 언제 정확히 개막되었는지 판별하기는 쉽지 않다. 하지만 미국의 중국 정책 관점에서 볼 때 2000년 항구적 정상무역관계법 통과에 따른 중국의 WTO 가입이 주요 분기점이라 할 수 있다. 1990년대 빌 클린턴 행정부는 임기 동안 주로 냉전 종식 이후 구소련이 사라진 상황에서 코소보 등 지역 분쟁에 초점을 맞추었다. 하지만 임기 첫해에 북미자유무역협정(NAFTA)이 타결된 이후 임기 마지막 해인 2000년에 중국의 WTO 가입을 돕기 위해 중국과의 항구적인 정상무역관계법(PNTR)을 민주당의 반대를 무릅쓰고 통과시켜 대통령 자신의 정책 업적으로 삼으려 한 측면이 크다.(백창재 2015) 또한 2000년 대통령 선거 캠페인 과정에서 중국을 "전략적 경쟁자(strategic competitor)"로 규정하며 강경 노선을 시사했던 조지 W. 부시 행정부가 2001년 9·11 테러를 겪으면서 중국과의 협력과 지원 분위기로 이행한 점도 중요 관전 포인트라 할 수 있다.

이러한 미국과 중국 간의 관계 재설정 방향은 2005년 국무부 부장관(Deputy Secretary of State) 로버트 죌릭(Robert Zoellick)의 뉴욕 연설에서 잘 드러나는데, 국제 질서에 있어 "책임 있는 이해 당사자(Responsible Stakeholder)" 개념을 처음 도입한 것이다.[16] 그리고 1980년 로널드 레이건, 1992년 빌 클린턴, 2000년 조지 W. 부시와는 달리 2008년 대선 경쟁에서 중국 때리기(China bashing)와 일정 부분 거리를 두었던 버락 오바마 행정부하의 미·중 관계는 협력과 갈등이 반복된 것으로 보인다. 중국 지도부와의 상호 방문 및 정상 회담, 기후변화협정 관련 양국 협조 등 긍정적 성과와 동시에 남중국해 문제와 중국의 사이버 해킹 문제, 재균형 및 환태평양경제동반자협정(Trans–Pacific Partnership) 추진 등 갈등 상황도 공존하였다.

3. 미국 정치와 중국 정책 : 이념, 이익, 제도

중국과의 자유 무역 문제와 관련하여 최종 타결을 지은 2000년 PNTR 법안이 통과된 이후 미국의 대중국 정책은 실질적 변화 없이 다음의 큰 틀에서 지속되고 있다. 첫째, 4년마다 치러지는 대통령 선거에서 캠페인 전략으로서 중국 비판이 반복되지만 선거가 종결된 이후에는 중국 정책이 이전과 크게 달라지지는 않는다. 이러한 현상은 1990년대 유례없는 경제 호황이 2000년대에 들어 마감되고 특히 2008년 대규모 금융위기를 겪으면서 미국 경제가 급격한 침체기에 접어들자 그 원인을 중국과의 불공정 무역에 따른 미국 내 실업 및 불황으로 돌리려는 국민 정서와 관계가 깊다. 하지만 선거때마다 등장하는 중국 관련의 비판적 캠페인 레토릭(rhetoric)을 선거

16 2005년 9월 로버트 죌릭의 뉴욕 연설 중 일부는 다음과 같다. "When President Nixon visited Beijing in 1972, our relationship with China was defined by what we were both against. Now we have the opportunity to define our relationship by what are both for."

이후 정책으로 실천하는 행정부는 없었는데, 이는 미국 내 중국 정책의 복잡성을 단편적으로 보여 준다.

둘째, 중국 정책과 관련하여 행정부 및 의회의 엄포 또한 반복적으로 나타나고 있다. 2008년 금융위기를 지나면서 당선된 버락 오바마 행정부의 경우 2009년 티머시 가이스너(Timothy Geithner) 재무장관이 직접 나서서 중국 위안화의 환율 조작(currency manipulation) 가능성을 제기한 바 있다. 경제 침체를 극복하는 전략으로 미국의 수출 증대에 눈을 돌리게 된 오바마 행정부 입장에서 중국과의 심한 무역 역조를 타개하기 위해 중국 위안화의 인위적 환율 절하 문제를 파고든 것이다. 그러나 재무장관이 공식적인 문제 제기를 통해 중국 정부를 압박하려는 시도 이외에 미국 국내법이 지정하고 있는 환율 조작국과 관련하여 구체적인 정책 시행 단계까지는 이르지 않았다. 이보다 앞서 2005년에는 뉴욕 출신 민주당 연방 상원의원 척 슈머("Chuck" Schumer)와 사우스캐롤라이나 주 공화당 상원의원 린지 그레이엄(Lindsey Graham)이 초당파적 연대를 통해 중국이 환율 개입을 중단하지 않을 경우 미국 내 중국 수입품에 27.5% 관세를 부과하는 법안을 제출한 바 있다. 이 일은 양극화가 한창인 미국 정가에서 진보와 보수 진영을 대표하는 두 의원이 각자의 지역구 이익에 기반하여 중국 관련 보호무역주의 법안을 추진했다는 점에서 큰 반향을 불러일으켰다. 마찬가지로 최종 법안으로 통과되지는 못했다는 점에서 행정부와 비슷한 엄포 수준의 입장이었음을 알 수 있다.

요컨대 자유 무역과 공해 통항(high seas)과 관련하여 미국의 전통적 이익 관점에서 볼 때 중국의 불공정 무역 관행과 군사 대국으로

표 7 제109대 미국 의회 중국 핵발전소 대출 금지 법안 표결(2005~2006)

2005년 6월 28일	버니 샌더스(I-VT) 발의 - 중국이 원자력 발전소를 건설하는 데 있어 연방 정부가 대출 또는 대출 보증을 승인하는 법안에서 수출입은행의 자금 사용을 금지하는 수정안	**가결 313-114** 공화당 139-88 민주당 173-26 북부 민주당원 136-15 남부 민주당원 37-11
2005년 7월 19일	톰 코번(R-OK) 발의 - 중국이 원자력 발전소를 건설하는 데 있어 연방 정부가 대출 또는 대출 보증을 허가하는 수출입 은행을 금지하는 수정안	**부결 37-62** 공화당 14-41 민주당 23-20 북부 민주당원 23-17 남부 민주당원 0-3

출처 : Congressional Quarterly Almanac, 2005

의 성장에 대한 미국 국내의 정치적 대응은 국내 정치가 국제 정치에 관여하는 이념적 맥락과 제도적 양상이 달라짐에 따라 보다 면밀한 검토가 필요하다. 우선 구소련과의 냉전 대결 당시 미국 외교정책의 기조였던, 이른바 "냉전 합의(Cold War Consensus)" 또는 "자유주의적 국제주의(liberal internationalism)"라는 이념적 요소가 자본주의 중심의 중국의 경우에 비교적 상당 부분 약화되었다. 그리고 전반적인 정당 양극화에도 불구하고 중국 문제와 관련해서는 민주당-공화당 양당 모두 내부적으로 의견이 갈려 있는 상황이 의회-대통령 관계라는 제도적 맥락에도 영향을 미치고 있는 상황이다.(Gaddis 1982 ; Kupchan and Trubowitz 2007 ; Trubowitz and Seo 2012 ; Gries 2014)

실제로 2005년 미국 수출입은행의 중국 핵발전 공장 대출 문제를 둘러싸고 의회 내에서 벌어진 논란은 현재의 미국 내 중국 정책이 이념, 이익, 제도 측면에서 어떻게 형성되는지 잘 보여 주는 사례이다. 구체적 내용을 살펴보면, 중국에 핵발전 공장을 짓기 위해 웨스팅하우스(Westinghouse)라는 영국계 기업이 미국의 수출입은행(Export-Import Bank)에 50억 달러의 대출금을 요청한 것이다. 이러한 상황에서 하원에서는 버니 샌더스(Bernie Sanders) 의원(무소속-버몬트 주)과 데이나 로라바커 의원(민주당-캘리포니아 주)이, 상원에서는 톰 코번(Tom Coburn) 의원(공화당-오클라호마 주)과 바버라 복서(Barbara Boxer) 의원(민주당-캘리포니아 주)이 대출 금지 법안을 공동 발의자로 제출하였다.(표 7 참조)

미디어에 소개되면서 미국 국내적으로 큰 반향을 일으켰던 이 법안에 대해 당시 조지 W. 부시 대통령은 자신의 입장을 구체적으로 밝히지 않았다. 중국과의 경제 협력 및 자유 무역을 천명한 공화당 대통령으로서 자칫 국수주의적 무역주의 정책 논란에 휩싸일 가능성이 있기 때문이었다. 또한 공화당과 민주당 양당 지도부도 각 당의 복잡한 내부 속사정 때문에 찬성 또는 반대 어느 한쪽 입장을 분명히 공표할 수 없었다.

이러한 상황에서 흥미로운 사실은 법안 제출을 주도한 4명 의원 모두 이념적으로 매우 강한 진보/보수 의원들이었고 미국 정치의 다른 현안에서는 늘 대립과 갈등을 보여 왔던 정치인들이었다는 점이다. 이념적으로 양극화된 미국의 정치 상황에서 각자의 구체적 동기는 달라도 반(反)중국이라는 정책 이익에 합의한 의원들이 주도한 사안인데, 제도적 맥락에서 상원의 부결이 예상되어 있던 상황에서 일종의 입장 밝히기(position taking) 전략이었다고 볼 수 있다. 결국 중국과 관련해 다양한 이익과 이념에 기반을 둔 정책 선호가 미국 정치의 제도적 특징이라 할 수 있는 견제와 균형 시스템하에서 급격한 정책 변화로는 귀결되지 않고 있다. 이것은 중국 정책과 관련하여 제도적 장벽을 허물기에 충분할 만큼 이념과 이익에 있어 반중국 정책 목표가 분명치 않다는 반증으로도 볼 수 있다.

4. 미국 행정부와 중국 정책 결정자들 : 충원 과정과 특징

2009년 2월 힐러리 클린턴 미 국무장관은 취임 후 첫 해외 순방지로 아시아 지역을 택했다. 이는 1961년 케네디 정부의 국무장관인 딘 러스크(Dean Rusk)가 최초 방문 국가로 태국을 택한 이래 처음 있는 일이라는 사실에 당시 큰 주목을 받았다.(표 8 참조) 딘 러스크의 경우 1952년부터 1961년까지 공화당의 아이젠하워 정부 동안 록펠러재단(Rockefeller Foundation) 운영을 주관하다가 존 F. 케네디(John F. Kennedy) 대통령의 초대 국무장관으로 친정 국무부에 복귀한 사례이다. 중국통으로 알려져 있던 딘 러스크의 국무부 주요 보직(1947~1951년)은 극동 담당 국무부차관보(Assistant Secretary of State for Far Eastern Affairs)였는데, 당시 포르모사(타이완) 방어에 보다 적극적일 것을 해리 트루먼 대통령과 딘 애치슨 국무장관에게 조언한 적이 있다. 또한 이후 논란이 된 러스크 서한(Rusk Documents)을 통해 1951년 샌프란시스코 강화 조약 이전의 독도 영유권에 대해 당시 주미 한국대사에게 비밀 편지를 보낸 장본인이기도 하다.

이처럼 딘 러스크의 경우 자신의 국무부 재직 시절 경험을 바탕으

표 8 미국 국무장관의 아시아 방문 횟수(2005~2016)

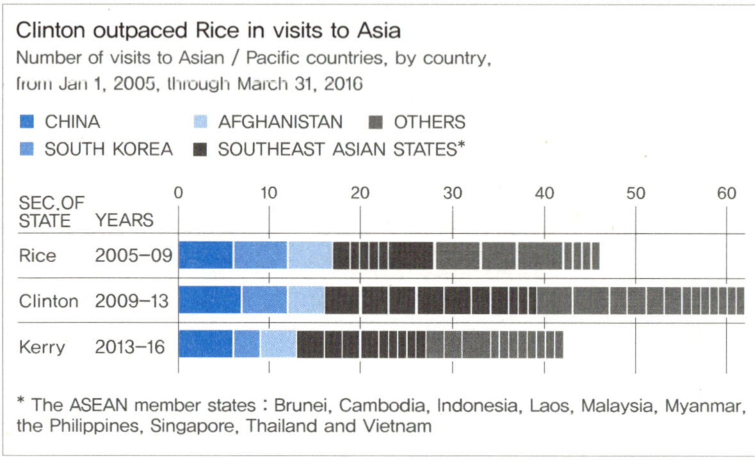

출처 : 미국 국무부

로 장관 취임 이후 베트남 전쟁 등 아시아 관련 정책을 펼쳤다. 반면에 힐러리 클린턴 국무장관의 경우에는 오바마 1기 내각의 아시아 담당 행정부 및 국무부 주요 인사들의 면면을 살펴볼 필요가 있다. 먼저 버락 오바마 대통령의 상원의원 시절부터 외교정책과 관련하여 최측근 인사였던 마크 리퍼트(Mark Lipperet) 주한 미국 대사를 주목해야 한다. 스탠퍼드대학교를 졸업한 후 베이징대학교에서 중국어를 공부한 마크 리퍼트는 오바마의 상원외교위원회 활동을 가까이에서 보좌했다. 특히 오바마가 2008년 대선에서 승리한 이후 정권인수위원회(Obama–Biden Transition Team)에서 외교정책 부국장(Deputy Director for Foreign Policy)으로서 외부 인사 영입을 주도한 바 있다. 실제로 2007~2008년 버락 오바마 상원의원의 대선 캠프에서 외교정책 주요 자문역들은 마크 리퍼트 외에 데니스 맥도너(Denis

McDonough), 수전 라이스(Susan Rice), 토니 레이크(Tony Lake)였다. 마크 리퍼트와 데니스 맥도너의 경우 버락 오바마 상원의원의 측근이었으며, 수전 라이스(아프리카 담당 국무부차관보)와 토니 레이크(대통령 안보담당보좌관)는 클린턴 행정부의 고위 관료 출신이었다.

사실 중국을 포함한 아시아-태평양 지역 그리고 일반적인 미국 외교정책 결정자들이 순환적으로 거쳐 가는 곳은 주로 국무부(State Department), 국방부(Defense Departmetn), 국가안전보장회의(National Security Council) 등 정부 부처와 브루킹스연구소, 외교정책자문회의(Council on Foreign Relations) 등 싱크탱크(ThinkTank) 그리고 대학, 선거 캠프, 정당 등으로 분류해 볼 수 있다. 오바마 행정부에서 국가안전보장회의 아시아 담당 특별보좌관을 지내면서 미국의 중국 정책에 깊숙이 관여한 적이 있는 제프리 베이더(Jeffrey Bader)의 경력이 대표적인 예다.(Bader 2012)

제프리 베이더는 1977년 국무부에 직업 외교관으로 입부(入府)하면서 리처드 홀부르크(Richard Holbrooke) 당시 아시아-태평양 담당 국무부차관보의 보좌관으로 근무를 시작했는데, 이후 리처드 홀부르크는 제프리 베이더의 대부(代父) 역할을 지속적으로 하게 된다. 1979년 중국과의 국교 정상화 작업에 관여하였고 그 뒤로도 국무부 내 중국 전문가로 국가안전보장회의와 무역대표부(USTR)에 근무한 베이더는 타이완관계법(Taiwan Relations Act of 1979) 제정, 1989년 천안문 사태, 타이완해협 위기(1996~1996년), 장쩌민(江澤民)과 빌 클린턴의 상호 방문(1997~1998년) 그리고 중국의 WTO 가입 등 중국 관련 역사적 사건들에 직간접적으로 관련을 맺고 있다.

이후 2002년 직업 외교관 직무를 사임하고 브루킹스연구소 내 중국연구소(John Thornton China Center) 초대 소장으로 가 있던 제프리 베이더에게 2007년 오바마 선거 캠프의 외교 안보 자문역이자 당시 브루킹스연구소 동료였던 수전 라이스가 오바마 캠프의 아시아 자문 그룹에 들어올 것을 권유한다. 결국 대선 승리 이후 2008년 12월 외교 안보팀과 오바마 당선자 사이의 가교 역할을 하던 마크 리퍼트가 국가안전보장회의 아시아 담당 특별보좌관 역할을 제시함으로써 이후 오바마 행정부와 힐러리 클린턴 국무장관의 아시아 정책에 다시 관여하게 된다. 베이더는 2017년 현재 브루킹스연구소로 복귀하여, 중국 센터의 고문으로 일하면서 미국의 중국 정책에 관한 연구/저술 활동을 벌이고 있다. 아마도 민주당 대선 후보였던 힐러리 클린턴이 2016년 대선에 승리했다면 행정부의 고위급 중국 전문가로 재등장했을 가능성이 크다. 요컨대, 국무부 등 행정부 부처와 브루킹스연구소 등 워싱턴 소재 싱크탱크를 두루 거치며 현장과 이론을 지속적으로 겸비해 나가는 것이 미국의 대외 정책 엘리트들의 정통 코스라고 볼 수 있다.

한편 앞서 살펴보았듯이, 버락 오바마 대통령의 경우 2008년 자신의 선거 캠프 인사들(수전 라이스, 마크 리퍼트, 제프리 베이더 등)과 정부 조직 당시 인사들(조 바이든Joe Biden 부통령, 힐러리 클린턴 국무장관 등)에게 아시아 정책을 일임하였다. 특히 "부시에게 콘돌리자 라이스가 있다면 오바마에게는 수전 라이스가 있다"라는 말이 나돌 정도로 수전 라이스를 유엔대사와 대통령 국가안보보좌관으로 중용한 바 있다. 힐러리 클린턴의 경우에는 자신이 국무장관으로 재직하던 당시 보좌 받았던 인물들과 이전 빌 클린턴 행정부와 버락 오바마 행정부의 국무부 인사들을 기용했을 것으로 알려져 있다. 비서실에 있던 제이크 설리반(Jake Sullivan), 당시 국무부차관이던 제임스 스타인버그(James Steinberg) 그리고 아시아-태평양 담당 국무부차관보 커트 캠벨, 크리스토퍼 힐 등이 그들이다.[17]

특히 이들 중 최근 한·일 역사 문제와 북한 붕괴론 등과 관련하여 언론에 오르내린 웬디 셔먼(Wendy Sherman)의 경우 사회복지사 출신으로 낙태 찬성 사회운동 단체(에밀리 리스트EMILY's list)의 사무국장을 지내기도 했다. 웬디 셔먼은 볼티모어 출신으로 이후 미국 의회 바버라 미컬스키(Barbara Mikulski) 의원(민주당-메릴랜드 주)의 비서실장으로 3년간 의회 경험을 쌓았고, 1988년 민주당전국위원회(Democratic National Council)에서 대선 캠페인에 참여한 경력도 가지고 있다. 1993년에 워런 크리스토퍼(Warren Christopher) 국무장관 밑에서 의회 담당 차관보를 지냈고, 매들린 올브라이트 장관 밑에서는 대사급 자문역으로서 북한 핵 협상(US-DPRK Agreed Framework)에 관여한 일이 있다. 잠시 매들린 올브라이트가 주도하는 로비 그룹에 몸담고 있다가 2011년 국무부 차관으로 복귀하여 힐러리 클린턴 당시 국무부 장관을 도와 이란과의 핵 협상을 끝까지 주도하여 타결시켰다.

이 밖에 힐러리 클린턴의 외부 자문역들로는 전직 CIA 국장이자 국방장관을 지낸 리언 파네타(Leon Panetta), 오바마 1기 행정부의 국

17 커트 캠벨은 최근(2016년 6월) 미국의 아시아 회귀 정책을 총정리한 저서 《The Pivot : The Future of American Statecraft in Asia》(New York : Twelve)을 출간하였다.

가안전보좌관 톰 도닐런(Tom Donilon), 신미국안보센터(Center for a New American Security)의 CEO인 미셸 플로노이(Michele Flournoy), 그리고 전임 국무장관이자 같은 여성 민주당 지도급 인사인 매들린 올브라이트 등을 꼽을 수 있다. 그런데 미국의 동아시아 외교정책이 주로 국가별 차원에서 이루어지기는 하지만 중국, 일본, 한국 등 국가 간 관계 또한 아시아-태평양 지역이라는 큰 구도에서 이루어지고 있으므로, 현재 행정부와 의회 내에서 중국 전문가라고 따로 분류될 만한 인물은 많지 않은 실정이다. 흥미로운 점은 미국 대학의 국제 정치학 전공 교수 출신으로 미국 국무부에서 중국 및 아시아 담당 기획 및 전략을 담당한 경우인데, 2003년부터 2005년 딕 체니(Dick Cheney) 부통령 밑에서 국가안보 담당 보좌역을 지낸 프린스턴대학교의 애런 프리드버그(Aaron Friedberg) 교수가 그 예이다. 또한 2006년부터 2008년까지 미국 국무부 아시아-태평양 담당 부차관보로 일한 프린스턴대학교의 토머스 크리스텐슨(Thomas Christensen)도 유사한 경우인데, 국제 정치학계의 권위 있는 두 학자 모두 중국 문제에서 균형과 통합 사이의 균형을 이루는 정책을 주로 제안한 공통점이 있다.

요컨대 행정부 차원에서 파악이 가능한 중국 정책 결정자들은 1970년대 중국과의 개방 및 교류를 선도하였던 헨리 키신저(Henry Kissinger) 이후 줄곧 현실주의 성향을 보인다. 실제로 레이건 행정부 초기에 헨리 키신저의 참모였던 알렉산더 헤이그(Alexander Haig)가 초대 국무장관이 되었지만 얼마 가지 않아 레이건 캠프 인사들과 잘 맞지 않는다는 것이 드러난 일이 있다. 특히 폴 울포위츠가 국무부

정책기획국장(Director of Policy Planning)으로 있으면서 다소 부풀려진 중국의 전략적 가치에 대해 비판하고 나서자 이에 반발한 데탕트 전도사 알렉산더 헤이그 장관이 결국 사퇴하고 강경파 외교정책 담당자들과 호흡이 잘 맞는 조지 슐츠(George Shultz)가 국무장관이 되었다. 이 과정에서 조지 슐츠는 폴 울포위츠를 아시아-태평양 담당 국무부차관보 자리에 임명하였고, 더 이상 아이디어맨이 아닌 정치적·행정적 감을 타고난 실세 정치인으로 각광 받게 만든다.

이후 네오콘에 이르기까지 지속된 폴 울포위츠의 진단은 소련에 대항하는 중국의 전략적 가치가 알려진 것만큼 크지 않으며, 중·소 국경 분쟁에 시달렸던 중국이 자국의 안전을 위해 미국과 손잡으려고 하는 동기를 충분히 잘 활용해야 한다는 것이다.(Mann 2004) 결국 이러한 상황은 안보와 무역이라는 외교 관계의 두 축이 바로 미·중 관계의 핵심 내용인 점과 유관해 보인다. 다시 말해 아시아-태평양 지역에서 미·일 동맹을 기본 축으로 공고화된 미국 주도의 안보 허브 시스템(hub-and-spokes system)은 냉전 종식 이후 G-2시대에도 여전히 유효한 영향력을 가지고 있다. 반면에 WTO 가입 유도 등에서 알 수 있듯이, 미국 입장에서는 중국이 미국 주도의 국제 질서에 적응하도록 유도하는 노력도 병행되고 있는 상황이다.

중국과의 무역 관계 또한 급속히 심화되어 한편으로는 미국 기업의 해외 시장 및 농산물 수출 시장, 미국 국내 소비자들에게 값싼 수입품 제공이라는 중국 경제의 긍정적 측면이 부각됨과 동시에 중서부 주들을 중심으로 중국과의 무역으로 인해 직접 피해를 입고 있는 서민(blue-collar) 계층과 노동조합의 반발 대상으로서 중국이라는 부정적인 상황이 혼재하고 있다. 결국 미국 정치와 중국 정책의 경우 안보와 경제 모두 다층적(multidimensional/cross–cutting)인 측면을 포함하고 있다. 따라서 2003년 당시 이라크 전쟁의 출구 선략을 둘러싸고 나타난 조지 W. 부시 행정부 내부의 네오콘(딕 체니, 도널드 럼스펠드, 폴 울포위츠 등)과 국제주의자들(internationalists : 조지 파월, 수전 라이스 등) 간의 대립 같은 이분법적 분열 양상은 중국 관련 정책 당사자들 사이에서 발견되기 어렵다고 본다.(Mann 2004 ; Christensen 2015b)

5. 미국의 중국 정책은 어떻게 결정되는가?

1) 의회 차원

미 행정부의 중국 정책은 다른 지역의 외교정책과 유사하게 백악관의 국가안보보좌관(National Security Advisor)과 국가안전보장회의(National Security Council) 그리고 국무부와 국방부, CIA 등이 주축이 되어 결정된다. 그런데 리처드 닉슨 행정부 당시 비밀 외교를 전담했던 헨리 키신저 이후에 미국 행정부 내에서 중국 문제를 전담하고 주도하는 결정적 핵심 당국자는 특별히 알려진 바가 없다. 예를 들어 버락 오바마 대통령 재임 시 주중 미국 대사의 면면을 살펴보자. 존 헌츠먼(John Huntsman, 2009~2011년), 게리 로크(Gary Locke, 2011~2014년) 그리고 맥스 보커스(Max Baucus, 2014~2017년) 대사에 이르기까지 이들의 특징은 초당파적 인사 중 중국 관련 배경을 가진 경우

(존 헌츠먼 전 유타 주지사), 중국계 미국인 출신(게리 로크 전 워싱턴 주지사) 그리고 미국 상원의 온건파 금융위원회 위원장(Finance Committee Chair) 출신(맥스 보커스 전 상원의원) 등 전권을 가진 인사라고 보기는 어려운 측면이 크다.

앞서 언급한 대로 중국 문제는 초기에 공산주의라는 이념 문제로, 수교 이후에는 개방/개혁 문제로, 천안문 사태 이후에는 인권과 무역 문제로, G-2 시대에 들어서는 종교적 자유, 기후변화, 사이버 안보, 동아시아 지역 안정 문제 등으로 지속적 변화를 거듭해 왔다. 이러한 이슈 변화(issue evolution) 차원에서 점차 그 중요성을 높여 가는 곳이 바로 미국 의회라고 할 수 있다. 랠프 카터(Ralph G. Carter)와 제임스 스콧(James Scott)이 고안한 외교정책 전문가의원(Congressional foreign policy entrepreneurs) 각도에서 우선 냉전 초기 중국 정책에 관한 미국 의회의 역할을 살펴보자.[18] 먼저 로버트 태프트(Robert Taft) 오하이오 주 출신 연방 상원의원이 주목할 만한데, 윌리엄 하워드 태프트(William Howard Taft) 전직 대통령의 아들로서 공화당 내 중서부 지역 개입 반대주의(non-interventionist) 진영의 좌장이었다. 1948년 토머스 듀이(Thomas E. Dewey)의 대선 실패 이후 차기 대권에 가장 근접한 인물이었는데, 여러 가지 측면에서 이전 시기 중국인 노동자 문제와 관련하여 제임스 블레인(James G. Blaine) 상원의원이 보여 준 행동 및 전략과 유사한 점을 발견할 수 있다. 중국공산당의 본토 장

18 한국 국회와 미국 의회의 외교정책 전문가의원을 분석한 연구는 서정건·정진민(2015) 참조.

표 9 미국과 중국의 상품 교역(2002~2015)

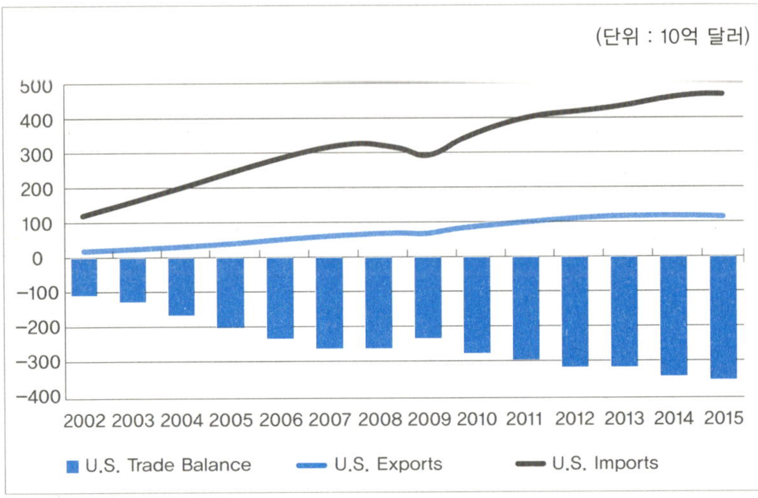

출처 : US International Trade Commission

악이 현직 대통령인 해리 트루먼과 집권당인 민주당의 정책 실패에 기인하였다는 점을 크게 부각시키려 하였다.

중국 문제와 관련하여 또 다른 외교정책 전문가의원으로 부상한 인물은 캘리포니아 주 연방 상원의원 윌리엄 놀런드(William Knowland)이다.(Christensen 1996) 윌리엄 놀런드 상원의원은 당시 미국 의회 내에서 큰 영향력을 가지던 중국 로비를 주도했던 정치인이다. 현재 이스라엘 로비가 미국 의회 내의 여러 영향력 있는 의원들을 포섭하고 그들의 지지와 협력을 이끌어 내고 있는 점과 상당 부분 유사한데, 1940년대에서 1950년대에 걸쳐 맹위를 떨치던 중국 로비는 윌리엄 놀런드 의원의 정치적 입장 표명 및 외교정책 제안 등에 큰 영향력을 행사하게 된다. 윌리엄 놀런드의 별명이 "포르모사에서 온

표 10 미국 하원 외교위원회 아시아-태평양 소위원회

회기	소위원회 명칭	위원장	위원(민주당)	위원(공화당)
제114대 의회 (2015~2017)	아시아-태평양 소위원회	맷 새먼 (R-AZ)	브래드 셔먼(D-CA) Brad Sherman 아미 베라(D-CA) Ami Bera 털시 개버드(D-HI) Tulsi Gabbard 앨런 로웬탈(D-CA) Alan Lowenthal 제럴드 코널리(D-VA) Gerald Connolly 그레이스 멩(D-NY) Grace Meng	데이나 로라바커(R-CA) Dana Rohrabacher 스티브 채벗(R-OH) 톰 마리노(R-PA) Tom Marino 제프 던컨(R-SC) Jeff Duncan 모 브룩스(R-AL) Mo Brooks 스콧 페리(R-PA) Scott Perry 스콧 데잘레이(R-TN) Scott DesJarlais

출처 : 미국하원 홈페이지 www.house.gov

상원의원(Senator from Formosa)"이었다는 점도 그리 놀라운 사실은 아니다.

중국 문제가 다양한 정책 내용을 포함하고 있는 현재에도 미국 의회 내 중국 문제의 각 이슈 영역에 따라 외교정책 전문가 의원들이 존재한다. 예를 들어 중국의 인권 문제 경우 공화당 하원의원 크리스 스미스(R-NJ)와 데이나 로라바커 의원(R-CA)이 청문회 등을 통해 비판적 입장을 주도하고 있다. 표 9에 나와 있듯이, 누적되고 있는 중국과의 무역 역조(trade deficit) 문제의 경우 가장 큰 피해를 보는 주 가운데 하나인 오하이오 주 출신 민주당 상원의원 셰러드 브라운(Sherrod Brown) 의원(D-OH)이 활발하다. 그리고 환율 조작(currency manipulation) 의혹과 관련해서는 공화당 상원의원 린지 그레이엄 의원(R-SC)과 민주당 상원의원 척 슈머 의원(D-NY)을 주목할 만하다.

그런데 대부분 의원의 입법 활동을 보나 면밀히 검토해 보면 적극적인 입법 활동(law making)이라기보다는 입장 공표(position taking) 측면에 더 중점을 두고 있는 것으로 보인다.(Mayhew 1974) 이는 미국 정치에서 중국 이슈가 결국 각 의원들의 지역구 상황, 대통령과 같은 소속당인가의 여부, 상·하원 간 입법 가능성 등 다양한 변수에 의해 영향을 받고 있기 때문이다. 앞서 살펴본 대로 1989년 천안문 사태 당시에도 중국 정부의 민주화 운동 탄압 상황에 대해 철저한 반대 입장을 주도했던 낸시 펠로시(D-CA) 의원이 1993년 같은 민주당의 빌 클린턴 대통령이 집권한 직후에는 조건부 최혜국대우(MFN) 승인 쪽으로 입장을 180도 선회한 적이 있다.(Seo 2010)

마지막으로 미국의 중국 정책 형성과 감독 차원에서 핵심적 역할을 수행하는 미국 의회의 아시아-태평양 소위원회(Subcommittee on East Asia and the Pacific, 아·태소위)를 살펴보자. 우선 제114대(2015~2016년) 미국 하원 외교위원회의 전체 정당별 위원 구성은 공화당 소속 의원 25명 대 민주당 소속 의원 19명으로 공화당 의원 비율이 높다. 전체 상임위원회의 다수당인 공화당과 소수당인 민주당의 비율은 대략 1.3 대 1인데, 이를 아시아-태평양 소위원회에 적용해 볼 때 공화당 의원 8명, 민주당 의원 6명으로 1.3 대 1 비율을 지키고 있음을 알 수 있다.(표 10 참조)

제114대 의회 아시아-태평양 소위원회의 위원 구성을 살펴보면 선수와 지역 측면에서 매우 다양하다. 예를 들어 스티브 채벗(Steve

Chabot) 의원의 경우 오하이오 주 신시내티 출신 9선 의원이며 직전 의회인 제113대 의회에서 아·태소위 위원장을 지냈다. 앞서 여러 차례 언급된 데이나 로라바커 의원의 경우 캘리포니아의 아시안-라티노 밀집 지역을 지역구로 가지고 있으며 현재 13선 의원으로 중국 인권에 큰 관심을 가진 매우 보수적인 성향을 보인다. 반면 앨라배마 주 출신인 모 브룩스(Mo Brooks) 의원의 경우 나이도 많고 경험도 많지만 미국 하원에는 2010년 첫 당선된 주니어 멤버로서 외교위원회 이외에도 국방위원회에 상임위원직을 가지고 있다.

아시아-태평양 소위원회의 리더십을 살펴보면 우선 공화당의 대표적 온건-중도파였던 짐 리치(Jim Leach) 의원이 주목할 만하다. 짐 리치 의원은 제107대부터 제109대 의회까지, 2001년부터 2007년까지 6년간 미국 하원 아시아-태평양 소위원회 위원장으로 활동하며 지속적인 정책 결정 활동을 벌였다. 특히 2004년에는 〈북한인권법〉을 발의하여 하원이 이를 통과시키는 데 매우 중요한 역할을 수행하였다. 현재 제114대 의회의 아시아-태평양 소위원회 위원장으로 선임된 의원은 맷 새먼(Matt Salmon) 의원이다. 공화당 소속이자 티파티(Tea Party) 멤버인데, 티파티의 경우 그 영향력이 다소 주춤한 것이 사실이다. 하지만 티파티 소속 의원들의 담합으로 존 베이너(John Boehner) 의장이 사임했을 뿐만 아니라 이후 케빈 매카시(Kevin McCarthy) 원내총무의 의장직 승계도 좌절되었을 정도로, 티파니는 비록 소수이지만(대략 40여 명) 공화당 내에서 여전히 캐스팅 보트를 쥐고 있다.

이러한 맥락에서 맷 새먼 애리조나 주 공화당 의원이 미국 하원의 아시아-태평양 소위원회 위원장을 맡고 있는 사실은 매우 흥미로운 현상이다. 참고로 맷 새먼 의원은 최근까지도 2017년에 다시 상원의원직에 도전하는 같은 당 소속이자 전 대선 후보였던 존 매케인(John McCain) 의원에게 도전장을 내라는 티파티의 적극적 권유가 있었으나 상원의원 선거에 뛰어들지는 않기로 결정한 바 있다. 맷 새먼 의원의 경우 특이점은 그가 중국어에 능숙하다는 것인데, 현재 미국 공화당 의원 가운데 중국어를 할 줄 아는 의원은 거의 전무한 상태이다. 맷 새먼 의원 자신의 발언 중 의미심장한 것은 중국과 협력할 것은 협력하고 견제할 것은 견제하겠다는 현재 미국의 대중국 정책 기조와 유사한 내용이다. 앞으로 공화당 내 티파티 멤버인 맷 새먼 의원의 행보가 미국의 중국 정책에 어떤 식으로 영향을 미칠지 주목할 필요가 있다.

2) 정당 및 여론 차원

앞서 살펴본 대로 1990년대 이후에는 중국과의 무역 이슈가 중국 정책의 전체적 방향과 연계되어 양당 모두에게 복잡한 양상으로 전개되었다. 사실 1979년 지미 카터 행정부에 의해 중국과의 국교가 수립된 이래, 1989년까지는 중국과의 무역 관계에서 초당파적인 의회의 지지 또는 암묵적 동의가 존재했다. 1974년 제정된 잭슨-배닉무역법수정안(Jackson–Vanik Amendment to the 1974 Trade Act)을 대통령이 면제해 주는 요청을 의회에 하고, 의회가 정해진 기한 내에

표 11 중국 관련 미국 의회의 초당파적/당파적 입장 차이(1973~2005)

	하원		상원	
정책 영역	초당파적	당파적	초당파적	당파적
기타	12	1	1	0
타이완	17	10	7	2
국제연합평화군(UNPF)	1	3	0	4
천안문 사태	8	0	6	1
티베트	2	0	1	0
인권	13	2	4	0
홍콩	3	0	0	0
최혜국대우(MFN)	16	2	3	6
WTO	0	2	4	0
수출 통제	9	3	3	0
합계	81	21	29	13

출처 : Xie(2008, 150)

이를 뒤엎는 결의안을 통과시키지 않으면 중국에게 최혜국대우 조항을 적용시킬 수 있었다. 로널드 레이건 행정부도 대선 공약이던 타이완 전투기 판매를 보류하고 중국과의 무역 증대에 관심을 가지게 되면서 미국-중국 간의 관계는 어느 정도 연착륙하는 것으로 인식되고 있었다.

표 11은 1990년대 혼란스러웠던 미국 의회 내의 중국 관련 정치적 차이들이 재편되는 과정을 여실히 보여 준다고 할 수 있다. 다시 말해 빌 클린턴 대통령이 임기 마지막 해, 재선 대통령으로서 자신

의 정치적 유산으로까지 고려하였던 중국 무역 자유화 법안을 통과시키는 과정에서 양당 내부의 이념적 재편이 촉발된 것이다. 전통적 자유 무역 옹호자들인 공화당 온건파들과 중국과의 우호 관계를 선호하는 민주당 국제주의자들이 주로 중국 무역 자유화 법안을 적극 지지하였다. 반면에 1994년 이래 부상한 공화당 내 민족주의 성향의 급진 보수파(social conservatives)들과 노조의 영향력을 고려하지 않을 수 없는 민주당 내의 진보파들은 중국 무역 자유화 법안에 반대표를 던지게 된 것이다. 이러한 추세는 현재까지도 이어진다고 볼 수 있다. 중국 문제 접근법에 있어서 의회 내 극단적 진보와 극단적 보수 간의 연합이 초당파적 현상 유지 세력에 비해 그 세가 약한 것을 재확인할 수 있다.

2016년 미국 대선 구도와 연결시켜 볼 때 힐러리 클린턴의 경우 노조의 반발로 인해 TPP(환태평양경제동반자협정) 지지를 유보한 적이 있고, 도널드 트럼프의 무역 폐해 공세가 주로 중서부 지역에 집중되어 오하이오, 미시건, 펜실베이니아 등이 2016년 대선 주요 격전지(swing states)가 될 가능성이 컸기에 힐러리 클린턴이 자유 무역 논리로 도널드 트럼프를 반박하기는 어려웠다. 다만 트럼프의 신고립주의 정책 중 "한국과 일본의 자체 핵 무장" "안보 무임승차/방위비 분담" 등의 주장은 대선 본선에서 경쟁력 있는 내용이라고 보기 어려웠고 오히려 트럼프 외교정책의 무모하고 무지한 측면을 부각시킨 소재가 되었다. 이에 대한 힐러리 클린턴의 공격, 즉 한국/일본 동맹의 중요성을 부각하는 전략은 중국 견제 논리(China Threat)로 이어질 가능성이 높다는 점에서 미·중 관계의 부담으로 작용할 수 있

표 12 중국의 부상에 대한 미국 여론(2016년 4월)

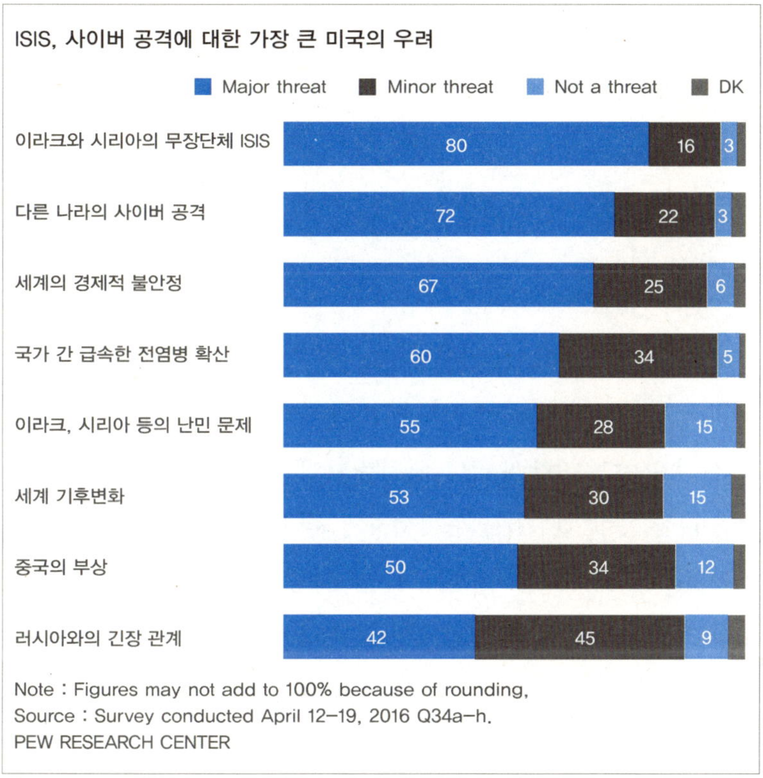

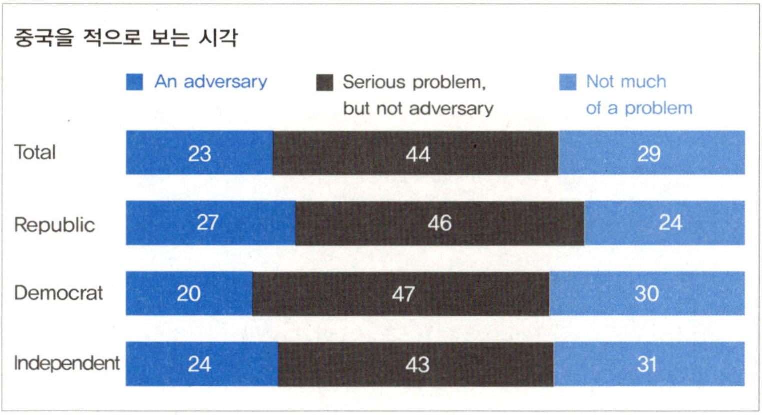

었다. 하지만 현재 미국의 중국에 대한 전반적 분위기는 균형 또는 통합 어느 일변도가 아니며, 중국 문제가 안보 이슈로서 주요 문제는 아니라는 여론 조사가 발표된 바 있다.(표 12 참조)

6. 마치며

지금까지 미국 정치가 만들어 내는 중국 정책을 주로 행위자와 구조에 초점을 맞추어 행정부와 의회, 정당과 여론 등 다양한 각도에서 살펴보았다. 버락 오바마 행정부 내에서 중국 관련 정책 결정자들은 다른 분야 실무자들과 비슷하게 지난 시기 국무부, 국방부, 국가안전보장회의, 미국무역대표부 등 워싱턴 정가에서의 이력을 공유하는 특징을 보인다. 또한 공화당의 조지 W. 부시 행정부의 8년 공백 사이에 이들 민주당의 고위 관료 및 전문가들은 컨설팅 회사, 로비 그룹 또는 싱크탱크 등에 포진해 있으면서 현실적 경험에 근거한 전문성을 고취하였다. 특히 힐러리 클린턴 국무장관 재임 시절에 형성된 커트 캠벨 주도의 "아시아 회귀" 전략은 앞으로도 상당 기간 미국 정치의 중국 정책 핵심으로 자리 잡으며 논란과 토론 거리를 제공할 것으로 보인다.(Campbell 2016)

의회는 당연히 행정부보다 다차원적인 양상을 보인다. 무엇보다 중국 문제 가운데에서 특정 이슈에 대한 전문성을 키우면서 행정부와 미디어 대상 영향력을 행사하는 의원들이 있다. 이들은 다선(多選) 경력을 바탕으로 행정부의 변동과 관련 없이 지속적으로 중국 정책 형성 또는 감시에 관여하고 있다. 중국 내 인권 상황과 관련해서는 공화당의 크리스 스미스 하원의원과 민주당의 다이앤 파인스타인(Dianne Feinstein) 상원의원, 환율 조작 이슈와 관련해서는 민주당의 척 슈머 상원의원과 공화당의 린지 그레이엄 상원의원, 무역 역조와 관련해서는 민주당 셰러드 브라운 상원의원과 공화당 롭 포트만(Robert Portman) 의원 등이 그들이다. 이들은 소속 정당은 다르지만 중국 이슈에 대해 보수 또는 진보 이념적 성향에 따라 각각 목소리를 내며 초당파적 협력을 모색하는 중이다.

의회와 관련하여 또 다른 특징은 지난 2000년 중국에 항구적 최혜국대우 지위를 부여하는 법안(PNTR)을 빌 클린턴 대통령의 주도하에 통과시킨 이후 미국 하원과 상원이 중국 이슈에 대해 입법을 통해 정책 변화를 시도한 적이 없다는 점이다. 민주당과 공화당 양당 모두 내부적으로 다양한 중국 이익을 대변하다 보니 실체적(substantive) 법안 발의와 토론, 표결과는 다소 거리가 있는 의정 활동을 수행하는 중인 셈이다.

사실 외교정책 분석(foreign policy analysis)은 일종의 "낙동강 오리알" 신세를 면치 못하고 있다. 우선 대통령제 또는 의회제 등 국내 정치 제도와 과정을 연구하는 학자들은 스스로를 국제 정치 문외한이라 여기는 분위기이다. 국제 정치(IR) 학자들의 경우 결정적으로 케네스 왈츠(Waltz 1979)의 구조적 현실주의(structural realism)가 소개된 이후 학문의 흐름상 국내 정치적 요소들을 '당구공'으로 처리하고 있다.[19] 국제 수준에서의 선택과 행태는 구성 단위, 즉 국가의 기능(function)이지 특성(character)과는 관련 없다는 것이다.(Waltz 1979, 96) 또한 한

국가의 외교정책을 탐구하는 데 국내 정치 행위자들을 고려하면 케네스 왈츠가 끌어올린 국제 정치 이론의 엄정함을 다시 모겐소(Morgenthau) 시대로 후퇴시킨다는 부정적 인식이 남아 있다.(Fearon 1998) 이런 탓에 외교정책과 관련하여 이론적 발전은 국제 정치 연구나 제도/행태 연구에 비해 상대적으로 더딘 편이다.[20]

그런데 중국에 대한 미국의 외교정책은 더 이상 미국 정치와 분리하여 생각하기 어렵게 되었다. 실제로 공화당 내 사회적 보수주의자들(social conservatives)은 낙태 금지(pro-life)와 기독교 보호(religious freedom)라는 자신들의 전통적 가치 어젠더를 중국 문제에 적용하기 위해 미국수출입은행(Export-Import Bank of the United States)의 중국 내 미국 기업 지원에 조건을 내거는 상황이다. 미국 내부의 이념과 이익 그리고 제도 측면이 다층적으로 상호작용하여 중국 정책의 형성과 결정, 평가에 영향을 미치고 있는 것이다. 역설적으로 미국 정치에 관한 기존의 이론적 탐색과 연구 결과물들을 중국 관련 외교정책 분야에 접목시키는 시도가 국제 정치(IR) 학자들의 학문적 관심을 외교정책 분석으로 되돌리는 일보다 수월할지 모른다. 결국 무

19 외교정책 분석 작업은 국내 수준에 관한 환원주의적 속성을 가지고 있으므로 국제 정치를 시스템 차원에서 연구해야 할 당위성과 맞지 않다는 케네스 왈츠의 주장은 다음과 같다.(Waltz 1979, 71~72) "A systems theory of international politics deals with forces that are in play at the international, and not at the national level … An international political theory does not imply or requires a theory of foreign policy any more than a market theory implies or requires a theory of the firm."

20 국제 정치(IR) 연구 분야에서 외교정책 분석(Foreign Policy Analysis)의 현주소에 대해서는 Hudson(2005)을 참조할 것.

역, 안보, 인권, 종교, 환경, 기후변화, 사이버 테러, 영해 분쟁 등 거의 모든 21세기 미국 외교정책 이슈들이 중국 문제와 맞닿아 있는데, 여기서 미국의 대응을 결정하는 것이 바로 미국의 정치이기 때문이다.

제 4 장

미국의 동아시아 정책과 일본
— 안보 가치와 경제 이익의 양면성

유성진

1. 들어가며

일본은 한국과 더불어 미국의 동아시아 정책 구상에서 핵심적인 동맹국의 위치를 공고히 해 왔다. 냉전 시기 소련을 중심으로 한 공산주의의 확장을 억제하는 봉쇄 정책의 핵심적 교두보로서 전략적 가치를 지녔던 일본은, 냉전 이후 미국의 세계 전략이 변화함에 따라 무역과 통상 등 경제적 이익을 중심으로 한 경쟁자로서 비판의 초점이 되기도 했다. 하지만 중국의 부상과 맞물려 다시금 미국의 핵심적인 안보 전략 파트너로서 입지를 다지고 있다.

이러한 역사적 변화는 미국의 대일본 정책과 미·일 관계가 근본적으로 미국의 세계 전략 그리고 이에 따른 동아시아 지역 질서의 변화에 일차적으로 영향을 받는다는 것을 의미한다. 냉전 초기 동아시아 지역에서 미국의 민주주의와 자본주의의 교두보로 자리매김한 일본은 동아시아 지역에 관한 미국의 안보 전략에 발맞춘 군사적 요충지로서 인식되었다. 또한 일본은 제2차 세계대전의 결과에 따른 패전국이었던 까닭에 미국의 안보 전략에 따라 철저히 종속적인 동맹 관계가 형성되었다. 따라서 미·일 관계에 대한 기존의 연구들은 국제 정치 질서와 동아시아 지역 질서의 변화에 따라 미국이 정책의 기본 방향을 결정하고, 이러한 방향에 대한 일본의 대응과 수용의 정도에 초점이 맞추어져 왔다.

문제는 미국의 동아시아 정책이 국제 사회의 변화에 따라 외생적으로 결정되는 것이 아니라 미국 내의 치열한 논의와 다툼을 통해서 만들어진다는 점에 있다. 미국의 동아시아 정책이 국내의 치열한 논의와 다툼을 통해 만들어진다는 사실은 일본이 갖는 안보·경제적 가치에 대한 미국 국내적인 인식의 변화에 따라 대일본 정책 역시 가변성을 갖게 됨을 의미한다. 실제로 냉전 시기에 그리 부각되지 않았던 미·일 간의 무역 불균형 문제는 냉전이 막바지에 이른 1980년대 후반 미·일 양국의 첨예한 갈등 이슈로 부각되었다. 미국 내에서는 일본을 어떻게 바라보아야 할 것인가에 대해 대립적 논의가 촉발되었다. 즉 일본이 미국의 경제적 이익을 해치고 있으며 이에 따라 경제적인 경쟁 국가가 될 수 있다는 인식이 미국 내에서 등장하였고(Fallows 1989), 양국 사이의 문화적 차이와 일본이 갖고 있는 특수한 형태의 국가 인식 속에서 미국의 대일본 정책이 수정되어야 한다는 필요성도 제기되었다.(Wolferen 1989) 더욱이 최근 중국의 부상으로 미국의 동아시아 정책이 이전보다 더욱 복잡화하고 있다는 사실은 동아시아 지역 국가들에 대한 미국의 외교정책이 치열한 내부적 논의와 갈등 그리고 타협을 수반할 수밖에 없음을 보여 준다.

이러한 관점에서 이 장에서는 미국 정치에 대한 다각적 검토를 통해 미국에서 일본 정책에 대한 논의와 결정이 어떻게 이루어지고, 그 과정에서 중요한 행위자들은 누구인지에 초점을 맞추어 살펴보고자 한다. 국내 정치와 국제 정치가 밀접히 연관되어 있다는 주장은 이미 새로운 것이 아니지만(Martin 2000 ; Milner 1997 ; Milner and Tingley 2016 ; Putnam 1988), 국내 정치적 관점에서 미국의 대일본 정책을 설명하려는 노력이 그리 많지 않다는 점은 부인하기 어렵다.

이 장에서는 먼저 미국 정치와 일본 정책 간 역사적 흐름을 냉전 시기와 냉전 이후로 나누어 간략히 조명해 본다. 일본 문제를 둘러싼 미국의 이념, 이익, 제도가 어떻게 일본 정책을 만들어 왔는지 포괄적으로 이해하는 데 도움을 주기 위해서다. 이후에는 미국에서 일본 정책은 누가 결정하는지에 대해 정책 결정 행위자들의 충원 경향 및 특징을 중심으로 살펴본다. 그리고 난 뒤 정책 결정 과정에 초점을 맞추어 미국의 일본 관련 정책이 행정부 및 의회 차원, 그리고 여론 및 정당 차원에서 형성되고 집행되는 과정을 검토한다. 이러한 작업들은 미국의 동아시아 정책과 일본 정책이 형성되는 과정에 미국의 국내 정치적 영향이 어떻게 관여하는지 살펴볼 수 있는 중요한 단서를 제공해 줄 것이다.

2. 미국 정치와 일본 정책 : 변화와 지속

1) 냉전 시기 : 패선국에서 냉전의 교두보로

1854년 매슈 페리(Matthew Perry) 제독이 이끈 함대를 통해 평화조약으로 미국과 처음 공식적 관계를 맺은 일본은 제2차 세계대전에서의 패전으로 인해 미군 점령 기간 동안 미국의 철저한 통제 아래 헌법을 제정했다. 미국의 초기 일본 점령 정책에서 가장 중요한 것은 일본이 다시는 미국의 위협이 되지 않도록 한다는 것이었다. 1945년 9월 22일 해리 트루먼 대통령의 승인을 받아 미국 국무부가 발표한 문서에는 당시 일본에 대한 미국 정책의 궁극적 목적은 "일본이 다시는 미국에 해가 되거나 세계의 평화와 안전에 위협이 되지 않도록 하는 것"이라는 내용이 담겨 있다. 그리고 이를 위한 구체적 수단으로 "일본을 완전히 무장 해제, 비군사화시켜야 하며 군국주의자의 권위와 군국주의의 영향력을 일본의 정치, 경제, 사회로부터 완전히 일소"하는 것을 제시하고 있다.(장동철 2003, 4~7) 더불어 1945년 11월 일본에 입국한 미국의 전쟁배상위원회는 일본의 경제 수준을 일본이 침략한 각국의 생활수준보다 낮은 수준에서 유지시키겠다는 입장을 밝혔다.(우케루 2013, 83) 이러한 정책 방향은 교전 상대국이었던 일본을 체제적으로 와해시키고 미국식 민주주의를 이식함으로써 동아시아 지역 사회의 재편을 이루려는 승전국 미국으로서는 당연한 귀결이었다.

냉전 초기 미국의 대일 정책에 변화를 가져오게 한 결정적 계기는 중국의 공산화와 중·소 간 우호 동맹 상호원조조약의 체결, 그리고 이로 인한 아시아에서의 급격한 공산주의 팽창에 대한 우려였다. 트루먼 대통령은 존 덜레스(John Foster Dulles)를 국무부의 대일 강화 문제 담당 고문으로 임명하여 미국의 일본 내 기지 사용권을 주요 내용으로 하는 미·일 안전보장조약을 체결토록 하였다. 그리고 1951년 10월에 제정된 상호안전보장법(Mutual Security Act of 1951)에 일본도 포함되게 함으로써 일본을 동아시아 지역 냉전의 교두보로 삼는 정책을 확고히 하였다.

미국 동맹국들에 대한 군사원조와 경제원조를 결합시킨 1951년의 상호안전보장법은 대외 정책에서 행정부의 재량을 확대하는 것으로 당연히 의회 내에서 첨예한 비판의 대상이 되었다. 의회 비판에서 핵심에 선 인물은 공화당 상원의원 로버트 태프트(Robert A. Taft)였다. 그는 연방 재정의 악화, 증세의 가능성 그리고 행정부 재량권이 높아질 것을 우려하며 의회 내 보수주의 성향 의원들의 반대를 독려하였다.[21] 이 법안은 공화당의 반발 속에도 민주당의 압도적 지지에 힘입어 통과되었으나 이후 지속적인 예산 삭감을 피할 수는 없었다.

냉전의 확산이라는 배경 속에서 1951년 상호안전보장법은 일본을 미국의 동아시아 정책에 있어 핵심적 교두보로 자리매김시켰다. 여전히 비대칭적 동맹 구도였지만, 공산주의의 확산 방지와 동아시아 지

21 로버트 태프트는 1948년과 1952년 공화당 대통령 후보 경선에 참여하였으나 모두 실패하였고, 1952년 상원의 다수당 지도자(Senate Majority Leader)가 되었다.

역에서 중심적 위치 강화라는 전략적 이익의 측면에서 미국 내의 합의된 방향은 초기에 미국의 대일본 정책을 크게 전환시켰던 것이다.

안보 이익에 의해 주도되었넌 냉선 시기 미·일 관계는 냉전의 지속과 일본 경제의 성장 속에서 일본의 역할이 강화하는 양상으로 이어지다가 1960년대 후반 경제적 이익을 둘러싼 갈등에 의해 새로운 변화를 맞게 된다. 이러한 갈등은 미국의 국내 정치적 이슈에서 파생되었다. 발단은 1968년 리처드 닉슨이 공화당 전당 대회에서 외국산 섬유 규제를 약속하고, 남부의 지지를 끌어내 대통령 후보가 되면서부터 시작되었다. 당시 일본 사토 에이사쿠(佐藤栄作) 수상과의 정상회담에서 일본 섬유 산업에 대한 미국 시장 규제를 약속 받음으로써 선거 공약을 지켰다고 생각한 닉슨은 1971년 3월 8일 일본 섬유산업협회와 하원 세입위원회(Ways and Means Committee) 위원장인 윌버 밀스(Wilbur Mills) 간의 합의가 발표되자 11일 즉각적 성명을 발표한다.[22] 대통령 공약 사항으로서 성과를 과시하려 한 리처드 닉슨은 주변의 만류를 뿌리치고 사전 통고 없이 중국 방문 계획을 발표하고, 달러의 금 태환 정지, 일본산 수입품에 10% 관세 부과라는 충격적 조치를 취한다. 이러한 리처드 닉슨의 조치는 국내 산업에 대한 고려가 미국의 대일본 관계에서 어떠한 영향을 미칠 수 있는지 상징적으로 보여 주는 사건이었다.[23](Packard 2010) 이후 이와

22 Statement about Textile Imports from Japan (March 11, 1971. http://www.presidency.ucsb.edu/ws/?pid=3345).

23 이 사건은 "the Nixon Shocks of 1971"라는 표현으로 알려져 있다.

유사한 경우가 미·일 관계에서 반복적으로 등장하게 된다.

2) 냉전 이후 : 경제 이익의 충돌 그리고 중국의 부상과 동아시아

냉전 시기 미국의 세계 전략은 소련을 중심으로 한 공산 세력을 봉쇄하는 것이었으며, 미국의 대일본 정책의 수립과 변화는 이러한 세계 전략을 수행하기 위한 수단으로서의 성격이 강했다. 그러나 1980년대 후반 봉쇄 대상이었던 소련이 붕괴함에 따라 미국의 세계 전략은 새로운 방식으로 재구성되어야 했다. 이에 따라 미·일 관계의 변화도 자연스레 예측되었다.

미·일 관계 변화에서 핵심적인 두 가지 쟁점은 미국의 세계 전략 재구성 과정에서 일본이 갖는 안보적 중요성이 냉전 시기에 비해 어떻게 재조정될 것인가 하는 문제와 냉전 후반 본격적으로 불거지기 시작한 양국 간 경제적 이익의 충돌이 얼마나 중요하게 부상하느냐 하는 것이었다.(김호섭 1998, 387~390)

먼저 일본이 갖고 있는 안보적 중요성에 관한 문제부터 살펴보자. 1989년 미·소 정상이 몰타회담에서 냉전 체제의 종식을 선언했고, 1990년에는 동구권이 붕괴하면서 냉전 체제 속에 유지되어 오던 미·일 양국의 공통적인 위협 요소가 사라졌다. 1990년대 초반에 작성된 미·일 양국의 안보 정책 관련 보고서들을 보면 안보 위협 요소의 정의에 대해 고심하는 모습이 공통적으로 발견된다.(박영준 2008, 223) 미국의 동아시아 지역 질서 재편에 대한 구상은 1989년 7월 두

표 13 미국의 대일 무역수지(1989~2015)

(단위 : 100만 달러)

연도	수출	수입	무역 적자	전체무역 적자	전체 대비(%)
1989	44,493.7	93,552.5	-49,058.8	-109,399.1	44.8
1990	48,579.5	89,684.0	-41,104.5	-101,029.5	40.7
1991	48,125.3	91,510.6	-43,385.3	-66,249.8	65.5
1992	47,812.7	97,413.7	-49,601.0	-84,500.9	58.7
1993	47,891.5	107,246.4	-59,354.9	-115,568.0	51.4
1994	53,487.6	119,155.8	-65,668.2	-150,627.0	43.6
1995	64,342.7	123,479.3	-59,136.6	-158,801.0	37.2
1996	67,606.6	115,187.1	-47,580.5	-170,213.0	28.0
1997	65,548.6	121,663.3	-56,114.7	-180,522.0	31.1
1998	57,831.0	121,845.1	-64,014.1	-229,759.0	27.9
1999	57,466.0	130,863.8	-73,397.8	-328,820.0	22.3
2000	64,924.4	146,479.4	-81,555.0	-436,103.0	18.7
2001	57,451.5	126,473.1	-69,021.6	-411,899.0	16.8
2002	51,449.2	121,428.6	-69,979.4	-468,262.0	14.9
2003	52,004.3	118,036.6	-66,032.4	-532,350.0	12.4
2004	53,567.7	129,805.2	-76,236.5	-654,828.5	11.6
2005	54,680.6	138,003.7	-83,323.1	-772,374.2	10.8
2006	58,459.0	148,180.8	-89,721.8	-827,970.0	10.8
2007	61,159.6	145,463.3	-84,303.8	-808,765.0	10.4
2008	65,141.8	139,262.2	-74,120.4	-816,200.0	9.1
2009	51,134.2	95,803.7	-44,669.5	-503,583.0	8.9

2010	60,471.9	120,552.1	-60,080.3	-635,365.0	9.5
2011	65,799.7	128,927.9	-63,128.2	-725,447.0	8.7
2012	69,975.8	146,431.7	-76,455.9	-730,446.3	10.5
2013	65,237.4	138,575.3	-73,337.9	-689,469.9	10.6
2014	66,876.2	134,504.8	-67,628.6	-735,193.9	9.2
2015	62,442.6	131,364.1	-68,921.5	-745,660.2	9.2

출처 : 미국 통계국

명의 상원의원에 의해 초당적으로 제출된 "넌-워너 수정안(Nunn-Warner amendment)"으로부터 촉발되었다. 냉전의 종식에 따른 국방예산 감축을 골자로 한 이 수정안은 상·하원 모두 압도적인 표차로 통과되었다.[24] 이에 따라 1990년 미국 정부는 동아시아 전략 구상(East Asia Strategic Initiative)을 발표하였는데, 그 핵심적 내용은 향후 10년간 한국, 일본, 필리핀에 주둔하고 있는 미 지상군과 공군 병력을 감축하겠다는 것으로 냉전의 종식에 따라 미국의 동아시아 전략 구상이 전환될 것임을 분명히 하였다. 더불어 동아시아 각국에 미군의 주둔 비용 부담 증대를 요청함으로써, 국제 안보 정세의 변화에 따라 일본에 더 적은 병력을 주둔시키고 더 많은 경비 부담을 요구하는 동맹 체제로의 변화를 모색하였다.

이러한 분위기 속에서 안보 문제보다 경제 문제를 핵심적인 선거운동 이슈로 부각시키며 집권에 성공한 빌 클린턴 행정부의 등장은

24 상원의 경우 찬성 95명, 반대 4명, 하원의 경우 찬성 236명, 반대 172명으로 나타났다.

미·일 간 경제적 이익에 따른 갈등이 한층 더 심화될 것임을 예고하는 것이었다. 1980년대 후반부터 누적되어 온 무역 적자와 경제 침체의 문제에 직면한 클린턴 행정부는 이전의 어떤 정부보다도 경제 우선의 정책을 취했으며 필요에 따라서는 자유 무역의 기조를 변경하겠다는 정책 방향을 예고하였다. 이는 무역 적자의 절반을 넘게 차지하는 일본에 대한 직접적이고도 강경한 압박으로 이어졌다. 미국의 대일 무역 적자는 1980년대 후반 400억 달러를 넘었으며, 이는 전체 무역 적자에서 대일 무역 적자의 비중을 60% 안팎에 이르게 할 만큼 심각한 것이었다. 이러한 무역 적자 외에도 당시 빌 클린턴 행정부는 북미자유무역협정(NAFTA)을 체결하기 위해 총력을 기울이고 있었는데, 이를 위해서는 핵심적인 민주당 지지자들인 노동자 계층의 우려를 약화시킬 필요성이 있었다.(Schoppa 1997) 따라서 대일 무역 적자를 빌미로 한 일본에 대한 경제적 압박은 국내 정치적 고려에 따른 당연한 귀결이었다.

경제적 이익에 집중한 1990년대 초반의 미·일 관계는 이후 일련의 사건들을 맞으면서 새로운 전기를 맞게 된다. 1993년과 1994년의 북핵 위기를 시발로 하여 중국의 부상에 이은 1996년 양안(兩岸) 위기 등은 미국 내에 동아시아 지역의 안정이 다른 무엇보다 급박하다는 인식을 심어 주었다. 아시아-태평양 지역의 안정을 위해서는 일본과 동맹을 견지하는 것이 중요하다는 주장을 펴고 있던 조지프 나이가 국방부 차관보에 임명된 후 1995년 2월에 발표한 "동아시아 전략보고서(United States Security Strategy for the East Asia-Pacific Region)"는 동아시아 지역에서 일본의 안보적 중요성을 다시금 각인시키는 결정적 계기가 되었다. 이 보고서는 동아시아 지역에서 평화와 안전의 확보, 상업상 접근 확보, 항해의 자유 유지, 지역 내 패권 저지가 미국의 국익이라고 정의하였다. 그리고 이를 위해서는 이 지역의 미군 유지와 일본, 한국, 호주 등과의 동맹 강화가 중요하다고 지적하였다. 특히 이 보고서는 일본과의 동맹을 핵심적 요소로 제시함으로써 미·일 관계에서 안보적 이익의 고려가 다시 우위에 설 수 있도록 만들었다.

이렇듯 냉전 이후 공동 위협의 존재가 사라지고 표면 아래 잠재해 있던 무역 불균형 문제가 불거지면서 정책적 갈등을 겪었던 미·일 관계는 1990년대 동아시아 지역에 미국의 이익을 해치는 새로운 위협들이 등장하면서 다시금 안보적 이익을 중심으로 공고해졌다. 이러한 양상은 간헐적인 통상 문제의 등장 속에서 21세기 이후에도 큰 변화 없이 지속적으로 이어지고 있다. 2000년 10월에 발표된 '아미티지보고서(The United States and Japan : Advancing toward a Mature Partnership)'는 1998년 중국을 방문함으로써 경제 이익을 중심으로 관계 개선을 시도하는 클린턴 행정부에 대한 우려와 1995년 발표된 동아시아전략보고서가 실질적인 정책 결과로 이어지지 못했다는 판단하에 안보에서 일본의 역할을 강화시켜 미·일 동맹을 미·영 동맹의 수준으로 격상시켜야 한다는 주장을 담고 있다.

이 보고서는 네오콘 인사로 알려진 리처드 아미티지에 의해 주도되었고, 이후 조지 W. 부시 행정부에서 국방부 부장관으로 중요한 역할을 수행하게 되는 폴 울포위츠 등 강경 보수주의자들이 참여하고 있지만, 조지프 나이, 프랭크 자누지(Frank Jannuzi), 커트 캠벨 등 상대적으로 진보적인 인사들도 대거 참여하고 있다는 점에서 초당적이라 할 수 있다. 이렇듯 미국의 대일 관계에 관한 분석들이 초당적 인사들로 구성되어 있다는 사실은 동아시아에서 일본이 가지는 전략적 중요성에 대해 미국 국내에 확고한 합의가 존재함을 의미한다. 실제로 버락 오바마 행정부에 이르기까지 미국의 대일 정책은 큰 변화 없이 이어져 오고 있다. 오바마 행정부에 이르러 아시아 회귀 전략이나 재균형 전략과 같이 일본의 전략적 가치를 평가하는 레토릭이 지속적으로 등장하고 있다는 점, 그리고 일본 아베 신조(安倍晋三) 정부에 의한 집단적 자위권 확대와 안보 역할 증대를 미국이 용인하고 역사 인식을 둘러싼 한·일 간의 갈등에 방관적 입장을 취하고 있다는 사실은 일본의 전략적 가치에 대한 미국 내 합의를 반영한 것이라 볼 수 있다.

3. 미국 정치와 일본 정책 : 이념, 이익, 제도

자유주의적 가치와 공화주의적 가치의 절충과 타협으로 형성된 미국적 가치는 본질적으로 항구적 속성을 띠고 있지만 현실에 있어서는 일정한 범위 내에서 다양한 형태의 조합으로 표출된다. 그리고 이러한 표출은 미국 내 정치적 여론, 행정부와 의회에서의 정당 간 권력 배분, 그리고 정당 내부의 권력 배분에서 어떠한 가치가 우월적 지위를 획득하느냐에 달려 있다. 미국 내의 정치권력 구조의 변화와 여론의 추이가 외교정책에 중요한 결정 요인이 되는 이유는 바로 여기에 있다.

미국의 입장에서 일본 관련 정책을 결정함에 있어서 가장 중요한 요소는 동아시아라는 지정학적 위치에서 일본이 갖는 전략적 중요성이다. 냉전 종식 이후 일본이 갖는 전략적 중요성에 대해 미국내에 회의적인 시각이 존재했고 경제적 이익의 관점에서 일본의 위협에 대한 우려도 높아졌던 것이 사실이다. 하지만 동아시아 지역에서 여전히 지속되고 있는 지역적 불안정성은 일본의 안보적 중요성을 다시금 부각시켜 주었다. 특히 동아시아 지역에서 중국의 부상에 대한 대처와 북한의 핵 위협이 여전히 상존하고 있다는 점은 미국으로 하여금 일본과 지속적으로 안정적인 동맹 관계를 유지하고 협력을 증진해야 한다는 인식을 강하게 심어 주고 있다.

실제 미국 의회조사국(Congressional Research Service)의 최근 보고서에 따르면 미·일 관계는 어느 때보다도 긍정적으로 평가 받고 있다.(Chanlett-Avery et al. 2015) 미·일 관계를 다각적으로 평가하고 있는 이 보고서의 내용은 일본의 대외 정책과 미·일 관계, 에너지와 환경 문제, 미·일 동맹, 경제 문제, 일본 국내 정치 등으로 세분되어있다. 우선 일본의 대외 정책 전반에 대해서는 한국과의 역사 인식 문제, 중국과의 영토 분쟁 등 여러 가지 문제가 있지만 미국의 입장에서는 대체로 긍정적 결과를 가져오고 있다고 평가한다. 다만 중국의 부상에 대처하기 위해 일본이 러시아와의 관계를 개선하려 한다면 미국의 압력에 부딪힐 것임을 경고하고 있을 뿐이다.

에너지와 환경 문제에서도 미·일 양국의 협조적 관계들이 기술되어 있는데, 2011년 후쿠시마 대재난 이후 핵 발전에 대한 일본 내의 인식 변화와 이에 따른 미국의 일본에 대한 액화천연가스 수출이 증가할 것을 기대하고 있다. 미·일 동맹에 있어서도 이 보고서는 대단히 긍정적인 평가를 내리고 있다. 21세기 들어 애초의 비대칭적인 동맹 관계가 보다 균형적인 안보 협력 관계로 발전하고 있다는 점에 만족감을 표시하고 있다. 다만 오키나와 미군 기지 이전 문제와 주둔비 부담에 있어서 유보적인 태도를 취하고 있다.

이 보고서에서 주목할 만한 또 다른 점은 경제적 이슈에서 비교적 중립적 입장을 취하고 있다는 것이다. 즉 21세기에도 미·일 간의 경제적 갈등 요인은 여전히 있지만 그것이 이전보다 훨씬 낮은 수준에 머무르고 있다고 보고 있으며, 그렇게 된 이유로 일본의 경제 침체, 경제적 경쟁자로서 중국의 부상, WTO 같은 다자간 협의의 장이 마련되고 미·일 양국의 무역 정책이 다자적 양상으로 변화함에 따라 갈등 요인이 이를 통해 일차적으로 해소되는 까닭에 양국 간의 갈등이 줄어들었다는 점을 들고 있다.[25](Chanlett-Avery et al. 2015, 23~25)

미국 의회조사국의 이러한 분석은 이것이 미국의 핵심 정책 결정자들인 의회 구성원들에게 전달될 뿐 아니라 행정부의 많은 결정자들에게도 중요한 참고 자료가 된다는 점에서 대단히 중요하다.

이러한 맥락에서 미국의 입장에서 현재 대일본 관계는 대체로 만족스럽고 중국의 부상에 따른 안보적 이익의 고려가 경제적 이익에 대한 고려를 압도하고 있는 상황이다. 또한 일본 정부의 정책 역시

25 다만 "환태평양경제동반자협정(TPP)"에 있어 미·일 양국 사이 자동차와 농업 분야에서 갈등이 불거질 수 있음을 지적하고 있다.

전반적으로 미국의 이익에 긍정적으로 작용하고 있고 일본 국내의 정치적 상황 역시 안정적으로 유지되고 있기 때문에 현재 상황을 유지하는 것이 미국의 이익에도 유리하다고 보고 있다. 더욱이 앞에서 살펴본 미·일 동맹의 기본적 틀을 형성하는 미국의 동아시아 전략 보고서들이 초당적 인사들의 참여 속에서 작성되었다는 점을 상기할 때, 대일 정책에 대해서도 미국 국내에 어느 정도 합의가 존재한다고 볼 수 있다.

다만 이러한 합의는 고정적인 것이 아니라 동아시아 지역 질서의 변화에 따라 또 다른 국면을 맞게 될 수도 있다. 예를 들어 중국에 대한 미·일 양국의 입장이 달라진다든지, 미국이 1990년대 후반의 경우처럼 중국에 보다 더 접근하려는 정책을 채택하게 된다면 일본에 대한 미국 국내적인 고려 역시 바뀔 가능성이 존재한다. 그러나 지금처럼 동아시아 지역 질서가 유지되고 이 지역의 안보 이익을 둘러싼 미국 내 이념적 분화가 크지 않은 상황이 지속된다면 그러한 가능성은 현재로선 미약해 보인다.

4. 미국 행정부와 일본 정책 결정자들 : 충원 과정과 특징

국내 정치와 국제 정치와의 연관성이 밀접해짐에 따라 대외 정책의 결정 과정에서 주요 행위자들이 누구인지 파악하는 것이 더욱 중요해졌다. 미국의 대외 정책 결정 과정에서 가장 중요한 역할을 담당하는 국가 기관은 대통령과 행정부이다. 일반적으로 대통령의 외교 안보 정책 결정에 영향을 미칠 수 있는 행정 부처는 국무부와 국방부 등이 있으며 백악관의 국가안보보좌관을 정점으로 한 참모진 역시 의사 결정에 관여할 수 있다. 이와 더불어 브루킹스연구소, 국제전략문제연구소(CSIS)와 미국외교협회(Council on Foreign Relations) 등 싱크탱크, 그리고 학계 인사들도 수시로 외교정책에 관한 의견을 피력한다. 이렇듯 미국 대외 정책의 주요 결정자들은 행정부와 싱크탱크, 학계 등을 거치면서 현장과 이론에서의 전문성을 갖추게 되는 경우가 많다.

몇 차례 이야기했듯이, 미국 행정부의 일본 정책은 일본이라는 하나의 국가를 상정하고 이에 대해 특별한 정책을 추구한다기보다 미국의 동아시아 정책 방향에 따라 좌우된다고 보는 편이 합당하다. 따라서 미국 행정부의 일본 정책 결정자들을 검토함에 있어서 미국의 동아시아 정책 방향에 중요한 역할을 수행하는 인물들을 살펴보는 것이 보다 적절하며, 그 속에서 이른바 "일본통(Japan Hands)"으로 알려진 인물들이 누구인지 추적할 필요가 있다.

앞에서 밝혔듯이, 냉전 이후 미국의 동아시아 정책 방향은 1995년 조지프 나이의 동아시아전략보고서('나이 리포트')와 2000년 '아미티지 보고서'에 의해 골격이 짜였다. 미국의 일본 정책이 동아시아 정책 방향이라는 큰 틀에서 결정된다는 점을 상기할 때, 이 보고서의 작성자들을 조금 더 자세히 살펴볼 필요가 있다.

나이 리포트의 입안은 당시 국방부 차관보였던 조지프 나이의 책임 아래 당시 국방부 일본부장 폴 지아라(Paul S. Giarra), 에즈라 보겔(Ezra Vogel) 하버드대 교수, 조지 W. 부시 행정부 시절 NSC 아시아 담당 국장을 지내고 현재 국제전략문제연구소(CSIS)에 있는 마이클 그린(Michael J. Green) 등에 의해 이루어졌다. 이들의 면면에서 알 수 있듯이, 이 보고서의 입안자들은 다양한 당파성과 이념 성향을 갖고 있다. 또 실제로 일본과 관련이 있는 것으로 알려져 있다.

2000년 10월 발표된 아미티지 리포트의 작성에는 레이건 행정부 시절 국방부 국제 안보 문제 차관보 그리고 조지 W. 부시 시절 국무부 부장관을 지낸 리처드 아미티지를 필두로, 클린턴 행정부 시절 국방부 국제 안보 문제 차관보와 오바마 행정부에서 국무부 동아시아-태평양 차관보를 지낸 커트 캠벨, 프랭크 자누지, CSIS의 전략가로 활동하다 조지 W. 부시 행정부에서 국무부 동아시아-태평양 차관보를 지낸 제임스 켈리(James A. Kelly), 조지프 나이, 국방성의 일본 부장을 지낸 토컬 패터슨(Torkel L. Patterson), 클린턴 행정부 시절 국방부 아시아 담당 선임국장이었던 로빈 사코다(Robin H. Sakoda), 조지 W. 부시 행정부 시절 국방부 부장관을 지낸 폴 울포위츠 등이 참여하였다.

나이 리포트의 경우와 마찬가지로 아미티지 리포트의 작성에는 국방부와 국무부, NSC 그리고 싱크탱크로부터 다양한 성향의 인물들이 참여하였다. 이들은 대부분 동아시아 지역에 대해 폭넓은 관심을 갖고 있는 인물들이었다.

주목할 만한 사실은 미국의 동아시아 정책 방향에 중요한 두 보고서에 참여한 인물들이 다양한 당파성과 이념 성향을 갖고 있고, 민주·공화 양당의 행정부에서 공직 경험은 물론 학계, 싱크탱크 등에서 다양한 실무 경험을 갖고 있는 인사들로 망라되어 있다는 것이

표 14 역대 국무부 동아시아-태평양 차관보

임기	차관보
1977~1981	리처드 홀부르크(Richard C. A. Holbrooke)
1981	존 홀드리지(John Herbert Holdridge)
1982~1986	폴 울포위츠(Paul Dundes Wolfowitz)
1986~1989	개스턴 시거(Gaston Joseph Sigur Jr.)
1989~1992	리처드 솔로몬(Richard H. Solomon)
1992~1993	윌리엄 클라크 주니어(William Clark Jr.)
1993~1997	윈스턴 로드(Winston Lord)
1997~2001	스탠리 오웬 로스(Stanley Owen Roth)
2001~2005	제임스 앤드루 켈리(James Andrew Kelly)
2005~2009	크리스토퍼 힐(Christopher Robert Hill)
2009~2013	커트 캠벨(Kurt M. Campbell)
2013~	대니얼 러셀(Daniel R. Russel)

출처 : https://history.state.gov/departmenthistory/people/principalofficers/assistant-secretary-for-east-asian-pacific-affairs

다. 이러한 다양한 인적 구성은 미국 행정부의 동아시아 정책 결정자들 간에 상당한 초당적 합의가 형성되어 있음을 보여 준다. 또한 이는 특히 핵심적인 안보 동맹국인 일본 정책에 있어서도 큰 차이가 없음을 알려 준다고 하겠다.[26]

한 저널리스트의 분석 보고서에 따르면 미국에서 대일 관계에 관여해 온 사람들을 크게 세 그룹으로 분류하고 있다.(쓰요시 2007) 첫째 그룹은 이른바 '국화클럽(The Chrysanthemums Club)'으로 일컬어지는 국무부 외교관들로서 대부분 국무부에서 일본어 연수를 받고 일본에 주재한 경험이 있는 사람들을 지칭한다. 토머스 허바드(Thomas Hubbard) 전 주한 미국대사, 윌리엄 브리어(William Breer), 크리스토퍼 라플루어(Christopher LaFleur) 등 외교관들이 주축이며, 미 국무부와 주일 미국대사관에서 활동한 경력들을 갖고 있다.

두 번째 그룹은 하버드대학교 일본학 연구의 권위자였고 1960년대 주일 미국대사를 지내기도 했던 고(故) 에드윈 라이샤워(Edwin O. Reischauer) 교수의 영향을 받은 미국 학계의 일본 전문가들이다. 대표적 인물로 제럴드 커티스(Gerald Curtis) 컬럼비아대 교수, 에즈라 보겔 하버드대 교수, 켄트 콜더(Kent Calder) 존스홉킨스대 교수, 그리고 마이클 그린 등이 언급된다.

마지막 그룹은 리처드 아미티지 전 국무부 부장관이 이끄는 인맥들로서 조지 W. 부시 행정부에서 외교정책의 핵심적 역할을 수행한 제임스 켈리, 토켈 패터슨, 로빈 사코다, 전 국무부 중국 담당 부차관보 랜디 슈라이버(Randy Schriver) 등이 거명된다.

26 커트 캠벨과 조지프 나이는 2016년 대선에서 힐러리 클린턴 민주당 대통령 후보의 대외 정책 자문단 중 하나인 아시아 워킹 그룹(Asia Working Group)의 핵심 멤버로 알려져 있다. 힐러리 클린턴의 캠프에는 2008년 버락 오바마를 도왔던 존 포데스타(John Podesta)와 로비 무크(Robby Mook), 제니퍼 팔미어리(Jennifer Palmieri), 조엘 베니슨(Joel Benenson) 등이 합류하여 핵심적 역할을 수행하였으며, 자문단의 선임 위원으로는 리언 패니타Leon Panetta(former CIA Director and Defense Secretary), 톰 도닐런Tom Donilon(former National Security Advisor), 미셸 플러노이Michèle Flournoy(Center for a New American Security CEO), 매들린 올브라이트(former Secretary of State), 니컬러스 번스Nicholas Burns(undersecretary of state for political affairs) 등이 알려져 있다.

이상에서 살펴본 것처럼, 미국의 일본 관련 정책 결정자들의 충원과 성향은 다음과 같이 요약될 수 있다. 첫째, 미국의 대일 정책은 동아시아 정책 방향이라는 큰 틀에서 구성되며 따라서 동아시아 정책 방향의 변화에 발맞추어 변화하고 있다. 그 변화의 정도는 미국과 중국의 관계, 동아시아 지역에서 새로운 위협 요소에 대한 인식에 달려 있으나, 미국 국내적으로는 동아시아 정책 방향에 대해 일정한 초당적 합의가 존재한다.

둘째, 미국의 대일 정책과 관련하여 핵심적인 정책 결정자들은 대통령을 보좌하는 행정부, 특히 국무부와 국방부, NSC의 관련 행위자들과 학계의 동아시아 전문가 집단, 싱크탱크의 전문가 집단들 등 이론과 실무 차원의 전문가들로 망라되어 있다. 이들은 공직과 학계, 싱크탱크를 오가며 이론과 실무를 모두 경험하는 경우가 많으며, 이는 미국의 다른 정책 결정의 경우에도 유사하다.

셋째, 미국의 대일 정책에 있어서 어느 정도 초당적 합의가 존재하지만 그렇다고 민주당과 공화당의 정책 방향이 정확히 일치하는 것은 아니다. 양당 모두 미·일 동맹의 전략적 가치에 관해서는 이견이 없지만 민주당 행정부에서 등용되는 인물들이 미·일 동맹을 중시하면서도 중국과의 보다 안정적인 관계를 개선하는 데에도 관심이 있는 반면, 공화당 행정부에 등용되는 인물들은 미·일 동맹의 가치를 더 중요시하는 경향을 보인다.

넷째, 미국의 일본 관련 정책에 있어 경제적 이익을 둘러싼 갈등은 현재 안보적 이익의 고려에 압도되고 있기는 하지만 미국과 중국의 관계 설정에 따라 달라질 가능성이 상존한다. 교역량에서 일본은 미국의 두 번째로 큰 수출 시장인 동시에 두 번째로 큰 수입국이기도 하며, 일본의 기업들은 두 번째로 큰 대미 해외 직접 투자자들이며, 미국 국채를 가장 많이 보유하고 있다.(Chanlett-Avery et al. 2015, 23) 이러한 미·일 간 경제적 밀접도는 현재 안보적 고려에 의해 주도되고 있지만 상황의 변화에 따라 잠재적 갈등 요인으로 부상할 수 있다. 최근 미국의 경제 불황이 쉽사리 개선되고 있지 못하고 있다는 점은 경제적 갈등이 의회나 여론의 측면에서 언제든 부각될 수 있음을 의미한다.

마지막으로 미국의 일본 관련 정책에 영향을 미치기 위한 일본의 대미 공공 외교의 역할을 지적할 필요가 있다. 1970년대와 1980년대의 비약적 경제 성장으로 인한 국제 사회의 우려를 불식시키기 위해 본격화된 일본의 공공 외교는 미국 사회에서 일본에 우호적인 정책 결정자들과 여론 주도층을 형성하기 위해 지속적인 노력을 하고 있다.(김태환 2015) 미국에 형성되어 있는 일본통들과 우호 관계를 맺고자 하는 일본의 노력이 미국의 대일 정책이 긍정적 방향으로 지속되는 데에 일정한 성과를 거두고 있음은 부인하기 어렵다.

5. 미국의 일본 정책은 어떻게 결정되는가?

1) 의회 차원

미국의 외교정책에서 의회의 권한은 연방 헌법에 근거하고 있다.

일체의 입법권을 상·하 양원으로 구성된 의회에 부여하고 있는 연방 헌법 제1조 1항, 세입과 관련된 모든 법안은 하원에서 입안되어야 한다고 규정한 제1조 7항, 그리고 의회에 외국과의 통상에 관한 규제 권한과 전쟁 선포 권한 등을 부여한 제1조 8항의 내용은 대외정책에서 의회가 갖는 권한의 헌법적 근거가 된다.[27]

이러한 연방 헌법의 내용은 의회가 대외 정책의 특수성 때문에 상당한 권한을 행정부에 위임하고 있기는 하지만 실질적인 이행에 필요한 최종 권한을 여전히 보유하고 있음을 보여 준다. 실제로 공식적인 의사 결정 과정에서 외교정책에 관한 실무 협상은 행정부의 주요 부처에서 담당하고 있지만 협상의 최종 결과물이 효력을 갖기 위해서는 미국 의회의 상·하원 모두로부터 비준을 받는 절차를 거쳐야만 한다.

제도적으로 부여된 비준 권한은 대외 정책에 있어서 의회의 공식적인 권한이며 최종 결정의 의미를 갖기에 강력한 권한이라 할 수 있다. 그러나 의회의 권한을 단지 비준권을 중심으로 살펴본다면 이는 의회의 역할을 피상적 수준에서 이해하는 것이다. 분권화된 미국의회의 의사 결정 과정에서 특히 중요한 역할을 수행하는 조직은 각각의 법률안에 대해 '관할권(jurisdiction)'[28]을 소유하고 있는 상임위원회와 그 아래에서 직접적인 법률안 검토를 담당하고 있는 소위원회이다. 이렇듯 실질적인 법률안의 심의가 진행되는 상임위원회와 소위원회가 의사 결정 과정에서 갖는 영향력은 실로 막강하며, 많은

27 미국 연방 헌법(http://www.archives.gov/exhibits/charters/constitution_transcript.html).

경우 법률안의 최종 성패가 상임위원회 내부의 심의에 달려 있다고 해도 과언은 아니다.

미국의 일본 정책 결정 과정에서 직접적인 관할권을 갖는 의회의 상임위원회는 하원의 외무위원회(Committee on Foreign Affairs)와 상원의 외교위원회(Committee on Foreign Relations)이다. 최근 30년여 간 두 상임위원회의 위원장들을 정리한 결과는 표 15, 표 16과 같다.

미국의 일본 정책과 관련하여 주목해야 할 또 다른 상임위원회들은 상·하원의 군사위원회(Armed Services Committee)이다. 미국의 일본 정책이 미국의 동아시아 전략보다 넓게는 미국의 세계 전략이라는 큰 틀에서 이루어진다는 점을 감안할 때, 양원의 군사위원회는 그러한 전략의 효율성과 재정 여부를 검토하는 역할을 부여 받고 있다는 점에서 주목할 만하다.[29] 실제로 매해 미국의 국방 예산은 이 두 상임위원회의 검토를 거치며 최종적으로 통과될 경우에만 효력을 가질 수 있다.

28 미국 의회가 상임위원회 중심으로 이루어진 분권적 의사 결정 구조를 갖게 된 데에는 상임위원회의 전문성 강화와 업무의 효율성이라는 두 가지 목적이 결부되어 있다. 즉 행정부의 비대화에 따라 견제·감시 기관으로서 의회의 업무 역시 과중되고 복잡해지기 때문에 의사 결정 과정에서 효율성과 전문성에 대한 고려가 대두되었고, 그 과정에서 상임위원회가 해당 업무에 관한 일차적 정보를 수집, 제공함으로써 정책 진행 과정의 효율성을 증대시키고 결과에 대한 불확실성을 완화시킬 수 있는 역할을 수행한다고 보는 것이다. 이러한 관점의 논의로는 Gilligan and Krehbiel(1989, 1990)을 볼 것.

29 앞에서 냉전 이후 미국의 동아시아 전략 구상이 1989년 이른바 "넌-워너 개정안(Nunn–Warner amendment)"에 기초하였다고 밝혔는데, 이 법안의 정식 명칭은 "National Defense Authorization Act for Fiscal Years 1990 and 1991"이었으며 관할상임위원회는 상·하원의 군사위원회였다.

표 15 미 하원 외무위원회 위원장

임기	위원장	회기	소속 정당	소속 주
1977~1983	클레멘트 자블로키 (Clement John Zablocki)	95–97	민주당	위스콘신 주
1983~1993	단테 파셀 (Dante Bruno Fascell)	98–102	민주당	플로리다 주
1993~1995	리 해밀턴 (Lee Herbert Hamilton)	103	민주당	인디애나 주
1995~2001	벤저민 길먼 (Benjamin Arthur Gilman)	104–106	공화당	뉴욕 주
2001~2006	헨리 하이드 (Henry John Hyde)	107–109	공화당	일리노이 주
2007~2008	톰 랜터스 (Tom Lantos)	110	민주당	캘리포니아 주
2008~2011	하워드 버먼 (Howard Berman)	111	민주당	캘리포니아 주
2011~2013	일리애나 로스레티넌 (Ileana Ros–Lehtinen)	112	공화당	플로리다 주
2013~	에드 로이스 (Ed Royce)	113	공화당	캘리포니아 주

출처 : House Committee on Foreign Affairs
(http://archives.republicans.foreignaffairs.house.gov/about/history/)

상원 군사위원회를 중심으로 특기할 만한 내용을 살펴보면 대부분의 의원들이 상당한 의회 경험을 갖고 있는 양당의 지도층 인물들이라는 점이다. 예를 들어, 제114대 의회의 위원장인 존 매케인(John McCain)은 2004년 공화당 대통령 후보로 지명된 바 있는, 공화당의 온건 보수주의를 대표하는 인물이다. 제프 세션(Jeff Session)

표 16 미 상원 외교위원회 위원장

임기	위원장	소속 정당/ 주
1979~1981	프랭크 처치(Frank Church)	민주당 / 아이다호 주
Dec. 1980	제이컵 자비츠(Jacob Javits)	공화당 / 뉴욕 주
1981~1985	찰스 퍼시(Charles H. Percy)	공화당 / 일리노이 주
1985~1987	리처드 루거(Richard G. Lugar)	공화당 / 인디애나 주
1987~1995	클레이번 펠(Claiborne Pell)	민주당 / 로드아일랜드 주
1995~2001	제시 헬름스(Jesse Helms)	공화당 / 노스캐롤라이나 주
2001~2003	조지프 바이든(Joseph Biden)	민주당 / 델라웨어 주
2003~2007	리처드 루거(Richard Lugar)	공화당 / 인디애나 주
2007~2009	조지프 바이든(Joseph Biden)	민주당 / 델라웨어 주
2009~2013	존 케리(John F. Kerry)	민주당 / 매사추세츠 주
2013~2014	로버트 메넨데스(Robert Menendez)	민주당 / 뉴저지 주
2015~	밥 코커(Bob Cocker)	공화당 / 테네시 주

출처 : United States Senate Committee on Foreign Relations
(http://www.foreign.senate.gov/about/history/)

의원은 강경 보수주의자로서 엄격한 재정보수주의를 주창하는 인물이며, 린지 그레이엄 의원은 강경한 대외 정책을 주문하는 인물로 알려져 있다. 민주당의 경우에도 오랜 의회 경험을 갖고 있는 인물들로 구성되어 있으나 외교·안보보다는 재정, 정보 부문에 경험과 전문성을 갖고 있는 인물들이 많이 포진해 있다. 메이지 히로노(Mazie K. Hirono) 의원의 경우 일본계 이민 2세라는 점이 특기할 만

표 17 제114대 미국 상원 군사위원회(2015~2016)

명칭	위원장	위원(공화당)	위원(민주당)
군사위원회 Armed Services	존 매케인 (R-AZ)	제임스 인호프(R-OK) James Inhofe 제프 세션스(R-AL) Jeff Sessions 로저 위커(R-MS) Roger F. Wicker 켈리 아요테(R-NH) Kelly Ayotte 데브 피셔(R-NE) Deb Fischer 톰 코튼(R-AR) Tom Cotton 마이크 라운즈(R-SD) Mike Rounds 조니 어니스트(R-IA) Joni Ernst 톰 틸리스(R-NC) Thom Tillis 댄 설리번(R-AK) Dan Sullivan 마이크 리(R-UT) Mike Lee 린지 그레이엄(R-SC) Lindsey Graham 테드 크루즈(R-TX) Ted Cruz	잭 리드(D-RI) Jack Reed 빌 넬슨(D-FL) Bill Nelson 클레어 맥카스킬(D-MO) Claire McCaskill 조 맨친(D-WV) Joe Manchin III 진 섀힌(D-NH) Jeanne Shaheen 커스틴 길리브랜드(D-NY) Kirsten E. Gillibrand 리처드 블루멘탈(D-CT) Richard Blumenthal 조 도널리(D-IN) Joe Donnelly 메이지 히로노(D-HI) Mazie Hirono 팀 케인(D-VA) Tim Kaine 앵거스 킹(I-ME) Angus King 마틴 하인리히(D-NM) Martin Heinrich

출처 : 미국 상원 홈페이지(www.senate.gov)

하나 다른 의원들에 비해 경력이 일천하다.

일본과 관련하여 미국 의회에서 주목할 만한 마지막 집단은 "미·일 의회 코커스(U. S.-Japan Congressional Caucus)"이다. 2014년 4월 설립된 미 하원의 초당적 그룹인 이 코커스는 미·일 관계의 강화를 주목적으로 하고 있으며, 주로 경제적으로 일본과의 관계가 중요한 지역의 의원들로 구성되어 있다. 2017년 현재 약 70여 명의 하원의원들로 구성되어 있는데 텍사스의 민주당 재선 의원인 호아킨 캐스트로(Joaquin Castro) 의원이 공동 의장으로 출범부터 주도적 역할을 수행하고 있다. 또한 워싱턴디시의 공화당 하원의원으로 현재 하원 세입위원회 산하 무역소위원회 위원장을 맡고 있는 데이브 레이셔트(Dave Reichert) 의원이 공동 의장을 맡고 있다. 캘리포니아 주의 공화당 하원의원인 데빈 누네스(Devin Nunes) 의원은 전임 공동 의장이었고, 현재 하원 군사위원회의 소수당 리더(Ranking Member)인 민주당의 애덤 스미스(Adam Smith) 의원도 여기에 참여하고 있다.

구성원들의 소속 상임위원회를 보면 군사위원회, 세입위원회, 외무위원회 등 다양하게 걸쳐 있어 일본 관련 정책에 영향력을 행사할 수 있는 위치에 있다. 이 코커스의 주요 활동은 일본과 관련된 중요 이슈가 있을 때 언론에 입장을 표명하고, 일본에 대해 긍정적인 정보를 의회 내에서 공유하는 데에 집중되어 있다. 예를 들어 아베 신조 총리의 미국 방문, 한·일 위안부 문제 타결, 북한에 대한 제재 결의 등에 대해 초당적인 형식이지만 내용에 있어서는 일본의 입장을 지지하는 성명서를 내고 있다는 점이 눈에 띈다.

2) 여론 차원

여론이 미국의 외교정책 결정 과정에 얼마나 영향을 행사할 수 있

Americans, Japanese Trust Each Other, Wary of China, Differ on Japan's Military Role

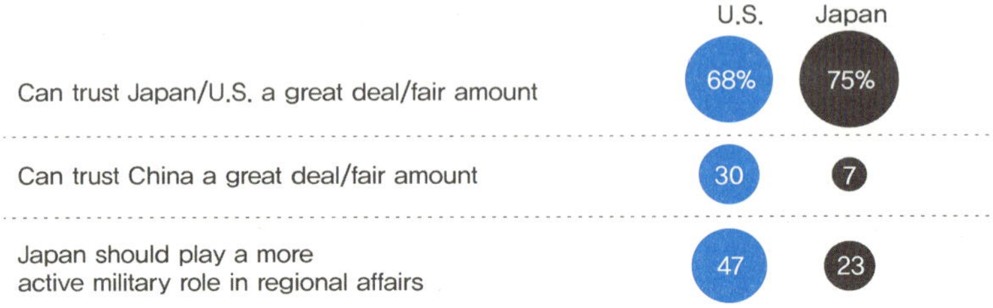

Source : 2015 Pew Research Center survey. Q2a,b & Q12.
Pew Research Center

China Least Trusted in Asia-Pacific Region by Both Americans, Japanese
Great deal/fair amount of trust in the U.S. & Japan

	U.S.	Japan
	%	%
U.S.	–	75
Japan	68	–
Australia	80	18
South Korea	49	21
China	30	7

Source : 2015 Pew Research Center survey. Q2a,d.
Pew Research Center

그림 7 미국인들의 아시아 각국에 대한 태도(2015년 1월)

는가는 논쟁의 여지가 있다. 하지만 대중민주주의가 폭넓게 확산됨에 따라 정책 결정 과정이 대중들에게 노출되고 이를 통해 대중들이 정치 과정에 적극적으로 참여하게 된 현실에서, 대외 정책에서도 대내 정책에서와 마찬가지로 대표성과 책임성 문제가 중요하게 대두되고 있음은 부인하기 어렵다. 또한 여론은 정책 결정자의 결정에 정당성을 제공하여 실제 정책 실행 과정을 용이하게 만든다. 이는 여론이 정책 결정자의 결정을 좌우하지는 않지만 제약할 수 있는 중요한 요소가 됨을 의미한다. 정책 결정자들이 여론에 전적으로 의존하여 의사 결정을 하는 것은 현실적 측면에서 그리고 규범적 측면에서 논쟁을 야기할 수 있다. 그럼에도 여론에 대한 고려 없이 의사 결정을 한다는 것은 대표성과 책임성의 차원에서 정당화되기 어려운 것도 사실이다.

그러면 미국의 대중들이 일본에 대해 갖고 있는 태도는 어떠한가?[30]

최근 퓨리서치센터(Pew Research Center)의 조사 결과에 따르면, 미국인들의 일본에 대한 태도는 매우 긍정적이다. 또한 일본과의 동맹에 대한 평가도 매우 높은 것으로 나타났다. 미국인들의 일본에 대한 신뢰는 68%의 수치를 보였고, 일본인들 역시 미국에 대해 75%의 높은 신뢰도를 갖고 있었다. 그러나 일본의 군사적 역할에 대해서는 미국인 응답자들의 47%, 일본인 응답자들의 23%만이 찬성하여 상대적으로 유보적인 태도를 취하고 있다.

이러한 양 국민의 서로에 대한 태도는 아시아의 주요한 다른 국가들과 비교해 보아도 큰 차이를 보인다. 미국인들의 중국에 대한 신뢰는 30%로 일본의 절반에도 못 미치는 수치를 보였고, 한국에 대한 태도는 49%로 중국보다는 높지만 일본과는 20%포인

30 일본에 대한 미국인들의 태도에 관한 내용은 퓨리서치센터에서 2015년 1월 30일부터 2월 12일까지 조사한 자료에 근거하고 있다(http://www.pewglobal.org/files/2015/04/Pew-Research-Center-US-Japan-Report-FINAL-April-7-2015.pdf).

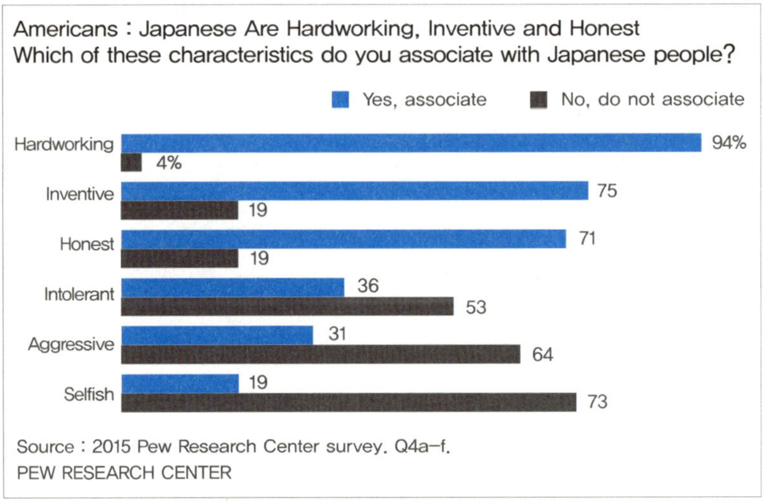

그림 8 미국인들의 일본인에 대한 태도

트 가까운 차이를 보였다. 중국에 대한 일본인들의 신뢰도는 7%로 나타나 대단히 부정적인 태도를 보였다.

일본에 대한 높은 신뢰도에 발맞추어 미국인들의 일본인에 대한 인식 역시 매우 긍정적인 것으로 나타났는데, 응답자들의 대다수가 일본인들을 열심히 일하고(hardworking), 창의적이며(inventive), 정직하다고(honest) 평가하고 있었다. 반면 일본인을 부정적으로, 즉 불관용적이고(intolerant), 공격적이고(aggressive), 이기적이라고(selfish) 생각하는 응답자의 비중은 각각 36%, 31%, 19%로 낮게 나타나 현재 미국인들은 대체로 일본인에 대해 호의적인 태도를 갖고 있음을 알 수 있다.

한편 경제적 이익과 관련하여 일본과의 무역이 공정하다고 생각하는 미국인들의 비율은 1990년대와 비교할 때 큰 변화를 보이

Americans See Japan as Fair Trader
Japan has a ______ trade policy with the U.S.

	1989	1993	1997	2015
	%	%	%	%
Fair	22	14	19	55
Unfair	63	72	64	24
Don't know	15	11	16	20

Note : 1997 data from "America's Place in the World" survey. 1993 and 1989 data from the Times Mirror Center for the People & the press.

Source : 2015 Pew Research Center survey. Q10.
PEW RESEARCH CENTER

그림 9 미국인들의 일본에 대한 인식 : 공정한 무역 파트너?

는 것으로 나타났다. 2015년 조사에서 일본을 공정한 무역 파트너로 보는 미국인들의 비율은 55%, 그렇지 않다고 생각하는 비율은 24%로 나타나 교역 관계의 공정성에서도 긍정적 인식이 압도하고 있다. 이러한 수치는 1990년대 대부분의 조사에서 3분의 2에 달하는 응답자들이 일본과의 무역이 불공정하다고 인식하였다는 점에 비추어 볼 때 매우 놀라운 결과이다.[31]

다음으로 중국의 부상이 미·일 관계에 어떠한 영향을 주고 있는지 살펴보자. 앞에서 냉전 이후 경제적 이익을 둘러싼 갈등으로 불안정하게 유지되던 미·일 관계가 중국의 부상과 북핵 문제라는 새

31 1990년대 일본과의 무역 불공정성에 대한 인식은 퓨리서치센터 조사 외에 다른 조사에서도 공통적으로 나타난다.

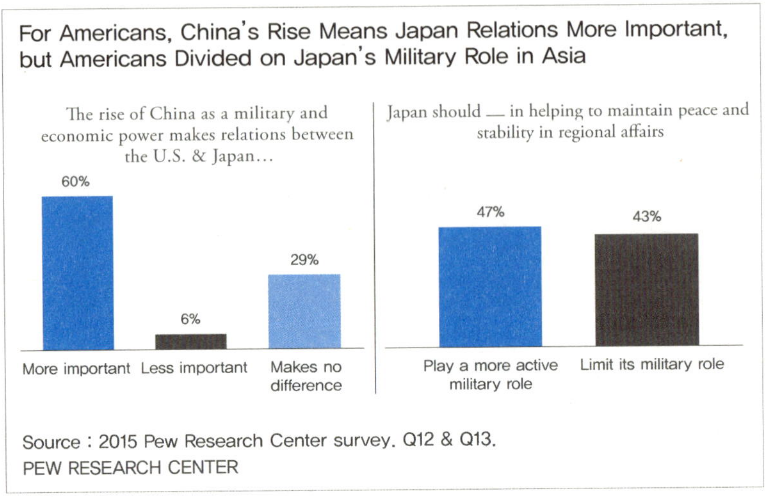

그림 10 중국의 부상과 미·일 관계

로운 위협 요인에 대한 공통의 인식에 따라 일본의 안보적 가치가 미국에 다시금 부각되고 이를 토대로 미·일 동맹이 강고하게 재건되었다는 사실을 제기하였다. 더불어 이러한 인식은 미국의 일본 관련 정책이 동아시아 정책 방향에 따라 가변적임을 보여주며, 특히 중국의 부상에 대한 미국의 인식이 어떻게 달라지냐에 따라 미국의 일본 관련 정책도 변화할 수 있음을 지적하였다.

이러한 인식은 미국인들의 여론에서도 그대로 나타난다. 그림 10의 결과를 보면, 중국의 부상이 미·일 관계를 더욱 중요하게 만들었다고 생각하는 비율은 60%에 달한다. 반면에 아무런 차이를 가져오지 않았다고 생각하는 비율은 그 절반 수준인 29%에 그쳐 여론의 측면에서도 중국의 부상이 미·일 관계의 향배를 결정짓는 가장 중요한 요인임을 확인시켜 주었다. 한 가지 특기할 만한 사실은 미

Americans' Preference for Strong Economic Ties with Japan/China
Is it more important for the U.S. to have strong economic ties with ...

	JAPAN	CHINA
	%	%
Total	36	43
White	40	38
Non-white	28	52
18-29	23	61
30-49	36	44
50-64	39	38
65+	46	28
Republican	45	37
Democrat	33	50
Independent	34	44

Source : 2015 Pew Research Center survey. Q8.
PEW RESEARCH CENTER

그림 11 경제 관계에서 일본과 중국에 대한 미국인들의 선호

국인들이 중국의 위협에 대한 일본의 군사적 역할에 관해서는 아직까지 유보적인 태도를 갖고 있다는 점이다. 일본의 군사적 역할의 확장에 대해서 47%의 응답자들만이 찬성하고 있다는 사실은 상당수 미국인들이 일본의 군사력 확장이 동아시아 지역의 불안정성을 더욱 가중시킬 것이라는 인식을 갖고 있음을 알려 준다.

마지막으로 경제적 관계의 측면에서 미국인들의 일본과 중국에 관한 인식을 살펴보자. 전체적으로 미국인들은 중국과의 경제적 관계가 더 중요하다고 생각하고 있지만 그에 못지않게 일본과의 경제적 관계도 중요하다고 인식하였다. 보다 흥미로운 사실은 인종과 연령 그리고 당파성에 따른 응답의 차이이다. 비백인 응답자들의 경우 중국의 중요성에 대한 인식이 압도적으로 나타났고, 상대적으로 젊은 연령의 응답자들과 민주당 지지자, 무당파 응답자들의 경우에 일본보다 중국에 대한 선호가 상대적으로 높게 나타났다. 반면에 일본과의 경제적 관계가 더 중요하다고 생각하는 응답자들은 고연령층과 공화당 지지자들에게서 두드러졌다.

이와 같은 인식의 차이는 연령의 측면에서 향후 일본과의 관계보다 중국과의 관계가 미국인들에게 더 중요해질 것을 의미하며, 정당 일체감의 측면에서 민주당보다는 공화당 지지자들이 중국에 대해 보다 유보적인 태도를 갖고 있음을 알려 준다. 또한 인종의 측면에서도 백인들보다 비백인들에게서 중국과의 경제적 관계가 더 중요하다고 인식되고 있다는 점은 무역 구조에 있어 중국이 흑인과 히스패닉 등 비주류 인종 집단에게 더 큰 영향을 미치고 있음을 반영하는 것으로 볼 수 있다. 이와 더불어 이러한 결과는 현재 미·일 관계가 앞으로 어떠한 변화를 보일 것인지, 그리고 그러한 변화를 검토할 때 주목할 부분이 무엇인지 가늠할 수 있는 하나의 단서를 제공해 준다.

5. 마치며

지금까지 국내 정치의 관점에서 미국의 이념, 이익, 제도 등이 미국의 일본 정책에 어떠한 영향을 미치는지 살펴보고 미국의 일본 정책 결정에 중요한 행위자들을 검토해 보았다. 앞의 논의에서 알 수 있는 것처럼 미국의 일본 정책은 동아시아 정책이라는 큰 틀 속에서 결정되며, 미국이 동아시아 지역에 갖고 있는 정책적 목표에 따라 일본과의 관계가 크게 영향을 받고 있다. 냉전 시기 안보적 가치에 대한 인식에 압도되어 형성된 미·일 관계는 공통의 위협이 사라진 냉전 직후 경제적 이해관계가 전면에 부상함에 따라 갈등의 시기를 거쳤다. 하지만 중국의 부상과 북핵 문제라는 새로운 공동 위협의 등장에 따라 미·일 관계는 다시금 안보적 이익이 부각되고 그 속에서 대단히 안정적인 모습을 되찾았다.

논의에서 한 가지 분명한 사실은 국내 정치와 국제 정치의 연관성 속에서 미국의 동아시아 정책이 다양한 국내적 행위자들의 관여 속에서 벌어지고 있으며, 따라서 미국 국내 정치적 고려가 감안될 경우에만 변화와 연속성을 명확히 이해할 수 있다는 점이다. 미국의 동아시아 정책 결정에서 대통령을 중심으로 하여 행정부의 유관 부처인 국무부, 국방부, NSC 등이 중요한 역할을 한다. 하지만 의회의 소관 상임위원회, 특히 상원 외교위원회, 하원 외무위원회가 상당한 영향력을 가지고 관여하고 있으며, 재정적인 심의 권한을 가진 상·하원의 군사위원회도 실제 정책 실행에 가용한 자원을 배분하는 데 중요한 영향력을 행사한다. 더불어 학계와 싱크탱크의 동아시아 전문가 집단 역시 정책 결정자로 임명되거나 자문 역할 등을 통해서 영향을 미칠 수 있고, 일반 시민들의 여론 역시 정책의 정당성을 부여하고 정책 결정의 제약 요인으로 기능한다.

21세기 들어 중국의 부상 속에서 미국 민주주의 확산의 모범적 사례로서 그리고 동아시아 지역의 핵심적 동맹국으로서 일본의 안보적 가치가 높아짐에 따라 미·일 관계는 그 어느 때보다 우호적으로 구축되어 있다. 실제 정책 결정자들 사이에 일본의 안보적 가치에 대한 합의가 초당적으로 형성되어 있을 뿐 아니라 일반 대중들 사이에서도 일본에 대한 호감도가 그 어느 때보다 높게 형성되어 있어 양국 간의 우호 관계는 향후 상당 기간 동안 지속될 가능성이 크다.

다만 이미 여러 차례 언급했듯이, 미국의 대일본 정책은 중국에 대한 미국의 인식에 크게 영향 받고 있다. 실제로 호감도의 측면에서는 차이가 나지만 미국의 중국과의 관계에 대한 중요성은 일본과의 관계를 넘어설 정도이며, 지역의 경쟁 국가로서 인식되고 있지만 미·중 간에 형성된 경제적 상호 관계는 동아시아는 물론 전 세계의 다른 어떤 국가보다도 밀접한 것이 사실이다. 이런 상황에서 미국이 다른 무엇보다도 동아시아 지역 질서의 안정을 가장 중요한 정책 목표로 삼고 현 상황을 안정적으로 관리하려고 시도할 것은 자명해 보인다.

이런 측면에서 보면 미국은 현재 중국의 부상을 효과적으로 관리하기 위해 일본의 역할이 더 많이 필요하다. 따라서 군사적 측면에서 일본의 과감한 강화 정책을 용인하고 있지만, 그것이 동아시아 지역의 안정을 해칠 정도로까지 허용하긴 어렵다. 다시 말해 미국의 입장에서는 일본을 여전히 핵심적 동맹국으로 두겠지만, 일본이 다른 우방국들과 마찰을 빚는다든지 또는 중국과 러시아 같은 지역 패권의 잠재적 경쟁 국가들과 가까워지려고 시도하는 상황이 발생할 경우에는 그것이 미국의 직접적 이익을 해칠 것이기 때문에 민감하게 반응하고 이를 억지하려 할 것이다.

결국 미국의 일본 정책은 동아시아 지역에서 미국이 갖고 있는 이익을 지속적으로 유지한다는 대전제 아래 결정될 것이며, 이는 미국이 당분간 현 체제의 안정적 관리에 치중할 것임을 의미한다.

제 5 장

미국의 한반도 외교정책 — 결정 요인 및 정치 과정을 중심으로

이재묵

1. 들어가며

미국이 한국전쟁에 참전을 결정하고 휴전협정 직후인 1953년 10월 1일 양국이 한미상호방위조약을 체결한 이래, 한국은 동아시아에서 미국의 주요한 군사적·전략적 동맹국으로 자리 잡아 왔다. 미국에 있어서 한국의 군사 전략적 이익과 중요성은 지금까지 한·미 동맹을 공고하게 지속시켜 온 중요한 요인일 것이며, 미국은 몇 번의 철군 시도에도 불구하고 꾸준히 미군(2016년 12월 말 현재 약 2만 8,500명으로 알려짐)을 한국에 주둔하고 있다. 한·미 군사 동맹은 비단 한반도에만 그 영향이 국한되지 않았으며, 잘 알려지다시피 베트남전쟁에 전투병을 파병하는 등 한국은 지금까지 미국이 세계 각지에서 주도하는 주요 군사 작전에 전투병 및 비전투병(이라크, 아프가니스탄 등)을 파병하여 미국의 주요 군사 동맹국으로서 책임 있는 역할을 수행해 왔다. 뿐만 아니라 한·미 양국 간 긴밀함은 비단 군사적 동맹 관계에만 국한되지 않으며, 두 나라는 그간 통상적으로도 서로의 중요한 교역 상대국으로 자리매김해 왔다. 실제로 현재 한국은 미국의 일곱 번째 교역 파트너이며, 미국은 한국의 두 번째 교역 상대국이다. 이러한 양국 간의 경제적 상호 의존은 2007년에 체결되어 2012년에 발효된 한미자유무역협정(한·미 FTA)으로 한층 더 긴밀해졌다.

그러나 이러한 양국 간의 긴밀한 정치경제적 상호 의존에도 불구하고, 한·미 관계를 둘러싼 다양한 대내외적 변수들이 한·미 동맹의 미래에 대한 불확실성을 증폭시키는 것도 사실이다. 예를 들어, 한·미 동맹은 남·북한의 통일 시에도 지속되어야 하는가 또는 주한미군이 통일 한반도에도 계속 주둔해야 하는가 등은 한·미 양쪽 모두에서 쉽사리 단언하기 어려운 복잡한 문제일 것이다. 특히 한국과 미국은 오늘날 동아시아의 주요 정치적 사안에 있어서 의견이나 이해의 일치를 보이고 있으나, 주요한 이슈들을 둘러싸고 여전한 이견을 연출하고 있는 것도 분명한 사실이다.(Manyin, Chanlett-Avery, Nikitin, Rinehart, Williams 2016) 예를 들어, 미국은 동북아 지역에서 굳건한 한·미 동맹 및 미·일 동맹을 유지하고 한·미·일 간의 긴밀한 협력을 바탕으로 빠르게 부상하는 중국을 견제하고자 하나, 한국은 중국에 대한 미국의 견제에 적극 동참하기보다는 오히려 일본에 대한 큰 불신을 보여주고 있다. 일본과 중국에 대한 한·미 간의 전략적 이해나 태도의 불일치는 미국의 입장에서 성가신 일일 수 있다. 또한 이것은 위안부 문제 등 복잡하게 얽힌 한·일 간 또는 한·중·일 간의 과거사 문제가 정리되지 않는 이상 쉽게 풀리기 어려운 성격의 사안인 것도 사실이다.

이러한 맥락에서 이 장에서는 미국의 민주주의와 대한반도 정책이라는 주제를 중심으로 주요 외교정책 결정 과정 및 주요 행위자들의 충원 과정 및 행태를 분석해 본다. 이는 국내 정치와 국제 정치의 상호 작용을 다루는 국제 정치학 연구의 최근 경향과 일맥상통한다고 할 수 있다.(Kupchan and Trubowitz 2007 ; Milner 1997 ; Milner and Tingley 2016) 이 장에서는 먼저 미국의 대한반도 정책을 시기별로 정리해보고, 누가 정책 결정 과정에 영향을 행사할 수 있는지 살펴본다. 아울러, 미국의 향후 한반도 정책에 영향을 미칠 수 있는 주요 정치 엘리트 및 여론의 동향을 분석해 본다.

2. 미국 정치와 한반도 정책 : 변화와 지속

1) 냉전 시기

한·미 관계의 역사적 출발점은 1882년 5월에 당시 조선과 미국이 체결한 조미수호통상조약으로 거슬러 올라간다. 하지만 조약 체결 이후 약 반세기 동안 미국은 한국에 큰 관심을 갖지 않았다. 한반도에 대한 미국의 본격적 관여 및 관심은 제2차 세계대전이 종식되고 세계 냉전이 시작된 후부터라고 보는 시각이 더 일반적이다.(박영호 2004 ; 백광일·최준영 2009, 578~560) 물론 태평양 전쟁이 종식된 이후에도 미국의 동아시아 정책의 주된 관심은 한반도보다는 주로 일본이나 중국에 있었다고 할 수 있다. 실제로 1947년 3월에 발표된 트루먼 독트린은 아시아에서 미국의 국익에 있어 일본이 갖는 중요성은 강조하지만, 한국의 전략적 가치는 인정하지 않는다.(Olson 1988 ; 박영호 2004, 6) 이와 관련해 당시 앨버트 위더마이어(Albert Wedemeyer) 장군이 작성한 보고서는 미국이 군사 전략적 가치가 없는 한반도에 미군을 주둔시킬 이유가 없다고 지적하고 있으며, 이런 맥락에서 1950년 1월 당시 국무장관인 딘 애치슨(Dean Acheson)은 한국을 미국의 태평양 방위선에서 제외시키게 된다.(Wedemeyer 1952 ; 백광일·최준영 2009, 580에서 재인용) 주지하다시피 애치슨 선언은 종종 한국전쟁의 주요 계기로 거론된다. 따라서 미국 외교정책에서 한반도의 전략적 가치가 본격적으로 각인된 계기는 1950~1953년의 한국전쟁 발발이며, 휴전협정과 함께 체결된 한미상호방위조약의 체결과 함께 군사적 동맹 관계에 기반을 둔 긴밀한 한·미 관계가 시작되었다고 볼 수 있다.

한국전쟁 이후 미·소 냉전 시기 동안 미국의 대한반도 정책은 그 시기 미국 국가안보전략의 핵심이라 할 수 있는 공산주의 확산 및 팽창의 저지 및 이른바 봉쇄 정책(containment policy)의 일환으로 이루어졌다고 할 수 있다. 즉 행정부에 따라 정책 유형의 미시적 차이는 존재하였으나, 미국의 남한 정책은 군사적·경제적 지원과 동맹의 강화를 통한 북한 및 소련 등 공산주의 세력에 대한 지역 내 봉쇄라는 큰 틀에서 크게 벗어나지 않았다.(김일수 2014, 39) 한국전쟁을 계기로 서유럽을 중심으로 전개되던 미국의 공산주의 봉쇄 정책이 극동 지역 등 전 세계적으로 확대 적용되기 시작했고, 한국전쟁에 군사적 개입을 결정한 트루먼 행정부의 결정을 계기로 한·미 관계는 미국이 한국을 군사적으로뿐 아니라 경제적으로 지원하는 후원자-피후원자 관계로 성립되게 된다.(김일수 2014, 40~42) 그러나 공산주의 세력의 팽창을 저지하기 위한 트루먼 행정부의 확대 봉쇄 정책으로 인해 미국이 재정 압박에 시달리게 되자, 아이젠하워 정부는 국방 예산을 보다 효율적으로 운용하기 위해 대량 보복 중심의 핵 억지 전략을 강조하는 이른바 "신사고(New Look)" 정책을 추진하게 된다. 이런 맥락에서 아이젠하워 행정부는 1958년에 북한의 군사적 위협을 효율적으로 억제하는 수단으로서 전술 핵무기를 남한에 배치하게 된다.(김일수 2014, 44~45 ; 박영호 2014, 9) 즉 드와이트 아이젠하워는 해리 트루먼 대통령의 봉쇄 정책으로 인해 한반도에서 미국이 짊어지게 될 막대한 방위 부담을 덜어내고자, 선진 군사 기술에 입각한 핵 억지와 동맹 네트워크(한·미 군사 동맹) 전략을 추진하게 된 것이다.

그러나 1957년 소련의 스푸트니크(Sputnik)호 발사 성공과 핵 기술 추격에 따른 미·소 핵 전력의 전략적 균형은 케네디 행정부에 새로운 환경의 도전을 선사하였고, 핵 전력 우위에 입각한 전임 아이젠하워 대통령의 대량 보복 전략은 케네디 정부에 의해 자연스레 상호확증파괴전략(MAD, Mutual Assured Destruction)으로 대체되게 된다. 1962년 쿠바 미사일 사태(Cuban Missile Crisis)는 MAD의 긴장감이 잘 드러난 한 사례라 할 수 있다. 케네디 정부 당시 미국 외교정책의 주된 관심은 아시아나 아프리카 또는 중남미 지역 등 주로 제3세계 지역에 놓여 있었다. 한국과 관련해 특기할 만한 사항으로는 한·일 관계의 정상화가 미국의 동아시아 전략 및 지역 안정에 도움이 된다는 인식 하에 양국 관계를 정상화하는 데 적극적인 중재 역할을 하였다는 것이다.(박영호 2004, 11) 또한 1960년대 초반부터 주한 미군 감축 논의가 본격적으로 등장하기 시작하였으나, 이는 1960년대 중반 한국군의 베트남전 파병으로 잠시 수그러든다. 그리고 케네디 대통령 암살 이후 정권을 계승한 린든 존슨 대통령은 이에 대한 보답으로 한국에 대한 군사적·경제적 지원을 더욱 강화하게 된다.(김일수 2014, 53~54 ; 박영호 2004, 11)

봉쇄 논리에 입각한 미국의 대한반도 정책은 리처드 닉슨 대통령의 취임과 함께 큰 변화를 맞이하게 된다. 닉슨 대통령은 공산주의 세력의 팽창을 억제하되 경쟁과 대립보다는 긴장 완화와 협력을 통한 새로운 유형의 봉쇄 전략, 이른바 데탕트 전략을 추진한다.(Nixon 1967) 이 시기에 외교정책 결정 과정에서 주요한 역할을 한 인물이 바로 헨리 키신저이다. 이러한 전략의 변화에는 베트남 전쟁의 오랜 수행으로 인한 미국 내 여론 분열과 개입주의 전략에 대한 국민적 피로 등의 환경적 배경이 존재한다.

데탕트 철학은 이른바 닉슨 독트린(Nixon Doctrine)으로 구체화된다. 아시아 국가들의 방위 책임은 일차적으로 그 국가들 자체에 있음을 천명한 닉슨 독트린을 계기로 주한 미군 감축 및 철수 논의는 다시금 수면 위로 부상하게 된다. 물론 그렇다고 해서 한반도의 지정학적 가치가 닉슨 행정부에 의해 완전히 부인된 것은 아니다. 지역의 안보 평화 유지를 위한 핵우산 정책은 닉슨 시기에도 지속된다.(김일수 2014, 59) 결국 닉슨 행정부도 소련 및 북한 등 공산주의 세력의 지역 내 팽창에 대한 봉쇄 정책을 폐기했다기보다는 미국 외교정책의 효율성 강화를 위한 또 다른 시도를 한 것이라고 평가하는 것이 더 타당할 수도 있다.(김일수 2014, 59) 실제로 닉슨 대통령의 데탕트 정책은 미·중 관계 개선으로 나타나게 되고, 이것은 결국 소련의 고립으로 이어져 결과적으로 소련에 대한 "값싼 봉쇄"의 성격을 갖게 되었다.(유찬열 2009, 92)

1976년 민주당 지미 카터 대통령의 당선은 미국의 대한반도 정책에서 또 한 번의 전기를 마련한다. 그는 국제 정치적 관점에서 현실주의자라기보다 이상주의자로 분류되며, 따라서 그의 집권 시기는 특히 인권과 민주주의적 가치에 대한 정책적 헌신이 강조된다. 다시 말해 카터 행정부에서는 미국이 소련과의 경쟁이나 공산주의 억지 전략에 대한 무리한 집착으로 인해 제3세계 국가들의 독재자들을 묵인하거나 옹호해 왔다는 인식이 지배적이었다. 따라서 카터 행정부는 권위주의 치하의 동맹국들에 대한 인권 개선과 민주화를 요구하고 그 요구 수단으로 종종 미군 철수 문제를 거론하였는데, 이것은 때때로 내정 간섭의 문제로 비화하거나 미국과 동맹국들 간의 갈등으로 이어지게 되었다.(유찬열 2014, 93)

이런 맥락에서 카터 행정부는 1977년 주한 미군 철수 계획을 공식적으로 밝히고, 이 계획에 따라 실제로 1978년 3,600명의 주한 미군을 철수시켰다.(박영호 2004, 19) 물론 이러한 철군 계획은 당시 북한군의 판문점 도끼 만행 사건 등 일련의 남·북한 긴장 고조로 의회나 행정 관료 또는 군부의 강력한 반대에 종종 부딪히게 된다. 일례로 당시 미 태평양 함대 최고 사령관인 모리스 와이즈너(Maurice F. Weisner) 제독과 주한 미군 사령관인 존 베시(John W. Vessey) 상군 등은 관련 안건에 대한 미 상원 군사위원회의 비공개회의에 앞선 증언을 통해 주한 미군 철수에 대한 공개적 반대를 표명하기도 하였다. (김일수 2014, 84) 결국 지미 카터 대통령은 인권이라는 보편적 가치를 한국에서의 군사 전략적 목표보다 중시하는 전략을 추구하였다. 그러나 이것은 주한 미군의 철수가 한국인들로 하여금 미국이 한반도 문제를 덜 중시한다는 오인을 하도록 할 수 있고, 최악의 경우 과거 애치슨 선언의 경험에서처럼 한반도에서 또 다른 전쟁의 원인이 될 수 있다는 점에서 의회와 군부 등 외교정책 결정 과정의 다른 행위자들의 강력한 반대에 막혀 관철되지 못했다.

이상주의적 낙관론자였던 지미 카터에 이어 등장한 로널드 레이건 대통령은 강력한 반공주의 노선을 강조하였다. 따라서 공산주의에 대한 봉쇄와 동맹국과의 강한 유대 관계 복원이 레이건 시기를 통해 추진되게 된다. 철저한 냉전주의 인식에 입각한 레이건 행정부는 미국의 고유 가치와 배치되는 권위주의 정책을 추진하는 동맹국일지라도 공산주의에 반대한다면 미국이 적극 개입하여 지원해야 한다는 정책을 펼친다.(박영호 2004, 22) 따라서 레이건 행정부는 전임 카터 행정부에서 논의되었던 주한 미군 철수 계획을 백지화하고 한반도 안보 공약을 강화한다. 1983년 랭군 폭파 사건, 1987년의 KAL기 폭파 사건 등 레이건 시기에 북한이 저지른 일련의 테러 공작들은 레이건 행정부로 하여금 북한에 대한 더 큰 불신과 적대감을 안겨 주게 된다.

2) 냉전의 종식 및 냉전 이후

한편 소련에서 개혁·개방 노선을 표방한 미하일 고르바초프(Mikhail Gorbachyev)의 등장은 레이건 행정부 후반부로 가면서 미국의 한반도 정책에 대한 점진적 재검토의 계기를 마련해 준다. 즉 공산주의 블럭이 붕괴될 조짐이 드러나기 시작하던 시기에 미국은 균형예산법(The Balanced Act)에 의거하여 한국에 대한 경제 원조를 감소해 나간다. 예산 삭감의 이유로 한국은 1985년 1억 6,000달러의 군사 원조를 끝으로 미국으로부터 더 이상 군사 원조를 받을 수 없게 되었으며, 1988년 미국 의회는 주한 미군의 증원 계획을 부결하게 된다.(김일수 2014, 124)

1985년에 시작된 레이건 2기 행정부부터 이미 세계 냉전은 종식의 조짐이 포착되기 시작했다. 1989년 1월에 임기를 시작한 조지 부시(George H. W. Bush) 대통령의 경우 이미 동유럽과 독일에서 사회주의 진영의 붕괴가 한창 무르익어 가던 시기에 집권하게 되었다. 그러나 미-소 냉전의 종식으로 국제 환경이 크게 변화하였으나 한반도에서는 여전히 냉전 질서가 지속된다. 즉 국제 질서의 변화에 맞추어 미국의 외교 전략도 조정이 필요하게 되지만, 조지 부시 행정부는 유럽에서와 달리 냉전이 지속 중인 동아시아에서는 주한 미군을 유지하는 등 현상 유지 정책을 추구한다. 그러나 적극적인 개입 정책을 펼쳤던 레이건 행정부 당시 국방비가 최고조에 이르게 되고 이후에도 과다 군사비 지출 문제로 미국은 줄곧 재정 압박에 시달리게 된다. 이로써 미국 의회는 냉전의 종식과 동시에 국방비 삭감 방안으로 주한 미군 철수와 한국의 방위비 분담 증액 등을 제안하며 행정부에 대한 거센 압력을 행사하게 된다.(김일수 2014, 130~136)

한편 국제적 긴장 완화 흐름과 달리 한반도에서 1980년대 말부터 북한의 핵무기 개발 문제가 서서히 불거지기 시작했다. 이와 동시에 조지 부시 정권의 핵무기 비확산 정책이 맞물리면서 1992년 1월 뉴욕에서 아널드 캔터(Arnold Kantor) 차관과 북한 노동당 국제 담당 비서인 김용순의 고위급 공식 회담이 최초로 개최되는 등 북·미 간 대화가 시작된다.(박영호 2004, 26~27) 미국은 북한과의 대화 의지를 보여 주기 위해 1991년에 우선적으로 남한 내의 전술 핵무기 철수 계획을 천명하였고, 그해 12월 18일 한국 정부는 미국의 모든 전술 핵무기들이 한반도에서 철수했음을 공표하였다.(김일수 2014, 142) 그러나 이러한 조지 부시 행정부의 노력에도 불구하고 북한 내 핵 시설에 대한 국제원자력기구(IAEA)의 특별 사찰은 받아들여지지 않았다.

결국 북한 핵 문제는 1993년 취임한 빌 클린턴 행정부로 고스란히 이어지고, 핵 문제를 매개로 미국과 북한의 대화가 보다 본격화하게 된다. 1992년 말 북한에 대한 핵 사찰 결과 핵폐기물 보관 의심 시설이 발견되자, IAEA는 1993년 초 북한에 대한 특별 사찰(보강 조사)을 요구하였으나 북한은 군사 시설이라는 이유로 사찰을 거부하고, 오히려 그해 3월 핵확산금지조약(NPT) 탈퇴 선언을 하는 강수를 둔다.(한국일보, 2016-4-4) 그러나 이후에도 북·미는 비공식 협상을 지속하고 결국 1993년 6월 북한은 NPT 탈퇴에 대한 유보 선언을 하게 된다. 같은 해 9월부터 북한은 IAEA와 협상을 재개하였으나, 핵 사찰을 둘러싼 북·미 간의 협상은 좀처럼 교착 상태를 벗어나지 못한다.

1994년 6월 북한은 IAEA를 완전히 탈퇴하겠다는 으름장을 놓고, 지미 카터 전 대통령의 평양 방문 및 김일성과 회담을 통해 북·미 양자 간 고위급 회담이 재개되는 등 우여곡절 끝에 마침내 미국과 북한은 1994년 스위스 제네바에서 기본합의서(Agreed Framework)를 통해 북한 핵 동결 문제를 일단락 짓게 된다. 그러나 합의서가 국제적 규약이나 협정 수준의 구속력이 있는 것도 아니고, 또한 이후 미국이 북한으로 하여금 합의서를 구체적으로 이행하게 유도하는 데 실패함으로써 정책의 불완전성을 드러내게 된다.(김일수 2014, 188)

결론적으로 탈냉전이라는 새로운 국제 질서 속에서 미국의 새로운 전략을 추구하던 빌 클린턴 행정부의 대외 정책의 기저에는 자유주의적 국제주의 이념이 존재하고, 외교 정책은 개입과 확대(engagement and enlargement)라는 원칙에 기반을 두고 비교적 일관성 있게 전개돼 왔다고 평가할 수 있다.(남궁곤 2001) 여기서 개입이란 미국의 주요 국익이 걸린 국제적 사안에 대한 미국의 적극적 개입을 의미하며, 확대 전략이란 민주주의의 세계적 확산을 통한 미국 안보에 대한 위협 요인의 제거를 뜻한다. 즉 냉전 시대의 일관된 원리로서 적대 세력에 대한 현실주의적 봉쇄 정책이 빌 클린턴 행정부에 들어서 국제적 자유주의 노선에 입각한 개입과 확대 전략으로 대체된 것이다. 이런 미국 외교의 대전략 아래에서 빌 클린턴 행정부의 당시 대한반도 정책 또한 북한 핵 문제 해결을 위한 지속적 관여와 개입에 기반하였으며, 그 개입의 형태는 주로 대북 제재보다는 대화와 협상을 중심으로 한 포용 정책을 중심으로 전개되었다고 평가할 수 있다.

빌 클린턴 행정부의 대북 포용 정책에 대한 의회 내 다수당인 공화당 세력의 불만과 반대는 클린턴 정부 후반기로 가면서 지속적으로 부상한다. 이런 가운데 2000년 대통령 선거에서 공화당의 조지 W. 부시 후보가 클린턴 행정부의 지나친 대북 유화 정책에 대한 비판을 공식적으로 제기한다. 북핵 문제에 관한 조지 W. 부시의 판단은 제네바합의(Geneva Agreed Framework)가 북한의 핵 위협을 근본적으로 해결하지 못하는 미봉책에 불과하였으며, 제네바합의 이후 한반도를 둘러싼 안보 환경은 오히려 더 악화된 측면이 있다는 것이다. 이러한 인식은 결국 조지 W. 부시 행정부가 전임 빌 클린턴 행정부의 대북 유화 정책을 전면적으로 수정 또는 폐기하고 강경 노선으로 선회하게 유도한다.

특히 조지 W. 부시 행정부는 9·11 테러 이후 미국의 국익과 관련하여 중요한 당면 과제로 대량살상무기(WMD, Weapons of Mass Destruction)의 위협 요인 제거를 꼽는다. 그리고 2002년 1월 조지 W. 부시 대통령은 의회 연두교서(State of Union Address)에서 북한을 이란과 함께 악의 축(Axis of Devil)으로 명시하고 북한의 대량살상무기를 제거하기 위해 북한에 대한 선제공격도 가능할 수 있음을 암시한다.(백광일·최준영 2009, 589) 미국의 이런 대북 강경책에 북한도 2002

년 10월 비밀리에 핵 프로그램을 진행시켜 왔다는 사실을 밝히게 된다. 결국 북한 핵 문제를 둘러싼 미국과 북한의 강 대 강 대결 구도하에서 조지 W. 부시 행정부 전반부는 "북·미 양자 회담 불가", "선-핵 포기, 후-보상," "금융 제재 및 북핵 문제 분리"의 강경 기조로 흘러가게 된다.(전성훈 2007)

이러한 조지 W. 부시 정권의 대북 압박 정책은 김대중·노무현 대통령이 추진한 대북 포용 화해 정책과 종종 충돌했고, 조지 W. 부시 행정부는 한국이나 일본, 중국 등 관련 국가들의 이익과 관계 문제로 북한에 대한 강경 정책과 별도로 대화와 외교를 병행하게 된다. 이는 조지 W. 부시 행정부 외교정책의 기저에 존재하는 일방주의(unilateralism)나 현실주의적 국제주의 노선으로부터의 부분적 이탈 또는 한반도에 대한 예외적 대응으로 간주될 수도 있다. 실제로 조지 W. 부시 행정부는 집권 2기를 중심으로 해서 6자 회담이라는 다자간 협상 방식을 기본 틀로 하되, 경우에 따라서 북·미 간 양자 협상으로 대화를 부분적으로 보완하는 외교적 협상을 추진하였다. 북핵 문제에 대한 이러한 조지 W. 부시 행정부의 전술적 전환의 배경에는 이라크 전쟁과 아프가니스탄 전쟁 수행으로 인한 미국의 재정 문제 및 여론 압박, 2006년 미국 중간 선거에서 공화당의 패배 그리고 한국과 일본, 중국 등 동북아 역내 국가들과의 복잡한 역학 관계 등이 있다.(백광일·최준영 2009, 590) 이와 관련해 조지 W. 부시 행정부의 대북 정책을 이끌었던 그룹 내에는 힘의 우위에 입각한 외교적 해법을 주장하는 현실주의자들과 북한에 대한 공세적 봉쇄를 통한 김정일 체제의 전환까지도 생각하는 강경 신보수주의자들이 공존하였다는 사실도 영향을 미쳤을 수 있다.

조지 W. 부시 행정부의 일방주의적 강경 노선은 버락 오바마 정부의 출범과 함께 폐기되고, 버락 오바마 대통령은 관계국들과의 국제 협력에 입각한 다자주의 노선의 회복을 추진한다. 따라서 버락 오바마 행정부의 대한반도 정책은 기본적으로 민주당의 전통적 외교 노선이라 할 수 있는 자유주의적 국제주의 기조를 유지하되, 경우에 따라 실용적 현실주의 노선을 가미하는 균형을 추구하였다.(박성관 2010, 5) 대북 정책과 관련해 역대 정부와 마찬가지로 오바마 정권은 "한반도 비핵화"를 일관된 목표로 설정하였으며, 나아가 오바마 정부는 역대 미국 행정부의 관련 정책과 전략을 분석해 대북 정책을 도출해 냈다. 그 핵심에는 이른바 "전략적 인내(strategic ignorance)"가 존재하고 있다.(Chanlett-Avery, Rinehart, Nikitin 2016) 전략적 인내란 북한이 지키지도 않을 협상을 추진하기보다 핵 포기 등 북한 정권의 근본적 태도 변화가 전제되지 않는다면 미국은 북한과의 직접 협상에 나서지 않겠다는 것을 말한다. 즉 미국은 대북 군사 및 경제 제재를 통해 북한을 압박하고 북한 정권이 성실한 협상을 위한 준비가 될 때까지 전략적으로 인내하겠다는 것이다. 한반도 문제와 관련해 오바마 정권이 추진한 대외 정책 중 또 하나 눈여겨볼 사실은 아시아-태평양 지역에 대한 강조이다. 실제로 오바마 정부 1기 국무장관을 지낸 힐러리 클린턴은 기고문을 통해 미국이 태평양 국가임을 강조하였고, 미국에 있어 아시아 지역의 전략적 가치가 증가하고 있음에 주목하였다.(Clinton 2011) 이러한 판단은 결국 중국의 급속한 부상에 따라 아시아 지역의 전략적 중요성이 증대함을 인식한

데 기인할 것이다.

3. 미국 정치와 한반도 정책 : 이념, 이익, 제도

최근 몇 년 동안 미국 의회조사국(CRS, Congressional Research Service)이 발간한 보고서들에 따르면, 한·미 관계에는 다양하고 복잡한 변수들이 작용할 수 있다. 하지만 미국의 입장에서 대략 5가지 주요 인자들이 향후 동맹 관계의 성격을 결정하고 지역에서의 미국의 이익을 정의하는 데 중요한 기능을 할 수 있다고 전망하고 있다.(Manyin et. al. 2014, 2015, 2016)

우선 북한 변수이다. 북한은 핵무기 등 대량살상무기 개발에 대한 미련을 쉽게 포기하지 않고 있는데, 이것이 과연 양국 안보에 심각한 위협이 될 수 있는가에 대한 한국과 미국 정부의 인식이 두 나라 관계에 어떻게 작용하느냐의 문제이다. 물론 북핵 및 북한의 대량살상무기의 위협에 대한 두 나라의 인식은 불일치할 수도 있다.

두 번째 변수는 동북아 지역에서 빠르게 증대되는 중국의 영향력이다. 이것은 한·미 양국의 경제적·전략적 정책 결정에서 결코 간과 될 수 없는 중요한 고려 사항임은 분명하다. 중국의 부상에 관한 한국과 미국의 전략적 이해관계도 반드시 일치하지 않을 수 있음은 주지의 사실이다.

한·미 관계의 세 번째 변수는 수출 중심 산업화를 통해 한국이 세계 경제 무대의 주요 행위자(leading economies)로 빠르게 성장함에 따라 한·미 간의 통상 및 무역 마찰이 다양한 부문에서 보다 빈번해지고 있다는 사실이다. 이는 과거 한국이 저개발국이고 미국의 공여를 받는 수혜국이었던 시절과 비교한다면 양국의 관계 전망에 새로운 갈등 요인을 제공하게 된다.

한편 1987년 민주화 전환 이후 한국에서 민주주의의 심화는 정부 행위자들의 정책 결정 과정에서 여론의 영향을 빠르게 증대시켰는데, 이 또한 미국의 입장에서 중요하게 바라보는 변수라 할 수 있다. 실제로 미국산 쇠고기 수입 문제나 미군 장갑차 사건 등 주요 현안을 둘러싸고 한때 한국 내에서 반미 감정이 빠르게 확산된 적이 있다.

다섯 번째 변수는 눈부신 정치 경제적 발전을 통해 한국의 국제적 위상이 증대됨에 따라 많은 한국의 지도자들이 우리의 중견국(middle power) 지위를 활용해 보다 작게는 지역 내에서 또는 최근에는 국제 무대에서 확대된 역할을 추구하고 있다는 사실이다. 즉 한국이 세계 초강대국인 미국과의 군사 동맹에 편승하던 위치에서 벗어나 지역 또는 국제 무대에서 독자적 역할을 추구하게 되면 양국 간에도 새로운 갈등 요인이 불거질 수 있다는 것을 의미한다.

위의 변수들이 한반도에서 미국의 전략적 이해에 영향을 미치는 주요 변수들이라 할 수 있다. 주지하다시피 미·중 간 세계 패권 경쟁등 국제 정치적 환경의 변화, 동북아 지역 내 한·중·일 간 과거사 문제 및 미래 지향을 둘러싼 역학 관계 그리고 한국과 미국의 국내 정치 과정의 영향 등 다양한 변수들이 한·미 관계 및 미국 외교정책 결정에 영향을 줄 수 있는 변수들인 것이다. 특히 미국의 경우 오랜 기간 안정된 민주주의를 경험해 온 만큼 국내적 압력이나 영향이 대외 정책 결정 과정에 무시할 수 없는 영향을 행사할 수 있음은 물론이다.

사실 1990년대 이전 냉전 기간 동안 한반도 문제는 미국 국내 정치적으로 큰 논란의 대상이 된 경우가 드물었다. 1976년 미군 철수 문제 등의 양국 간 현안을 한국에 유리한 방향으로 해결하고자 한국 정보 기관이 로비스트 박동선을 동원해 약 10명의 민주당 소속 의원들에 대해 로비를 시도한 것으로 시끄러웠던 코리아게이트(Korea-gate) 사건 정도가 한국 문제로 미국 국내 정치가 시끄러웠던 사건으로 기록될 수 있을 것이다. 그 외에 한국은 소련과 북한 등 공산주의 세력에 대한 미국의 봉쇄라는 냉전 시기 미국의 대외 전략에서 중요한 파트너 역할을 충실히 해 왔으며, 정파성과 상관없이 이러한 기조가 잘 유지되어 왔다고 할 수 있다.

그러나 냉전의 종식과 한국의 경제 성장, 중국의 부상 그리고 북핵 문제의 등장 등으로 이러한 흐름에 변화가 찾아오기 시작한다. 특히 한국이 과거에 미국의 경제적 도움을 받던 원조 대상국에서 미국과 당당히 교역하는 무역 파트너로 성장하고, 나아가 한국과의 무역에서 미국의 적자가 지속적으로 쌓여 감에 따라 통상 문제를 중심으로 한·미 관계가 미국의 국내 정치 쟁점으로 부상하게 된다. 냉전의 종식과 함께 대통령으로 당선된 당시 빌 클린턴 행정부가 한국 정부에 가한 쌀 시장 개방 압력 등 일련의 통상 압력이 대표적 사례가 될 것이다. 조지 W. 부시 행정부가 추진한 한·미 FTA의 경우도 자동차 및 쇠고기 시장 개방 문제를 이유로 당시 상원 다수당인 민주당이 반대를 표한 나머지 의회 비준이 지체되다가 2011년이 되어서야 가까스로 통과되게 되었다. 2008년 미국 대선 경쟁에서도 당시 FTA에 반대하는 노조 등 국내 정치 세력의 표심을 신경 쓸 수밖에 없었던 당시 버락 오마바 민주당 후보는 만약 상원에 FTA 비준안이 올라오면 반대표를 던지겠다고 공개적으로 발언한 바 있다.

경제 통상 문제뿐만 아니라 북한 핵 문제를 중심으로 대북 정책을 둘러싸고도 공화당과 민주당은 서로 다른 해결책과 정책 방향을 제시하며 갈등을 지속하고 있다. 빌 클린턴 행정부는 제네바합의 도출 등 주로 개입과 대화를 통해 북핵 문제를 해결하려 했던 반면, 공화당 의회 또는 후임 조지 W. 부시 행정부는 이러한 민주당 정권의 유화 정책에 노골적으로 불만과 비판을 제기하기도 했다. 이러한 대한 통상 문제나 대북 정책 등 주요 한반도 관련 문제를 둘러싼 공화당과 민주당의 갈등은 미국 정치의 양극화와 더불어 더욱 심화될 여지가 분명히 존재한다. 다시 말해, 미국의 대한반도 정책 결정도 국내 정치 과정에 의해 방향을 달리하거나 영향을 받게 될 가능성이 점차 증대되고 있는 것이다.

4. 미국 행정부와 한반도 정책 결정자들 : 충원 과정과 특징

누가 미국의 외교정책을 결정하는가? 어떤 국내 행위자들이 미국의 외교정책 결정자들에 대해 영향력을 행사할 수 있는가? 외교정책과 관련해 주어인 법적·제도적 권한을 중심으로 본다면, 미국 외교정책 결정 과정의 가장 주요한 정부 내 행위자는 대통령, 의회, 행정 부처 또는 관료 집단 등이라는 데 이견을 제기하기 어려울 것이다. 그러나 미국 같은 민주주의 사회에서 위와 같은 정부 내 정책 결정 행위자들은 대개 주기적 선거를 통해 선출된다. 이 점을 고려할 때 미국의 외교정책 결정 과정을 보다 역동적으로 이해하기 위해서는 위의 정부 내 행위자들과 함께 이들 조직에 정치적 압력을 행사할 수 있는 국내 정치적 요인들도 동시에 살펴보아야 한다. 미국의 외교정책에 대해 다수의 국내 행위자들이 차별적 영향력을 행사하겠지만 그중에서도 영향력을 행사할 수 있는 주된 요인들을 선별해 보면 다음과 같다. 즉 정부 행위자(행정부 또는 연방의회), 이익 집단(노조나 기업), 외교정책 전문가 또는 자문가 그룹, 미디어 그리고 일반 대중 또는 여론 등이 포함된다.

일반적으로 미국의 외교정책에 대한 국내 정치의 영향을 분석하는 것은 신자유주의적 접근법과 연관된다. 특히 신자유주의적 설명과 관련해 다수의 학자들은 우선 외교정책 결정 과정에서 일종의 조직화된 이익 집단의 영향에 주목하였다.(Keohane 1984 ; Milner 1997 ; Rogowski 1989 ; Trubowitz 1988) 즉 정책 결정자들은 선거에서 득표에 민감하게 반응할 수밖에 없고 정치 자금이나 조직 기반 등 노조나 기업 집단이 선거 과정에 영향을 미칠 수 있는 많은 자원을 갖고 있다는 점에서 그들의 압력으로부터 자유로울 수 없다는 주장이다. 물론 그렇다고 해서 이런 이익 집단들로부터 받는 국내적 압력의 수준이 모든 선출직 정부 행위자들에게 동일한 것은 아니다. 정부 행위자들과 유권자와의 연계 정도나 선거구 크기에 따라 차별적으로 작용할 수 있다. 예를 들어 작은 지역구의 이익을 대변하는 하원의원들이 보다 국내 정치적 압력에 민감하다면, 더 큰 선거구에서 선출되는 연방 상원의원들은 유권자 압력으로부터 상대적으로 자유로울 수 있다.(Milner 1997) 또한 미국 전역을 선거구로 선출된다고 할 수 있는 대통령과 행정부의 경우 의회 내 행위자들과 비교해 국내 정치적 압력으로부터 보다 자유로울 수도 있는 것이다.

국제 관계가 복잡성을 더해 감에 따라 외교정책 결정 과정에 대한 전문가 집단 또는 일종의 지식 공동체(epistemic communities)의 영향력이 증대될 수 있다는 주장도 존재한다.(Adler and Hass 1992 ; Hass 1992) 즉 외교 문제나 국제 이슈들이 복잡성과 불확실성을 더해 감에 따라 미국을 둘러싼 국제 정치적 환경을 면밀히 분석하고 국익이 무엇인지 정의하는 것은 결코 쉬운 작업이 아니다. 아울러 분석에 따른 정책적 진단을 제시하는 데에도 관련 분야에 대한 일정 수준 이상의 전문성을 요구할 수 있기 때문에 정부 정책 결정자들은 전문가들의 목소리에 더더욱 귀를 기울이게 된다. 따라서 의제 설정이나 사안별 중요성에 대한 판단 등 자문 과정을 통해 관련 학계나 싱크탱크에 포진해 있는 외교 및 정책 전문가 집단들이 정책 결정에 영향력을 행사할 수 있는 것이다.

이러한 정책 결정 요인들과 더불어 미국과 같이 민주주의와 책임성의 원리 그리고 선거를 통한 정치 엘리트와 유권자의 연계(electoral connection) 구조가 확고하게 자리 잡은 사회에서는 정책 결정 과정에 대한 일반 시민들 또는 여론의 영향도 결코 무시할 수 없다. 실제로 미국 외교정책에 대한 여론의 영향 또는 여론에 반응하는 미국 외교정책 등에 대한 다수의 경험적 증거들을 제시한 기존 저작이 여

럿 있다.(Holsti 1996 ; Putnam 1988) 이와 관련해 민주평화론자들(democratic peace theoriests)은 경쟁적 선거 과정 속에서 여론의 높은 압력에 노출된 민주주의 국가의 지도자들이 비민주 국가들의 지도자들보다 전쟁 수행 등 외교정책 결정 과정에서 보다 더 신중하고 평화 지향적일 수밖에 없음을 주장하기도 했다.(Russett and Oneal 2001) 외교 문제나 정책 이슈에 대한 정보를 다수의 일반 시민들이 매스미디어를 통해 얻게 된다는 점에서 외교정책 결정 과정에 TV, 라디오, 신문 등 미디어가 미치는 영향도 존재할 수 있다. 특히 매스미디어가 보도 주제 선정이나 이슈 현저성(issue salience) 결정 또는 어젠더 설정 등을 통해 유권자들이 정책 이슈의 중요도를 판단하고 정책적 지향을 결정하는 데 영향을 행사할 수 있는 것이다.(Baum and Potter 2008)

이처럼 대통령과 행정부, 의회뿐 아니라 이익 집단, 일반 국민, 매스미디어 등 다양한 국내 정치적 변수들이 미국의 외교정책 결정 과정에 직간접적 영향을 행사할 수 있는 잠재적 행위자라 할 수 있다. 그렇다면 이런 다양한 국내 정치 행위자들 중에서 가장 큰 영향을 행사하는 요인은 무엇일까? 이와 관련해 한 가지 흥미로운 연구는 로런스 제이컵스(Lawrence Jacobs)와 벤저민 페이지(Benjamin Page)가 1974년부터 2002년까지 시카고외교협회(Chicago Council on Foregin Relations)의 주도로 수집된 일반 시민 및 외교 엘리트(행정부 관계자, 상·하원 의원, 주요 이익 집단 관계자, 지식 공동체)들을 대상으로 한 설문 조사 결과 자료를 분석한 것이다.

분석 결과에 따르면, 미국의 외교정책 결정 과정에서 주요 주체인 상·하원 그리고 행정부에 대한 개별 영향 및 종합적 영향력을 기준으로 다국적 기업 등 해외 지향의 기업 진단(internationally-oriented business)이 일관되게 유의미한 영향을 갖는다. 반면에 아주 특별한 경우가 아니고서는 일반 대중의 영향은 거의 없거나 미미한 것으로 나타났다. 비즈니스 그룹에 이어 큰 영향을 행사하는 행위자는 전문가 집단인데, 흥미로운 사실은 이들 지식 공동체 또한 비즈니스의 영향을 많이 받는다는 것이다. 노동자 그룹이나 노조는 의미 있는 영향력을 행사하나 그 수준이 크지 않은 것으로 조사되었다.(Jacobs and Page 2005) 이 같은 연구 결과는 결국 미국과 같이 다원화된 사회에서 국익(national interest)이란 다양한 정치적 이해관계의 경쟁과 대립 속에서 생존한 소수의 영향력 있는 행위자들의 이익의 반영일 수밖에 없음을 의미한다.

견제와 균형(checks and balances)의 원리가 오랜 기간 동안 확립된 대통령제 민주주의 국가인 미국에서 어느 특정한 정부 부처가 외교정책 결정 과정에서 지배적 영향력을 행사한다고 말하기는 어려울 것이다. 실제로 전쟁선포권, 조약비준권, 예산집행권 등 연방헌법에 보장된 외교정책 관련 의회의 기능과 권한은 충분한 제도적 기틀을 갖추고 있다. 또한 사법 정의가 보편화된 만큼 연방대법원 등 사법부도 정부 부처가 외교 사안을 둘러싸고 제도적 갈등에 휘말릴 때 개입함으로써 때때로 외교정책 결정 과정에 영향을 행사할 수 있다. 외교정책과 관련된 미국 연방대법원의 대표적 판결로는 연방 정부 대 커티스라이이트 수출공사(U. S. vs. Curtiss-Wright Export Corp, 1936)를 들 수 있다. 흥미롭게도 판결의 내용은 외교 사안에 대해 미국 연방정부, 특히 행정부의 수장인 대통령의 특권을 인정하는 것인데, 대법원은 판결에서 미국 대통령은 외교 업무에 있어 의회의 권한 위임(congressional powers)으로부터 독립적 전권(plenary powers)을 부여 받고 있다고 판단하였다.

이처럼 미국의 대외 정책 결정 과정에서 가장 중요한 역할을 담당하는 국가 기관이 대통령과 행정부이다. 대통령의 외교 안보 정책 결정에 영향을 미칠 수 있는 행정 부처로는 국무부와 국방부 등이 있으며, 그 밖에 백악관의 국가안보보좌관(National Security Advisor)을 필두로 한 관련 참모진들도 대통령의 결정에 조언 및 영향을 행사할 수 있을 것이다. 이와 관련해 빌 클린턴 행정부에서 국무부 정무차관(Under Secretary of State for Political Affairs)을 지낸 토머스 피커링(Thomas Pickering)은 국무부가 발행하는 한 저널(U. S. Foreign Policy Agenda)과의 인터뷰에서 미국 외교정책과 관련해 가장 영향력 있는 행위자들로 대통령, 국무부장관, 국가안보보좌관, 국방부장관, 합참의장 그리고 중앙정보국(CIA) 국장 등을 꼽았다. 주지하다시피 이들은 모두 외교정책 결정과 관련하여 최고 자문 기구라 할 수 있는 국가안전보장회의(NSC, National Security Council)의 주요 구성 위원들이다.

미국 NSC는 1947년 해리 트루먼 대통령이 재직하던 당시 국가안보법(National Security Act) 제정과 함께 설립된 이래 미국의 국가 안보에 관련된 대내외 정책에 큰 영향을 행사해 왔다. NSC는 존 F. 케네디, 리처드 닉슨, 로널드 레이건 행정부 등을 거치면서 기능이 대폭 강화되는 등 자문 기구의 성격을 넘어 정책 기구로 성장해 왔다. 특히 대외 정책을 보다 근거리에서 직접적으로 다루고 싶어 했던 존

F. 케네디는 초대 국가안보보좌관직을 수행했던 맥조지 번디(McGeorge Bundy)에게 많은 권한을 부여했으며, 이 시기를 거치며 안보보좌관 직위의 영향력은 더욱 확대된 것으로 평가되고 있다.(Daalder and Destler 2009) 국가안보보좌관은 그 역할과 대외 정책에 대한 영향에도 불구하고 국무부/국방부장관이나 다른 외교 안보 라인의 주요 직책과 달리 상원의 인준 없이 대통령에 의해 임명될 수 있다는 특징이 있다. 안보보좌관 직위는 이제 미국 대내외 안보 정책을 논할 때 결코 간과될 수 없는 제도로 자리 잡았다. 하지만 역사적으로 본다면 안보보좌관의 영향력은 임명된 인사의 자질과 능력, 집권 대통령의 외교 안보 관련 국정 철학, 그리고 대통령과 안보보좌관과의 개인적 관계 등에 의해 좌우될 수 있다고 보는 편이 일반적일 것이다.(Daalder and Destler 2009) 2000년대 이후 국가안보보좌관에 임명된 인사들의 면면을 살펴보면, 아시아나 한반도에 직접적 연관성을 가진 인물은 드물다.(표 18 참조) 다만 한 가지 눈에 띄는 건 직위를 맡기 전후로 미국의 유력 싱크탱크(CFR, 브루킹스연구소, 후버연구소Hoover Institution, 대서양위원회Atlantic Council) 등에 자리를 갖는 경우가 다반사라는 것이다.

미국의 한반도 정책에 직접적으로 연관성을 갖는 이른바 "한반도 라인"을 각 담당 부처별로 정리해 보면 그림 12와 같다. 그림에 추가되진 않았지만 그 밖에 국무부의 북한인권특사(로버트 킹Robert King)나 대북정책특별대표(성 김Sung Kim) 등의 관계자도 한반도 문제에 깊이 관여할 수 있다. 직위와 직책에 따른 권한과 역할은 각각 다르지만 언급된 보직의 사람들이 주로 지금까지 미국의 한반도 정책 관

표 18 2000년 이후 미국 국가안보보좌관과 주요 경력

국가안보보좌관	집권 대통령	주요 공직 경력	기타 주요 경력
콘돌리자 라이스 (Condoleezza Rice)	조지 W. 부시	국무부장관(이후)	스탠퍼드대 정치학 교수, 부총장, 후버연구소
스티븐 하들리 (Stephen Hadley)		국무부 국제전략문제 담당 차관보, 평화연구소 (이사장, 이후)	시어 앤 가드너 Shea & Gardner (로펌 파트너), 미국외교협회, 스코크로프트 그룹 (국제 컨설팅 그룹)
제임스 존스 (James Jones)	버락 오바마	사령관(유럽 사령부, COMUSEUCOM), 유럽연합군 최고사령관 (SACEUR)	대서양위원회 (회장, 퇴직 이후)
톰 도닐런 (Tom Donilon)		공공문제 담당 국무부 차관보 (클린턴 행정부)	오멜버니 앤 마이어스 O'Melveny & Myers (로펌 부사장, 퇴직 이후), 미국외교협회, 빌데르베르크 그룹 (운영위 회원)
수전 라이스 (Susan Rice)		UN 주재 미국대사, 아프리카 담당 국무부 차관보,	브루킹스연구소, 미국외교협회, 대서양위원회

련 당국자들이라 할 수 있을 것이다. 물론 다소간의 보직 변동은 존재하지만 그럼에도 국무부나 국방부의 실무자들의 이력을 살펴보면, 한반도 관련 업무를 담당하는 미국 외교 관계자들은 주로 아시아-태평양 지역과 관련한 직업 외교관들이 다수 포진한 경향이 있다. 예를 들어 대니얼 러셀 국무부 아·태차관보도 일본통의 정통 외

대통령 버락 오바마

국무부	백악관	국방부
국무부장관 존 케리 (John Kerry)	국가안보보좌관 수전 라이스 (Susan Rice)	국방부장관 애슈턴 카터 (Ashton Carter)
국무부 부장관 토니 블링큰 (Tony Blinken)	아·태 담당 선임보좌관 대니얼 크리튼브링크 (Daniel Kritenbrink)	국방부 부장관 로버트 워크 (Robert Work)
국무부 정무차관 토머스 섀넌 (Thomas Shannon)	한반도 담당 보좌관 앨리슨 후커 (Allison Hooker)	국방부 정책차관 브라이언 매키언 (Brian P. McKeon)
동아시아-태평양 담당 차관보 대니얼 러셀 (Daniel Russel)		아시아-태평양 담당 차관보 켈리 맥서민(대리) (Kelly E. Magsamen)
국무부 한국과장 마크 램버트 (Mark Lambert)		아시아-태평양 담당 부차관보 에이브러햄 덴마크 (Abraham Denmark)
주한 미국대사 마크 리퍼트 (Mark Lippert)		주한 미군 사령관 빈센트 브룩스 (Vincent Brooks)

그림 12 미국의 한반도 정책 관련 주요 관계자 라인(괄호 안은 오바마 정부 담당자)

교 관리 출신으로 일본에서 주로 근무했고, 국무부 일본과장을 지냈다. 그는 1992년부터 1995년까지 주한 미국대사관의 정무공사로 봉직한 경험도 있으며, 1994년에는 북·미 제네바합의 협상의 실무에 깊이 관여한 것으로 알려져 있다. 얼마 전까지 국무부 한국과장을 맡으며 3년 최장 복무 기록을 세웠던 로버트 랩슨(Robert Rapson)도 직업 외교관으로 대니얼 러셀보다 국무부 입부 2년 선배로 알려져 있다. 얼마 전까지 주한 미국대사로 근무했던 성 김도 직업 외교관 출신으로 현재 국무부 차관보급의 국무부 대북정책특별대표를 맡고 있으며, 최근 차기 필리핀 대사에 임명되었다.

때때로 정보 관련 업무로 공직을 시작하다가 한반도 관련 외교 업무에 투입되는 경우도 있는데, 이 경우에 해당하는 대표적 인물로는 시드니 사일러(Sydney Seiler)를 들 수 있다. 시드니 사일러는 작년까지 국무부 6자 회담 특사로 근무하였으며, 그 이전에는 백악관 한반도 담당 보좌관으로 봉직하였다. 그는 본격적인 외교 업무에 뛰어들기 전 약 30년 동안 미국국가정보국(Director of National Intelligence)에서 북한 관련 정보 업무를 담당한 것으로 알려져 있다. 사일러가 국가정보국에서 백악관으로, 다시 백악관에서 국무부로 자리 이동을 한 것처럼 한반도 관련 업무에 깊숙이 관여하는 실무자들 가운데에는 부처를 이동해 근무하는 경우도 종종 존재한다. 대니얼 러셀 국무부 아·태차관보도 백악관에서 한반도와 일본을 담당하는 국장으로 근무한 적이 있다. 마크 리퍼트 전 주한 미국대사도 부임하기 전 국방부 아·태 담당 차관보로 근무한 바 있다.

미국 외교 안보 라인의 한반도 관련 정책 결정자들의 이력과 관련해 가장 흥미로운 사실은 많은 인사들이 임명 전 또는 퇴임 후 주요 싱크탱크로 가는 경향이 빈번하다는 것이다. 물론 이는 한반도 관련 외교 안보 업무에만 국한되는 현상은 아닐 것이다. 그럼에도 몇 명의 예를 찾아보면, 우선 오바마 행정부에서 백악관 아시아 담당 선임보좌관을 지냈으며 중국통으로 잘 알려진 제프리 베이더(Jeffrey Bader)는 국무부 퇴임 후 브루킹스연구소의 중국 센터(John L. Thornton China Center)의 선임연구원(senior fellow)으로 자리를 옮겼다. 흥미롭게도 그는 오바마 행정부에 들어가기 직전인 2005년부터 2009년까지 이 연구소의 같은 센터에 근무하여 초대 국장으로 근무한 것으로 알려져 있다.

또한 오바마 행정부 초기에 국방부 아·태 안보 담당 수석 부차관보를 지낸 데릭 미첼(Derek Mitchell) 주미얀마 미국대사도 2001년부터 2009년까지 미국 국제전략문제연구소(CSIS)에서 아시아 전략국 국장으로 재직하며 한국과 중국, 일본 등 아시아 지역 안보 분야의 전문 분석가로 이름을 알려 왔다. 천안함 침몰, 연평도 피격 등이 있었던 오바마 행정부 초기에 국방부에서 한반도 관련 실무를 담당했던 마이클 쉬퍼(Michael Schiffer) 동아시아 담당 부차관보도 국방부에 들어가기 전에 스탠리재단(Stanley Foundation), 미국외교협회에서 외교 안보 관련 현안 분석을 담당하였던 것으로 알려져 있다. 불과 얼마 전까지 백악관 국가안보회의 아시아 담당 선임보좌관으로 근무했던 에반 메데이로스(Evan S. Medeiros)도 공직을 맡기 직전인 2002년에서 2009년까지 워싱턴의 유력 싱크탱크인 랜드연구소(RAND Corporation)에서 중국 담당 수석 정치학자로 근무한 이력을 갖고 있다. 그는 공직에서 퇴임한 후 국제적 정치 컨설팅 그룹인 유라시아그룹(Eurasia Group)의 상무이사 겸 아시아 담당 책임자로 자리를 이동하였다.

미국의 한반도 관련 정책에서 중요한 역할을 담당하는 행정부의 또 다른 부서로는 재무부(Department of Treasury)와 상무부(Department of Commerce)를 들 수 있다. 이 부처의 역할은 특히 미국의 대북 제재와 관련해서 두드러지는데, 실행 가능하고 실제적으로 북한에 위협이 되는 제재가 주로 경제적 측면에서 이루어진다는 점 때문이다. 실제로 2016년 12월 미국이 북한에 대해 취하고 있는 제재는 총 33건에 달했는데 무역, 대외 원조, 해외 자산 동결, 통화 등 경제적 부문에 대한 내용이 많은 부분을 차지하고 있다. 이 중 수출입 규제 등 무역에 관한 부문은 상무부의 관여가 상당하며, 대외 원조와 해외 자산 동결 등의 제재에 있어서는 재무부의 역할이 두드러지고 있다.(Rennack 2016)

5. 미국의 한반도 정책은 어떻게 결정되는가?

1) 의회 차원

미국의 외교정책 결정 과정은 백악관(국가안전보장회의NSC 포함) 그리고 국무부나 국방부 같은 외교 관련 부처 등 주로 행정부에 의해 주도되는 것으로 비춰지기도 하지만, 그렇다고 해서 입법부의 역할이 결코 간과되어서는 안 된다.(Chapman 2016 ; Grimmett 1999 ; 박찬욱 2009) 오히려 미국의 외교정책 결정 과정은 입법부와 행정부에 의해 공유되며, 두 부처는 미국 헌법이 각 제도에 부여한 권한에 입각해 맡은 바 역할을 충실히 행사한다고 보는 편이 더 합당할 것이다. 실제로 미국 헌법에 의하면 전쟁을 선포하거나 지상군 또는 해군을 조직하고 유지할 권리는 대통령이 아닌 의회에 주어져 있다(미국 연방 헌법 제1조 8항). 또한 연방 헌법은 대통령에게 외국과의 조약을 맺거나 영사나 대사 등 외교관을 지명할 권한을 부여하지만, 이러한 대통령의 권한 행사에 있어서 상원의 동의가 반드시 전제되어야 함을 동시에 명기하고 있다(연방 헌법 제2조 2항).

또한 무엇보다도 주요 외교정책의 집행 및 추진에 있어서는 의회의 예산 배정이 필수적인데, 의회는 미국 헌법이 부여한 예산 및 지출의 권한을 통해 행정부에 의한 외교정책 결정을 강력하게 견제할 수 있다. 미국 의회가 행정부가 추진한 주요 외교정책 결정에 대해 제동을 걸었던 대표적 예로는 베르사유평화조약(Treaty of Versailles)에 대한 상원의 비준 거부가 있다. 제1차 세계대전 후 이상적 국제주의자였던 미국 대통령 우드로 윌슨은 세계 평화에 대한 원대한 구상을 실현하고자 평화 조약의 체결을 추진하였으나, 상원은 미국의 국제연맹 가입이 미국의 자율성을 저해하여 결과적으로 연방의회가 갖고 있는 고유 권한인 전쟁선포권을 침해할 수 있다는 이유를 들어 비준을 거부하였다. 보다 최근의 예로는 빌 클린턴 행정부 시기에 대통령이 서명한 포괄적핵실험금지조약(Comprehensive Test Ban Treaty)이 1999년 당시 상원을 장악하고 있던 공화당의 주도로 비준되지 못한 사건인데, 이 조약은 현재까지도 미국 의회에서 비준되지 못하고 있다.

이러한 역사적 사례들을 살펴볼 때, 미국 외교정책의 주요 어젠더는 대통령과 행정부에 의해 제안되지만 그것은 의회에 의해 처분된다(dispose)라고 평가하는 것이 합당한 접근일 수 있다.(Grimmett 1999, 5) 분명한 사실은 제도적으로나 관습적으로나 미국의 외교정책

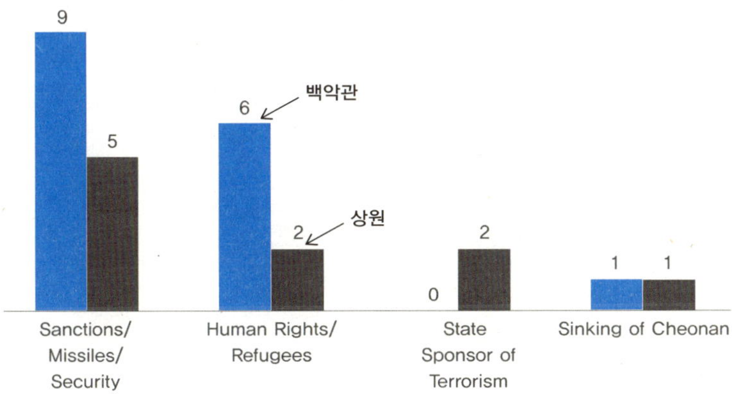

Figure 1. North Korea Bills and Resolutions in the U.S. Congress. 2009-2012
Source : The Library of Congress-THOMAS, http://thomas.loc.gov.

출처 : Seo(2013), p. 195

그림 13 제111~112대 미국 의회의 북한 관련 법안이나 결의안 분포

결정 과정과 관련한 권한이 미국에서는 행정부와 입법부에 분산되어 있다고 할 수 있을 것이다. 따라서 미국의 대한반도 정책 결정 과정에서도 의회는 맡은 바 역할은 충분히 행사할 수 있다.

최근 한반도 문제에 대한 미국 의회 구성원들의 관심 정도를 평가해 볼 수 있는 하나의 지표로서 북한이나 한반도와 관련한 법안이 상원이나 하원에서 한 회기 동안 얼마나 소개되고 통과되는가를 살펴볼 수 있다. 이와 관련해 서정건은 최근 연구에서 오바마 행정부 1기(2009~2012년)와 일치하는 제111대 그리고 제112대 미국 의회에서 북한과 관련한 어떤 법안이나 결의안이 상원과 하원에 각각 소개되었는지 조사하였다.(Seo 2013) 서정건의 연구에 따르면, 주어진 회기 동안 총 26개의 북한 관련 법안이 제시되었는데, 그중 절반이

표 19 제113대 미국 의회 한반도 관련 위원회별 청문회 개최 횟수

Commission on Security & Cooperation in Europe	10
Congressional Executive Commission on China	5
House Administration Committee	1
House Agriculture Committee	4
House Appropriations Committee	20
House Armed Services Committee	73
House Budget Committee	2
House Education & Workforce Committee	6
House Energy & Commerce Committee	17
House Financial Service Committee	7
House Foreign Affairs Committee	109
House Judiciary Committee	4
House Natural Resources Committee	6
House Oversight & Government Reform Committee	11
House Select Intelligence Committee	0
House Science Space & Technology Committee	16
House Transportation & Infrastructure Committee	6
House Veterans Affairs Committee	17
House Way & Means Committee	2
Senate Agriculture Committee	2
Senate Appropriations Committee	41
Senate Armed Services Committee	27
Senate Banking, Housing & Urban Affairs Committee	10
Senate Budget Committee	3
Senate Commerce, Science & Transportation Committee	17
Senate Energy & Natural Resources Committee	11
Senate Environment & Public Works Committee	1
Senate Foreign Relations Committee	49
Senate Finance Committee	12
Senate Homeland Security & Governmental Affairs Committee	4
Senate Select Intelligence Committee	3
Senate Judiciary Committee	2
Senate Veterans Affairs Committee	11

출처 : Chapman(2016), p. 88.

넘는 14개 법안이 주로 북한에 대한 제재를 포함한 안보나 군사에 관련된 이슈였다.(그림 13 참고) 다음으로 많은 빈도수를 차지하는 법안이 북한 인권이나 탈북자 등 난민 문제에 대한 것이었으며, 그 밖에 시리아나 이란 등 잠재적 테러국에 대한 북한의 지원 문제, 천안함 침몰 규탄 관련 결의안 등이 있었다.

그러면 미국 의회 내에서 한반도에 대한 주요 안건들이 가장 활발하게 진행되거나 관심 있게 다뤄지는 소관 위원회는 어디일까? 이와 관련해 버트 채프먼(Bert Chapman)은 최근 연구에서 제113대 의회(2013~2014년) 기간 동안 한반도 이슈와 직간접적 연관성을 갖고 개최되었던 상·하원의 주요 위원회 주관 청문회(Congressional committee hearings) 기록을 분석해 한반도 문제가 가장 활발하게 다뤄지는 위원회가 어디이며, 그들 위원회가 주로 다루는 사안은 무엇인지 분석하였다.

버트 채프먼의 분석에 따르면, 상·하원 공히 한반도 관련 이슈가 가장 활발히 다뤄진 위원회는 외교위원회(Foreign Affairs Committee)였으며, 그 뒤로 하원은 군사위원회(Armed Services Committee, 73회), 세출위원회(Appropriations Committee, 20회), 에너지 및 통상위원회(Energy and Commerce Committee, 17회) 그리고 재향군인위원회(Veterans Affairs Committee, 17회) 등이 이어졌다. 상원의 경우 세출위원회(41회), 군사위원회(27회), 통상·과학·교통위원회(Commerce, Science & Transportation Committee, 17회) 그리고 재무위원회(Finance Committee, 12회) 등이 뒤를 이었다. 해당 안건들을 중심으로 살펴보면, 역시 상·하원의 군사위원회는 주로 미국이나 한반도의 안보와 연관된 사안들을 주로 청문회 안건으로 다뤘으며, 외교위원회 청문회의 경우 북한으로 불법적으로 유입되는 해외 자금 문제나 북한 인권 문제 그리고 한·미 동맹 점검 등의 외교 관련 사안들을 다뤘다. 한·미 간 통상 교역량이 증대되고 FTA가 체결됨에 따라 상원의 통상·과학·교통위원회, 재무위원회 그리고 하원의 농업위원회 등도 관련 안건들을 다루게 되는 경우가 빈번히 발생하게 되었다.

한편 미국 의회 내 이른바 지한파(知韓派) 의원들의 모임이라 할 수 있는 코리아 코커스(Congressional Caucus on Korea) 소속 의원들은 전통적으로 한국과 관련한 미국 의회 활동에서 적극적 면모를 보여 온 것으로 알려져 있다. 실제로 최근의 위안부 결의안 통과, 한국인 미국 비자 면제 협정 체결, 동해(East Sea) 병기 표기 등의 주요 한국 관련 쟁점에 있어 이들 코리아 코커스 소속 지한파 의원들의 활약이 두드러졌던 것으로 알려져 있다. 코리아 코커스는 2003년에 민주당 소속 연방 하원의원 마이클 캐퓨아노(Michael Capuano, D-MA)와 공화당의 비토 포셀라(Vito Fossella, R-NY) 뉴욕 주 연방 하원의원의 공동 주도로 설립된 것으로 기록된다. 최근 10년간 미국 의회 내에서 코리아 코커스 활동에 적극적이었던 연방 의원들을 공동의장(Co-Chairs) 직을 중심으로 살펴보면 표 20과 같다.

위에서 살펴본 것처럼, 한·미 관계 또는 미국의 대한반도 정책은 물론 상·하원의 국방위원회나 외교위원회 등에서 주로 다루어져 왔으나 통상 교역 문제나 북한 인권 문제, 한국인의 미국 입국 시 비자 면제 프로그램(US Visa Waiver Program) 도입 건 그리고 한국 위안부 문제 등 다양한 안건들이 양국 간에 존재하는 만큼 어

표 20 최근 10년간 미국 의회 내 코리아 코커스 공동의장 역임자(제109~114대)

의회	코리아 코커스 공동의장
제109대 의회	비토 포셀라(R, NY) 찰스 랭글Charles Rangel(R, NY) 마이클 캐퓨아노(D, MA) 에드워드 로이스Edward Royce(R, CA)
제110대 의회	비토 포셀라(R, NY) 다이앤 왓슨Diane Watson(D, CA) 마이클 캐퓨아노(D, MA) 에드워드 로이스(R, CA)
제111대 의회	다이앤 왓슨(D, CA) 댄 버튼Dan Burton(R, IN) 마이클 캐퓨아노(D, MA) 에드워드 로이스(R, CA)
제112대 의회	공식 구성되지 않았음 (하원 행정위원회Committee on House Administration에 공식 신고된 기록 부재)
제113대 의회	피터 로스캠Peter Roskam(R, IL) 로리타 산체스Loretta Sanchez(D, CA) 마이크 켈리Mike Kelly(R, PA) 게리 코널리Gerry Connolly(D, VA)
제114대 의회	피터 로스캠(R, IL) 로리타 산체스(D, CA) 마이크 켈리(R, PA) 게리 코널리(D, VA)

는 특정 부서나 위원회만의 소관이라고 단정 지어 말하기 어려운 것이 사실이다. 또한 미국 의회 구성원들의 한국에 대한 태도는 결코 동일하거나 일관되지 않으며 그들의 소속 정당, 이념적 성향, 소속 위원회, 세대 또는 관심 이슈 등에 따라 상이하다고 보는 편이 더 합당할 것이다.(Forrester 2007, 4) 예를 들어 2004년 미국에서 제정된 북한인권법(North Korean Human Rights Act, NKHRA)의 경

우에도 원래 상정되었던 법안은 당시 하원 아·태소위원회(House International Relations Subcommittee on Asia and the Pacific) 위원장이었던 공화당 중도 성향의 짐 리치(Jim Leach)와 상원 외교위원회의 민주당 소속 다선 의원이었던 조 바이든(Joseph Biden) 등 선임 회원들의 뜻이 반영되어 다소 수정된 것으로 알려져 있다. 특히 북한 인권법의 수정에서 당시 진보 성향의 한국 정부의 북한에 대한 온정적 태도에 상당히 비판적 태도를 견지하고 있던 같은 공화당 소속 하원 국제관계위원장 헨리 하이드(Henry Hyde, 2001~2006년 위원장 재직)의 반대 입장 등이 있었으나, 법안 수정은 당시 한국 정부의 입장에 좀 더 공감한 짐 리치 의원의 의중이 주효하게 작용했다고 알려져 있다.

한편 냉전이 종식되어 그 영향을 직접 체험하지 못하고, 또 한국의 민주화와 그에 따른 한국 내 반미 여론의 확산 등을 경험한 미국 의회 내의 비교적 젊은 의원들의 한·미 동맹이나 한반도 문제의 중요성에 대한 공감이 이전 냉전 세대 의원들에 비해서 낮을 수 있는 것도 사실일 것이다. 실제로 한 조사 결과에 따르면, 기성세대에 속하는 의회 구성원들은 한·미 동맹을 한국과 미국이 공유하는 가치, 우정 그리고 (함께 흘린) 피 위에서 형성된 것으로 인식하는 경향이 있으나, 젊은 층에서 속하는 의원들은 이러한 인식을 공유하지 않는 것으로 나타났다. 예를 들어 민주당 소속의 비교적 젊은 세대에 속하는 이른바 블루독(blue-dog) 의원들의 경우 한·미 동맹을 미국이 북핵 위협에 맞닥뜨리는 데 필요한 하나의 수단 또는 주로 통상이나 교역의 중요한 파트너 정도로만 이해하는 것으로 나타났다.(Forrester

2007, 8)

의원들의 세대에 따른 입장 분화뿐 아니라 최근 미국 의회에서 중요한 이슈로 자리 잡은 정당 양극화 문제도 잠재적으로 의회가 관여하는 한반도 정책 관련 주요 결정 과정에 개입할 수 있는 변수라 할 수 있다. 전통적으로 미국 의회에서는 "외교 문제 앞에서 정치는 멈춘다(Politics Stops at the Water's Edge)"는 말들이 관습처럼 전해져 왔으나 최근 워싱턴에서는 의회 내 양극화로 인해 이 말의 유효성이 여전히 적실한가에 대한 논의도 흘러나오는 것이 사실이다. 물론 국내 정치 사안과 비교하면 정당 양극화의 영향이 덜할 수 있으나 과거 냉전 시기 또는 이른바 20세기 중반의 초당파적 시기에 비하면 외교정책을 둘러싼 민주당과 공화당 의원들 간의 갈등이 보다 빈번해진 것도 사실이다.(Beinart 2008 ; Busby and Monten 2008 ; Kupchan and Trubowitz 2007) 실제로 의회 내의 외교정책 결정 과정에서 공화당은 보다 일방주의적이고 군사적인 외교정책을 선호해 왔다면, 민주당은 보다 다자주의적이고 덜 군사적인 정책들을 추구해 온 것으로 알려져 있다.[32](Kupchan 2003 ; Kupchan and Trubowitz 2007)

한반도 문제와 관련해서 살펴보면, 미국 의회 내에서 공화당-민주당 간 양극화 논의가 가장 고조된 1990년 중반—공화당은 1994

32 물론 미국 의회 내의 정당 양극화가 외교정책과 관련해 큰 영향이나 변화를 초래하지 못하였으며, 제2차 세계대전 이후 줄곧 미국 외교정책의 지배적 기조라 할 수 있는 자유주의적 국제주의가 여전히 온존하며, 아울러 미국 외교정책 결정 과정의 공화당-민주당 간 초당적 협조 수준은 크게 달라지지 않았다는 반론도 존재한다.(Chaudoin, Milner, Tingley 2010)

년 약 40년 만에 하원 다수당이 되었고, 보수 혁명을 이끌었던 공화당의 원내대표 뉴트 깅리치(Newt Gingrich)는 하원의장에 등극한다—이 의회에서 한반도 문제(보다 정확히는 북핵 문제)에 관한 가장 큰 정당 간 이견이 본격적으로 노출되기 시작한 시기로 기록된다.(Forrester 2007, 1) 냉전 종식 이전까지 한반도 문제를 접근하는 데 있어 미국 의회 내에는 정파와 상관없이 줄곧 한·미 동맹에 대한 굳건한 지지와 한국의 경제적 부흥에 대한 지원이라는 큰 합의가 존재했다고 할 수 있다. 그러나 냉전의 종식에 이은 북핵 문제의 등장은 미국 의회 내에서 문제 해결 방식을 둘러싼 견해차를 드러내게 하였다. 당시 클린턴 행정부는 제네바합의를 도출해 내는 등 주로 개입 및 북한과의 대화를 중심으로 북핵 문제를 해결하고자 한 반면, 공화당 다수의 의회는 이에 대한 상당한 반감을 노출하였다. 북핵 문제 해법을 둘러싼 공화당 의회와 민주당 행정부의 갈등은 지속적으로 고조되었다. 결국 1999년 공화당이 조직한 북한 문제 자문 그룹(North Korea Advisory Group, NKAG)은 이 문제와 관련한 독자적 보고서를 출간하는데, 그 결론은 미국에 대한 북한의 위협이 주로 클린턴 정부 기간 동안에 형성되고 기인하게 되었다는 것이다.

앞서 설명하였듯이, 미국 의회 구성원들의 이념이나 세대, 소속 정당의 차이에 따라 다양한 견해차가 존재한다. 그러나 한반도가 미국의 국익에 중요한 부분을 차지하는 이상 미국 의회 구성원들의 한반도에 대한 관심이나 한·미 동맹에 대한 기본적 지지는 지속되리라 판단된다. 실제로 2007년에 미국 워싱턴 소재 국제전략문제연구소(CSIS)가 전·현직 상원 의원들을 포함한 의회 구성원들을 대상으

Long–Term Military Bases

Do you think the united states should or should not have long–term military bases in the following places? (% Should have)

	Republican leaders	Republican public	Democratic leaders	Democratic public	Independent leaders	Independent public	Overall public
South Korea	94	70	88	61	79	63	64
Germany	70	62	71	53	51	57	57
Japan	92	60	80	50	62	58	55
Guantanamo Bay in Cuba	78	67	20	42	32	49	51
The philippines	84	56	67	47	67	52	51
Kuwait	71	55	55	47	45	42	47
Afghanistan	52	50	31	42	30	38	43
Turkey	73	47	65	40	60	43	43
Australia	72	44	61	38	53	43	42
Iraq	45	49	18	40	24	35	41
Pakistan	21	43	18	40	16	31	37
Poland	86	39	53	32	53	39	37

THE CHICAGO COUNCIL ON GLOBAL AFFAIRS

출처 : 2014 Chicago Council Survey of American Opinion on US Foreign Policy, p. 8

그림 14 미국 외교 엘리트들의 주한 및 해외 미군 주둔 필요성 인식 조사

로 한 조사 결과에 따르면, 응답자들은 동북아에서 한·미 동맹의 유지가 중요하며 그것이 미국의 국익에 부합한다. 다수의 응답자들이 한·미 동맹의 유지와 관련해 언급한 대표적 명분으로는 ① 동북아에서 미국의 위상을 유지하는 것(maintaining a U. S. presence in North-east Asia), ② 북한의 도발을 억지하는 것(deterring North Korea), ③ 중국의 부상을 견제하고 대비하는 것(hedging against a rising China) 등이 제시되었다.(Forrester 2007) 다시 말해서 이 세 가지 요인이 미국의 사

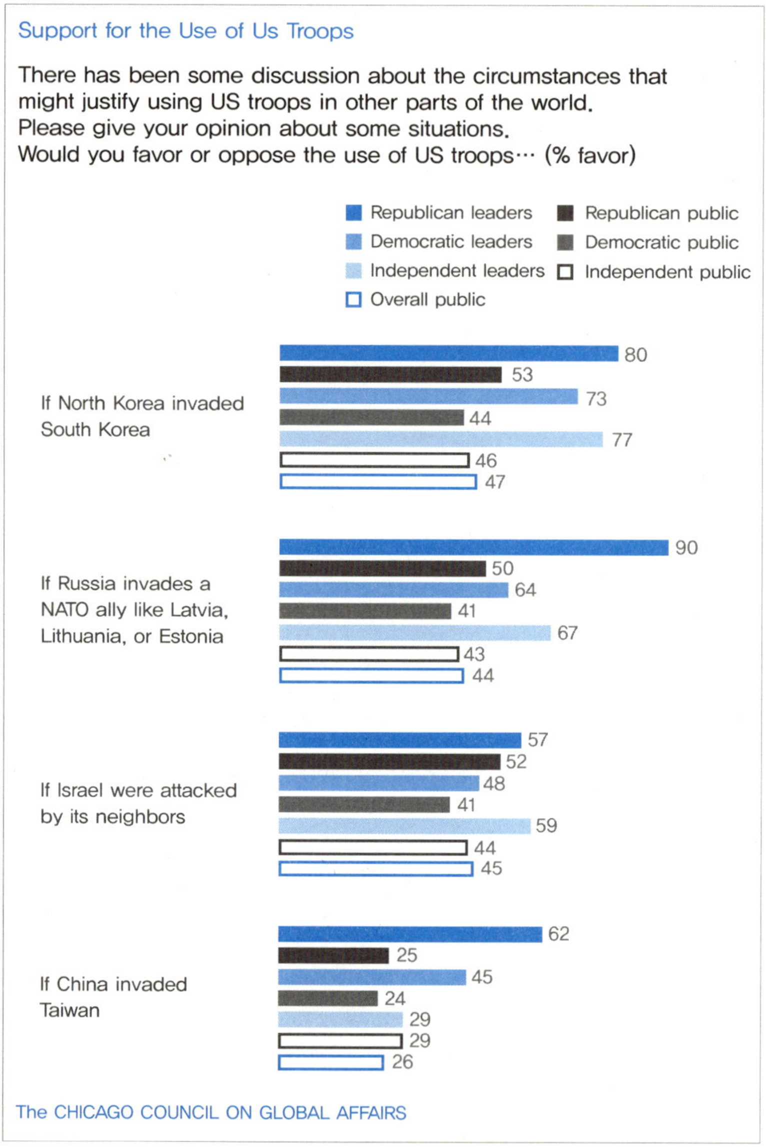

출처 : 2014 Chicago Council Survey of American Opinion on US Foreign Policy

그림 15 미국 외교 엘리트들의 한국에 대한 군사적 방어 의지 조사

활적 이해(vital interests)로 존재하는 한, 한반도와 한·미 동맹의 중요성에 대한 미국 의회 구성원들의 서로 다른 수준의 인식과 관심에도 불구하고 미국 의회의 한·미 동맹에 대한 지지가 지속될 수 있다는 것을 의미한다.

미국의 주요 정치 엘리트들이 한반도를 미국의 국익을 수호하는 데 있어 주요하게 받아들인다는 사실은 최근 시카고국제문제협회(Chicago Coucil on Global Affairs)가 조사한 엘리트 의견 조사에서 경험적으로 뒷받침된다. 시카고국제문제협회는 2014년에 미국 외교정책의 오피니언 리더라고 할 수 있는 668명의 응답자를 대상으로 여론 조사를 실시하였다. 조사 대상에는 행정부, 의회, 학계, 싱크탱크, 미디어, 이익 집단과 비정부 기구(NGOs), 종교 관련 종사자, 노동조합과 기업 집단 등 미국의 외교정책 형성 과정에 직접 연루되거나 간접적 영향을 행사할 수 있는 사회 각 부문의 여론 주도 계층이 모두 망라된다. 참고로 조사에 포함된 응답자들의 정당 성향 분포는 약 46%가 민주당, 17%가 공화당 그리고 37%가 무당파 성향이었다.

이 조사에서 한반도 문제 또는 한·미 동맹과 관련해 눈에 띄는 문항은 주한 미군의 주둔 필요성에 대한 미국 외교 엘리트들의 인식이다. 민주당·공화당·무당파 등 당파성에 상관없이 미국 외교 엘리트들은 한국을 미군 주둔이 가장 필요한 지역으로 모두 꼽았으며, 특히 공화당 리더들의 필요성 인식은 94%에 다다른 것으로 나타났다.(그림 14 참조) 이와 유사한 물음으로 한반도에서 북한의 남침으로 새로운 전쟁이 발발했을 시 과연 미군을 투입해 한국을 방어할 것인가에 대한 물음에서도 미국 외교 엘리트들은 정파성에 상관없이 높은 지지를 보여 주었다. 특히 민주당이나 무당파 성향의 외교 엘리트들은 나토(NATO) 동맹국들이나 이스라엘에 대한 공격, 또는 중국의 타이완 공격 등의 경우보다 유사시 한반도 군사 투입에 대해 보다 높은 지지를 보여 주었다.

2) 여론 차원

미국은 오래되고 안정된 민주주의 정치 시스템을 유지하고 있다. 민주주의 사회에서 정치 엘리트들이 외교정책을 포함한 주요 정부 정책을 결정할 때 시민들의 견해를 잘 반영하는 것은 대의제(representation) 및 민주적 책임성(democratic accountability) 기제의 건전한 작동과 직결된다. 그러나 미국 외교정책에 대한 영향과 관련해서 전통적으로 여론은 큰 관심을 받지 못한 것도 사실이다.(Almond 1950 ; Lippman 1955) 이는 일반적으로 미국 국민들이 전쟁이나 사건이 발생하기 전에는 외교정책에 대해 별다른 지속적 관심을 보이지 않기 일쑤이고, 또한 정치 엘리트들과 유사하게 주요 외교적 사안에 직면해서는 다른 목소리를 내지 않고 정쟁을 멈추는 경향을 보여 왔던 데 부분적으로 기인한다.(Aldrich et al. 2006 ; Holsti 1996) 즉 대중들이 외교 문제에 큰 관심을 보이지 않고 또 관심을 갖더라도 주요 외교 쟁점에 대해 큰 이견을 표출하지 않는 가운데, 선출직 정치인들이 외교 문제와 관련해 특별히 여론에 관심을 갖고 신경을 쓸 만한 유인이 부족했던 것이다. 그러나 베트남 전쟁이 지속됨에 따른 대중의 피로와

반전 운동의 전개는 미국 대중들이 외교 문제에 큰 관심이 없다는 전통적 시각으로부터 이탈을 알리는 하나의 분수령이 되었고, 이후로 미국 여론과 외교정책의 관계에 대한 연구들이 보다 활발히 이루어지게 된다.(Holsti 1996)

미국의 외교정책 결정 과정에서 여론의 영향도 과거에는 별다른 주목을 받지 못하고, 다만 정책 결정자들이 여론을 무시할 때 미국의 국익이 가장 잘 지켜진다는 현실주의적 인식이 보다 지배적이었다고 할 수 있다.(Morganthau & Thompson 1985) 또한 실제로 외교정책 결과물에 대한 미국 일반 여론의 영향력은 이 시기에 그다지 크지 않았던 것으로 나타났다. 이와 관련해 의회 투표 기록을 근거로 워런 밀러(Warren E. Miller)와 도널드 스톡스(Donald E. Stokes)는 사회 복지나 시민권 관련 문제에 대해 지역 구민들의 영향이 유의미하게 나타나지만 외교적 사안에 대한 유권자들의 영향은 거의 전무하다고 결론 내린 적이 있다.(Miller and Stokes 1966) 그러나 베트남 전쟁 등 미국 여론에 큰 영향을 미친 굵직한 사건들을 거치면서 미국 일반 대중의 여론에 대한 관심 또한 더불어 진화했고, 그에 걸맞게 외교정책 결정자들이 대중의 여론을 신경 쓰고 있다는 이론적·경험적 증거들이 제시되기 시작했다.

이 중 가장 대표적인 이론은 민주평화론(democratic peace theory)인데, 이 주장에 따르면 민주주의 리더들은 전쟁 비용 부담에 대한 대중의 반대를 예상하기 때문에 쉽사리 전쟁 행위나 군사적 행동을 하지 못한다.(Doyle 1986 ; Maoz and Russett 1992) 즉 정책 결정자들은 전쟁 수행의 결과에 대한 책임 문제를 신경 쓸 수밖에 없고, 이러한 국내적 제반 비용(audience costs)에 대한 고려는 외교정책 결정 과정에서 영향을 끼칠 수밖에 없다는 논리이다.(Fearon 1994) 결국 여론이 미국의 외교정책 결정 과정에 얼마나 영향을 행사할 수 있는가는 쉽게 판단할 수 있는 성격의 문제는 아니다. 하지만 적어도 대중의 영향이 외교정책 결정 과정에서 엘리트들의 행동에 미칠 수 있는 중요한 제약 조건임은 분명하다.(Adrich et al. 2006, 495)

그렇다면 최근 미국의 일반 대중들이 한반도 또는 한·미 동맹과 관련된 주요 쟁점에 대해 갖는 의견은 어떠할까? 시카고국제문제협회가 최근 조사하여 공개한 자료들을 통해 미국 일반 시민들의 생각을 분석해 보자. 우선 2014년 5월 6일부터 29일 사이에 미국 성인 2,108명을 대상(표본오차 ±2.5)으로 실시된 "Foreign Policy in the Age of Retrenchment : Results of the 2014 Chicago Council Survey of American Public Opinion and US Foreign Policy" 결과를 살펴보자.

이 조사에 포함된 모든 국가들(중국, 쿠바, 이라크, 이란, 러시아, 파키스탄 등 포함 26개국) 중에서 미국인들이 북한에 대해 갖는 호감도는 꼴찌로 나타났는데(100점 만점에 23점), 그럼에도 불구하고 미국인들은 군사적 행동이 필요할 만큼 북한에 의한 위협을 심각하게 여기지 않는 것으로 조사되었다.(2014 Chicago Council Survey, 27) 한편 같은 설문에서 한국에 대한 호감도는 55점으로 캐나다(79점), 영국(74점), 독일(65점), 일본(62점) 등에 이어 8위에 랭크되었다. 북한의 핵 개발 움직임을 사전에 차단하기 위해 북한의 핵 시설이나 주요 군사 시설에 대한 공습이 필요하느냐는 질문에 55%의 응답자가 반대한 반면, 오직

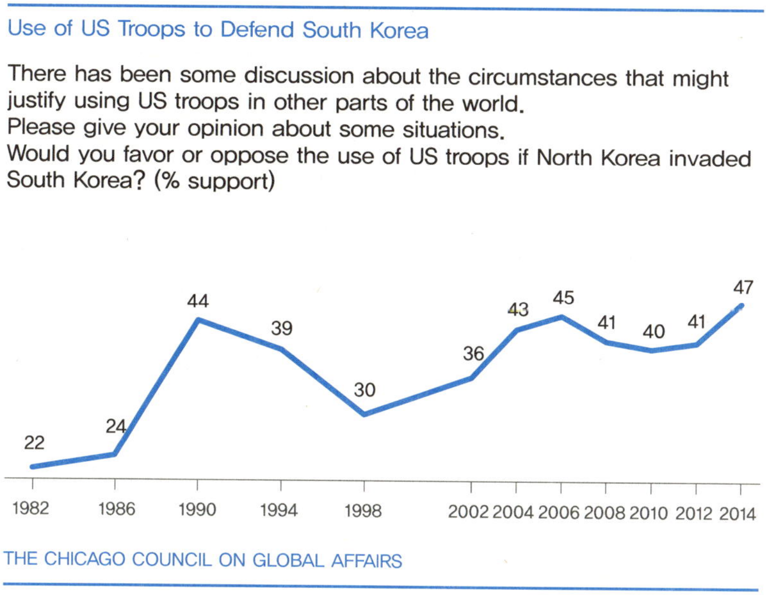

출처 : 2014 Chicago Council Survey of American Public Opinion and US Foreign Policy, p. 27

그림 16 미국 일반 국민들의 한국에 대한 군사적 방어 의지 조사

41%만이 찬성한 것으로 나타났다. 다음으로 북한이 남한을 공격한다면 한국을 돕기 위해 미군을 파견해야 하느냐는 질문에 51%의 응답자가 반대한다고 응답한 반면에 오직 47%의 미국 시민들만 그렇게 해야 한다고 응답했다. 물론 군사 개입에 반대한다고 응답한 수보다 찬성한다고 응답한 수가 조금 낮다. 하지만 그럼에도 불구하고 동일한 문항 조사가 시작된 1982년 이래 이 수치는 가장 높은 응답치였다. 응답자들의 정당 일체감별로 살펴보면, 공화당 성향 유권자들이 전체 평균치보다 더 높은 53%로 나타났으며 민주당 성향 유권자들은 44%로 조금 낮게, 그리고 무당파는 평균치와 유사한 46%

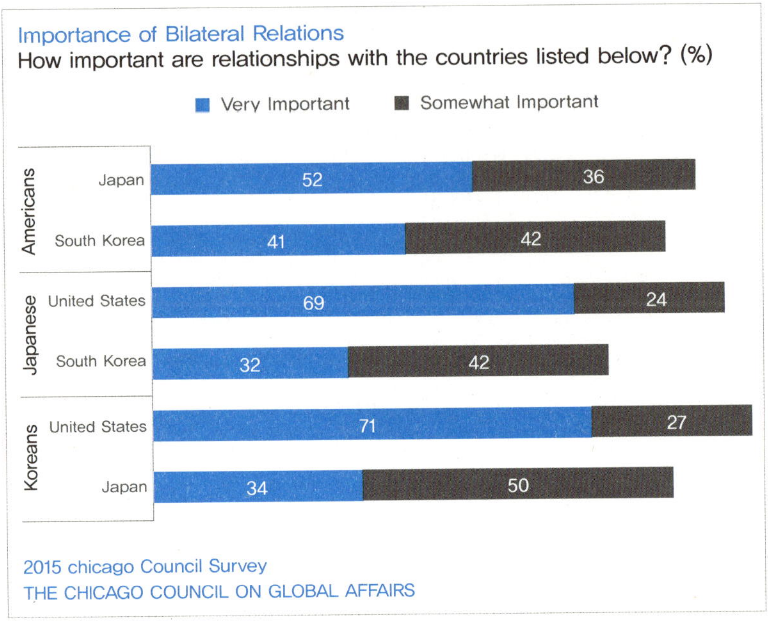

출처 : Friedhoff and Smeltz(2015), p. 13

그림 17 한·미·일 3개국 시민들의 한·미·일 삼각 동맹 중요성 인식 조사

로 나타났다.

앞에서 언급했다시피, 미국이 한·미 관계에서 가장 우려하는 변수 또는 잠재적 도전 요인은 한·미·일 삼각 동맹의 필요성에 대한 한국과 일본 국민들의 인식 차이다. 즉 미국은 한·미 동맹과 한·일 동맹을 양자 동맹을 넘어 한·미·일 삼각 동맹으로 발전시켜 부상하는 중국을 효과적으로 견제하기를 원한다. 하지만 이런 미국인들의 기대와 달리 한국과 일본인들은 한·일, 한·미 동맹을 중요하게 받아들이면서도, 2015년 시카고국제문제협회가 실시한 연례 조사 결과에 따르면 한·일 동맹 또는 일·한 동맹의 필요성에 대해서는 크

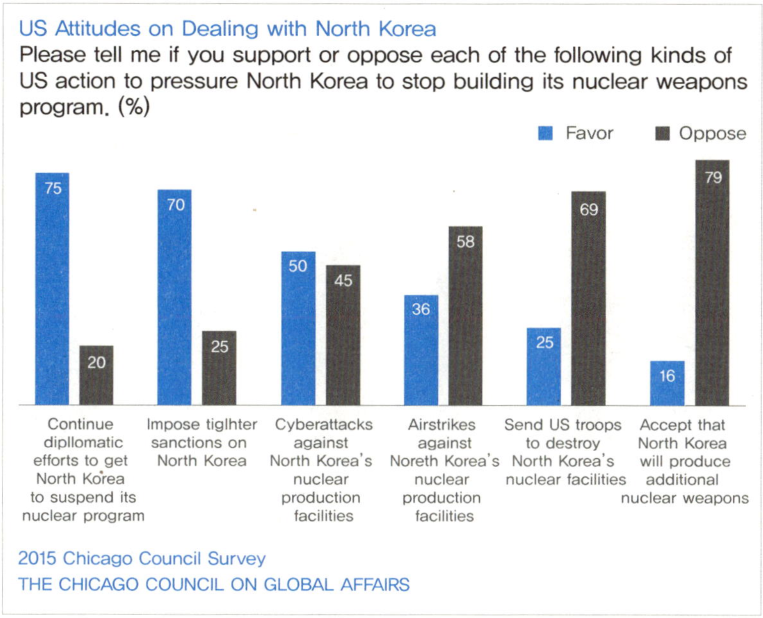

출처 : Friedhoff and Smeltz(2015), p. 13

그림 18 미국 일반 국민들의 북한 문제 해법에 대한 선호 조사

게 공감하지 못하는 것으로 나타났다. 한·일 국민들 상호 간의 높은 불신은 장기적으로 미국의 동북아 전략 구상을 위해 개선되어야 할 문제로 간주된다.(Friedhoff and Smeltz, 2015)

한·미 동맹의 지속에 있어 또 다른 관건은 북핵 위협의 심각성, 또는 북한 문제 해결 방법을 두고 한·미 양국 국민들이 가질 수 있는 인식 차 또는 견해차에 있다고 할 수 있다. 즉 북핵 위협이 고조됨에 따라 만약 미국 시민들이 북한의 핵 공격 위협을 크게 인식하고 북한의 핵 시설 또는 주요 군사 시설에 대한 미국의 선제 공격을 선호하게 된다면, 이는 한반도에서 긴장이나 전쟁을 원하지 않는 한국

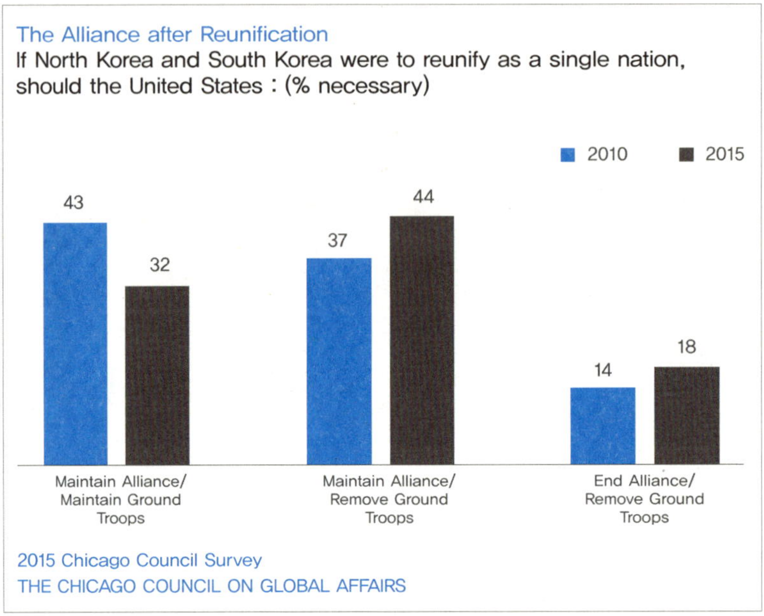

출처 : Friedhoff and Smeltz(2015), p. 15

그림 19 미국 일반 국민들의 한반도 통일 이후 한·미 동맹 선호 조사

국민들의 기대와 어긋나게 되기 때문이다. 그러나 2015년 조사 결과에 따르면, 여전히 미국인들의 다수는 북한 문제를 해결하기 위한 외교적 수단 또는 경제적 제재 조치를 군사적 수단의 동원보다 선호하는 것으로 나타났다. 외교적 수단에 대한 선호가 75%로 높게 나타났고, 공군에 의한 주요 시설 타격에 대한 반대(58%), 미국 지상군 투입을 통한 북한 핵 시설 파괴에 대한 반대(69%)도 비교적 높은 선호로 나타났다.

마지막으로 과연 한반도 통일 이후에 한·미 동맹이 어떻게 변화해야 하며 주한 미군이 과연 철수해야 하느냐는 물음에 대한 미국 일반 국민들의 선호 조사를 살펴보자. 이 또한 한·미 동맹의 장기적 발전을 위해 반드시 풀고 넘어가야 하는 숙제임은 분명하다. 일단 2010년이나 2015년 모두 미국 국민들 다수는 한반도 통일 이후에도 한·미 동맹이 지속되어야 한다는 응답이 동맹을 끝내야 한다는 응답보다 높은 것으로 조사되었다. 다만 2010년에 비해 2015년에는 동맹은 유지하되 주한 미군이 한반도에서 철수해야 한다는 응답이 주한 미군이 계속 주둔해야 한다는 응답에 비해 소폭으로 상승한 것이 눈에 띄는 변화라 할 수 있다(37%에서 44%로 7%포인트 상승).

2016년 대선에서 미국 내 이른바 트럼프(Trump) 현상이라 불리는 신고립주의 경향이 나타나고 그와 맞물려 주한 미군 철수 또는 조정 논의가 불거졌다는 점에서 이러한 수치 변화는 그 추세를 살펴볼 필요가 있을 것이다. 그러나 위의 주요 외교정책 결정자들의 의견에서 엿볼 수 있듯이, 미국의 주요 정책 결정자들이 주한 미군의 전략적 가치와 필요성에 대해 여전히 높게 평가하고 있다는 사실도 잊어서는 안 된다.

6. 마치며

한·미 동맹은 해리 트루먼 대통령이 한국전쟁에 개입을 결정한 이래 60년 이상 지속되어 왔다. 또한 1991년 소련 붕괴와 냉전의 종식 이전까지 한반도에 대한 미국의 전략적 접근법은 소련과 북한 등 공산주의 세력에 대한 효과적 봉쇄 그리고 이념적으로 자유주의적 국제주의 기조라는 큰 틀을 벗어나지 않았다고 해도 과언이 아니다. 따라서 이 기간 동안 미국에서 국내 정치적으로도 한반도 정책을 둘러싼 큰 이견이 발견되지 않으며, 한반도 문제는 큰 정쟁의 대상이 아니었다.

그러나 냉전의 종식, 한국의 경제 성장, 중국의 부상 그리고 북핵 위협의 등장은 한반도 문제에 대한 미국의 국내 정치적 관심을 환기시켜 주었다. 냉전의 종식과 함께 등장한 빌 클린턴 행정부는 한·미 간 무역 불균형 문제와 한국의 시장 개방 문제를 빈번히 들고 나왔으며, 이 시기를 시작으로 한·미 간 통상 마찰이 본격화되었다고 해도 과언이 아니다. 또한 북핵 문제의 등장과 클린턴 정부의 대화를 통한 해결법에 대한 공화당 중심 의회의 불만과 비판은 한반도 문제의 해법을 둘러싸고 공화당-민주당 간의 큰 이견을 노출시키게 했다. 특히 이것은 비슷한 시기에 가속화되기 시작한 미국 의회의 정당 양극화와 맞물려 발생하기도 했다. 즉 북·미 간 제네바합의가 체결된 1994년 미국 공화당은 거의 40년 만에 의회 내 다수당 지위를 확보하게 되었고, 이로써 클린턴 행정부의 유화적 대북 정책에 대한 의회 내 다수당인 공화당의 큰 반대는 분점 정부(divided government)와 의회 양극화의 물결 속에서 격랑에 휩쓸리게 된다.

물론 한반도 문제를 둘러싼 미국의 국내 정치적 갈등 요인은 여전히 현재진행형이다. 미국의 한반도 정책은 미국의 동아시아 정책의 큰 맥락 그리고 미국의 국내 정치적 역학 관계와 맞물려 나날이 복잡성을 더해 가고 있다. 앞에서 언급했듯이, 한반도는 미국에 있어 군사적·경제적·정치적으로 중요한 지역임은 분명할 것이다. 다만

한·미 관계에는 앞으로 중국의 부상, 한·일 갈등, 북핵 문제 등 넘고 풀어야 할 과제들이 산적해 있다. 물론 이러한 과제들은 향후 한·미 관계의 성격 또는 미국의 한반도 정책 결정에 큰 변화를 불러올 수 있는 주요한 변수들이다. 따라서 이러한 변수들에 영향을 미칠 수 있는 대내외적 정책 결정 요인들에 대한 면밀한 분석이 필요하다. 앞서 미국의 한반도 정책에 영향을 행사할 수 있는 요인들을 다각적으로 살펴보았다. 향후 이와 관련한 후속 연구들이 더 심층적으로 이루어져야 할 것이다.

제 6 장

2016년 미국 대선의 의미와 아시아 정책 전망

2016년 11월 8일 화요일에 치러진 미국 대통령 및 의회 선거에서 미국 국민들은 제45대 대통령으로 도널드 트럼프(Donald Trump) 공화당 후보를, 제115대 의회 상·하원 다수당으로 공화당을 선택하였다. 각종 여론 조사 및 전문가 예상과는 다른 결과였음에 틀림없다. 후보 등장부터 경선 기간 그리고 본선에 이르기까지 막말을 일삼고 자질 시비를 불러일으켰던 도널드 트럼프 후보가 백악관의 주인이자 '세계의 대통령'이 된 배경과 이유에 대해서는 앞으로 종합적인 연구가 필요하다. 분명한 사실은 2016년 대선 기간 내내 주목받았던 백인 저소득층(white working-class)의 경제적 현실과 정치적 파급력에 대한 검토가 절실하다는 점이다. 또 특정 국가 비판에 머무르지 않고 미국 스스로 제2차 세계대전 이후 건설, 유지해 온 자유주의적 국제주의 국제 질서 전반에 대한 비판을 서슴지 않는 도널드 트럼프 대통령의 외교정책을 재검토할 필요가 있다.

사실 이번 선거는 버락 오바마 대통령의 연임 성공 및 퇴임 예정으로 인해 현직 대통령의 프리미엄은 없는 선거였다(open-seat race). 상원의 경우 전체 100명 중 공화당 현역 의원 24명, 민주당 현역 의원 10명이 재선에 도전함으로써 공화당은 수성이 쉽지 않은 상황이었음에도 불구하고 일리노이 주와 뉴햄프셔 주 두 곳에서 의석을 민주당에 뺏기는 데 그칠 정도로 선전하였다. 하원의 경우 제2차 세계대전 이후 가장 큰 의석 수 차이로 다수당 위치를 차지하고 있는 공화당의 입지가 약 10석의 패배에도 불구하고 여전히 단단한 편이다.

역사적 측면에서 보면 이번 선거는 1993년부터 8년간 빌 클린턴 대통령, 2001년부터 8년간 조지 W. 부시 대통령, 2009년부터 8년간 버락 오바마 대통령의 재임 이후 치러지는 대통령 선거였다. 미국이 건국된 이후 3회 연속 현직 대통령이 재임에 성공한 사례는 1801년부터 8년간 토머스 제퍼슨, 1809년부터 8년간 제임스 매디슨, 1817년부터 8년간 제임스 먼로 대통령의 경우가 유일하다. 이 점을 고려하면 이번 선거는 대단히 예외적인 선거였다고 볼 수 있다.

2016년 대선을 분석하고 그 이후를 전망하는 데 필수적인 사항은 지난 2012년 대선이 어떻게 치러졌고 어떤 요인에 의해 민주당 현직 대통령 버락 오바마 후보가 승리할 수 있었는지에 대한 검토이다. 2012년 대선에서는 공화당의 밋 롬니(Mitt Romney) 후보가 미국의 카운티 단위 성적만 놓고 보면 선전하였으나, 결국 인구가 밀집된 도시와 교외 지역에서 오바마 후보가 승리함으로써 승자 독식

(winner–takes–it–all) 선거인단 선거에서 우위를 점하였다. 또한 이른바 경합주(swing states)로 분류된 10여 개 주 가운데 노스캐롤라이나 주를 제외하고 오바마가 모두 승리를 거둠으로써 완승을 거두었던 선거였다.

무엇보다도 오바마 대통령의 2012년 대선 승리의 요인으로는 라티노 유권자들과 아시아계 유권자들의 압도적 지지(70%)를 꼽을 수 있다. 비록 2012년에는 다시 뒤집어졌지만 2008년 대선에서 노스캐롤라이나 주에서의 승리가 이것을 상징적으로 보여 준다. 사실 노스캐롤라이나 주는 1976년 지미 카터 민주당 후보 이래 단 한 번도 민주당 후보가 승리를 거두지 못한 보수적인 주였다.

민주당의 약진은 노스캐롤라이나 주와 같은 미국의 남부 주들에서 벌어지고 있는 인구 사회적 변동과 관계가 깊다. 주로 북동부에 거주하던 인구들이 날씨, 기업 환경, 치안 등의 이유로 남부주로 이주하고 있고, 이들이 자신들의 기존 진보적 정치 성향을 그대로 유지하여 남부 주의 대통령 선거 경쟁 양상에 영향을 미치고 있는 것이다. 추가적으로 버락 오바마 대통령은 재임 기간 중 오사마 빈 라덴(Osama Bin Laden)을 사살함으로써 전통적으로 공화당 우위였던 국가 안보 이슈에서 밀리지 않았고 또 이를 잘 홍보하였다("Bin Laden is Dead, GM is Alive"). 또한 2012년 10월 당시 거대한 규모의 허리케인 샌디가 미국 동남부를 강타했을 때 선거운동을 중단하고 이에 대처함으로써 대통령으로서 위기 관리자 면모를 발휘하였고, 뉴저지 주의 공화당 주지사 크리스 크리스티(Chris Christi)와도 재난에 대비하여 협력하는 모습을 보인 바 있다.

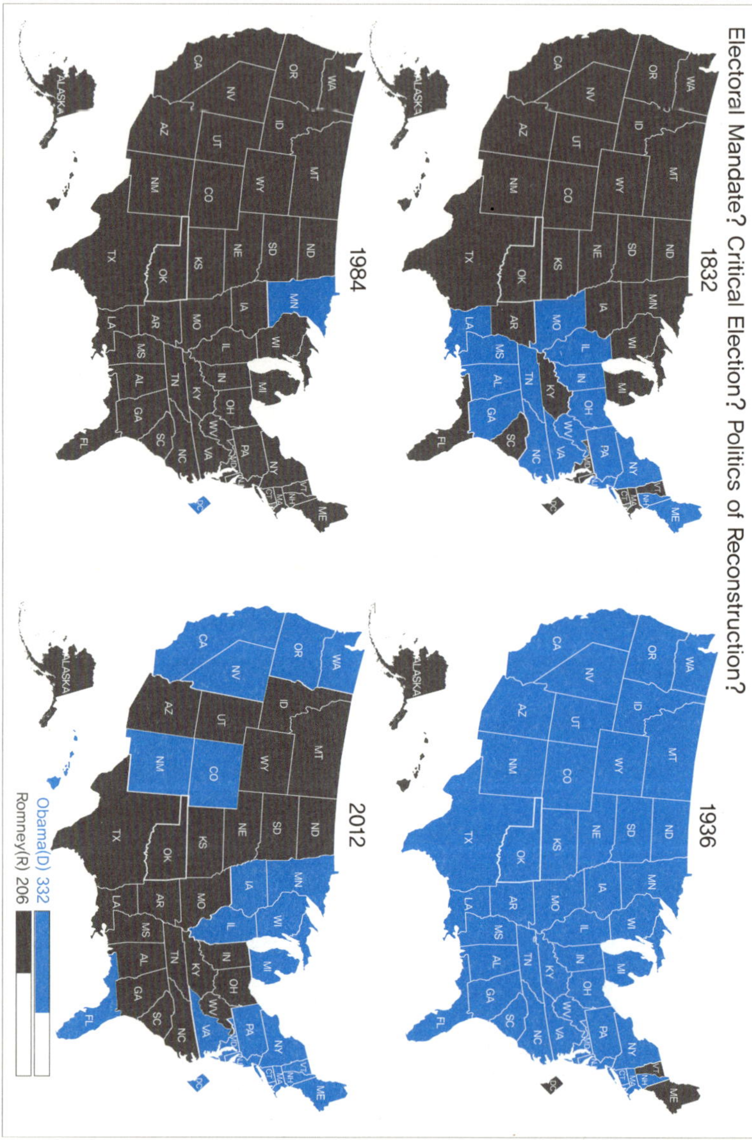

출처 : www.270towin.com

그림 20 미국 역사상 중대 선거들

마지막으로 미국 대선의 중요성을 고려할 때 자주 거론되는 점은 과연 이번 대선이 이전과 별 차이 없는 현상 유지적인 선거가 될 것인가 아니면 미국 정치판을 새로 짜는 쓰나미 선거(tsunami elections/wave elections) 내지 중대 선거(critical elections)가 될 것인가의 여부이다. 미국 역사를 돌아볼 때 현직 대통령들이 재선 압승을 통해 미국 정치를 근본적으로 개혁한 사례들이 있는데, 그림 20 왼쪽 위의 1828/1832년 선거와 앤드루 잭슨 대통령의 경우 대중의 정치 참여를 확립한 잭슨식 민주주의(Jacksonian Democracy)를 개창하였다. 오른쪽 위 1932/1936년 선거 당시 프랭클린 루스벨트 대통령은 뉴딜 시대를 통해 적극적 정부 개념을 정립하였고, 왼쪽 아래 1980/1984년 선거에서 로널드 레이건은 이른바 레이건 혁명을 통해 다시 작은 정부 시대로 전환시킨 사례들이 그 예이다. 그림 20의 오른쪽 아래 선거 결과에서 알 수 있듯이 2012년 오바마의 재선은 이러한 중대 선거로 분류하기에는 다소 무리가 따르는데, 2016년 대선 결과 또한 중대 선거로 보기는 어렵다. 힐러리 클린턴이 득표수에는 앞서는 것으로 나타난 만큼 어느 한쪽의 완승이라고 판단할 수 없기 때문이다.

1) 2016년 미국 대선의 의미

민주당의 힐러리 클린턴처럼 크게 앞서가는 후보가 없던 공화당은 2015년 8월 폭스 뉴스(Fox News) 후보 토론회를 기점으로 거의 14개월여에 걸친 경선과 본선을 통해 도널드 트럼프를 백악관으로 입성시키는 데 성공했다. 이른바 8년 주기설을 확증이라도 하듯 1992년, 2000년, 2008년에 이어 2016년 미국은 또다시 새로운 정당이 정권을 맡게 됨으로써 정치, 경제, 사회, 국제 문제에서 적지 않은 변화를 예고하고 있다. 특히 아웃사이더이자 비즈니스 부문 출신의 도널드 트럼프 후보가 몰고 올 미국 정치 변화의 바람은 그 크기와 세기를 현재로서는 가늠조차 하기 어려운 상황이다. 앞으로 더욱 체계적인 분석이 요구되는 트럼프 시대이지만 우선 2016년 미국 대선을 돌아보며 전망해 보자면 다음과 같은 점이 고려될 수 있다.

첫째, 중서부 러스트 벨트(Rust Belt) 주들의 반란이 주목할 만하다. 2016년 대선 이전에 경합주로 분류되던 주들 가운데 오하이오 주, 플로리다 주, 노스캐롤라이나 주, 아이오와 주를 모두 도널드 트럼프가 가져가더라도 여전히 힐러리 클린턴이 선거인단 경쟁에서 우위를 점할 수 있다고 한 분석의 근저에는 중서부에 위치한 쇠락한 공장 지대 지역의 민주당 지지가 견고할 것이라는 전망이 자리 잡고 있었다. 그런데 뚜껑을 열어 본 결과 1988년 이래 줄곧 민주당을 지지했던 필라델피아/피츠버그 중심의 펜실베이니아 주가 도널드 트럼프를 지지하였고, 도널드 트럼프와 내내 불편했던 공화당 하원의장 폴 라이언(Paul Ryan)의 본거지인 위스콘신 주와 자동차 노조(UAW)의 영향력이 큰 미시건 주조차 공화당 지지로 돌아선 이변이 생겼다. 역사적으로 볼 때 1920년대 뉴딜 시대 이전만 해도 중서부 지역은 공화당이 강세였지만 미국 경제가 호황을 누리던 뉴딜 시대에는 민주당 지지를 확고히 했던 바 있다. 이번 대선에서 주목 받았던 백인 노동자 계층 밀집도가 높은 이들 중서부 러스트 벨트 주들

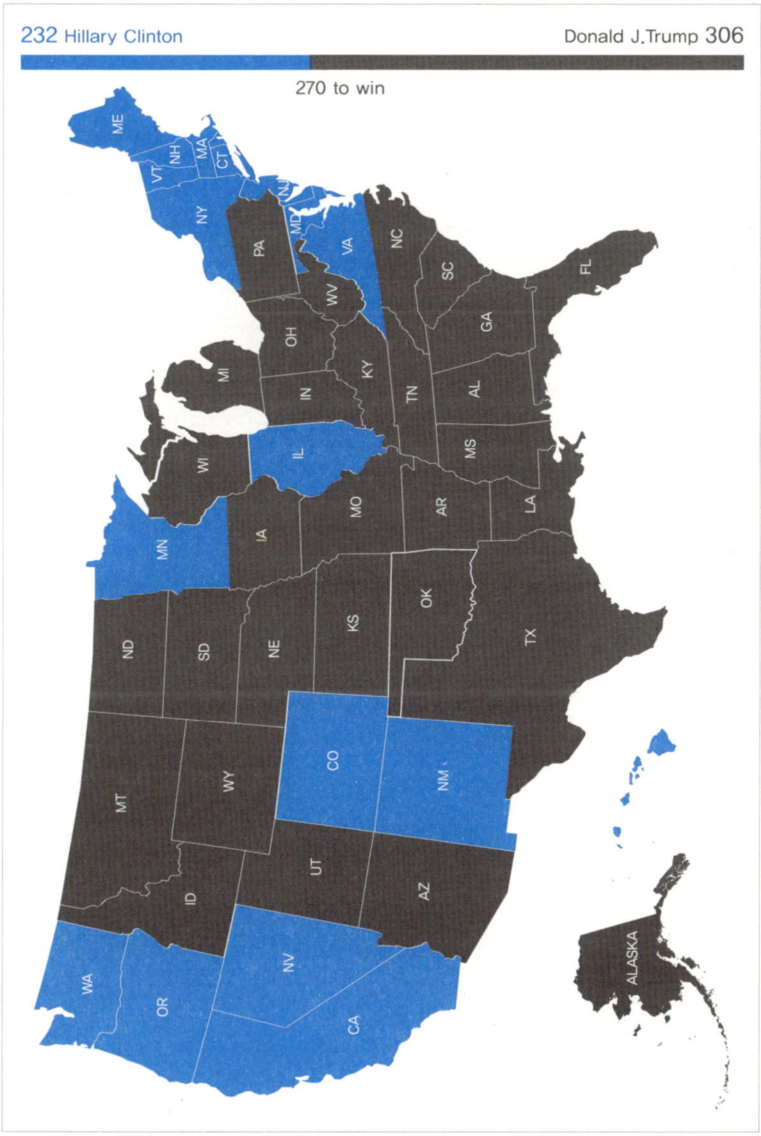

출처 : www.270towin.com

그림 21 2016년 미국 대선 결과(2016년 11월 11일)

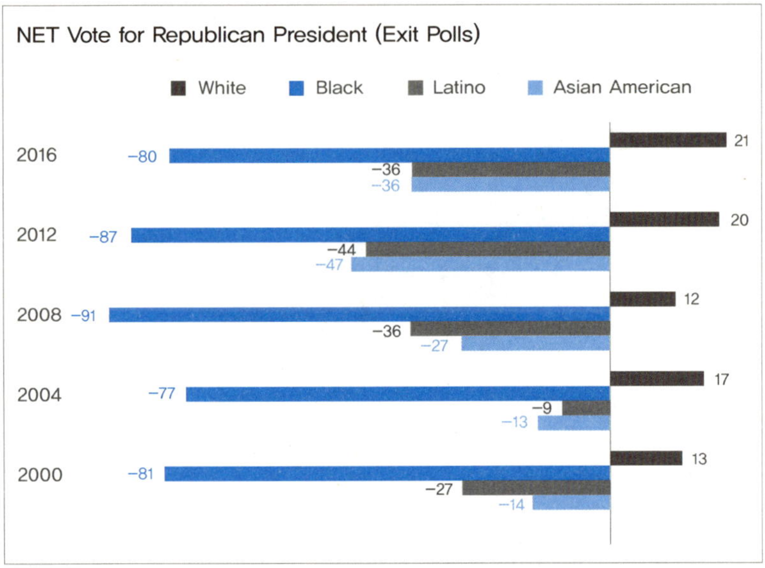

그림 22 역대 미국 대선의 인종별 정당 지지 변화(공화당 지지로 계산)

의 경우 1990년 빌 클린턴 시대 이후 지속되어 온 민주당의 중도편향 추세에 실망한 것으로 보이며 힐러리 클린턴의 기성 정치권 이미지도 크게 작용한 것으로 보인다.

하지만 이번 대선 결과를 놓고 중서부 주들의 성향을 민주당 반대/공화당 지지로 결론짓기에는 아직 이르다. 왜냐하면 출구조사 등의 분석 결과 위스콘신 주, 펜실베이니아 주, 미시건 주들의 경우 민주당 지지자들 중 상당수가 힐러리 클린턴에게 표를 던지지 않고 집에 머무는 선택을 한 것으로 보이기 때문이다. 예를 들어 위스콘신 주의 경우 도널드 트럼프는 2012년 밋 롬니와 비슷한 규모의 표를 얻었던 반면, 힐러리 클린턴은 2012년 버락 오바마의 160만 표보다 약 24만 표를 덜 획득한 것으로 드러났다.

둘째, 정체성 선거 퇴조와 정책 선거의 부활 가능성이다. 2016년 대선에서 힐러리 클린턴이 유리할 것으로 전망되었던 이유 중의 하나는 2008년과 2012년 선거에서 연달아 승리한 오바마 선거 연합("Obama Coalition")의 존재감이 꼽혔다. 양극화 시대에 새로운 정책적 돌파구가 안 보이는 마당에 라티노, 흑인, 여성, 청년, 동성애자들을 정체성(identity)으로 묶어 연합 전선을 형성하면 선거 승리 가능성이 높다는 점을 버락 오바마가 2번 연속 증명해 보였기 때문이다. 그런데 2016년 대선의 특이점 중의 하나는 이른바 오바마 선거 연합의 구성 요소들이 이전만큼 힐러리 클린턴을 지원하지 않았다는 점이다. 투표에 참여한 이들을 대상으로 한 출구 조사에서도 이러한 점이 두드러지는데, 그림 22을 보면 도널드 트럼프에게 성범죄자 취급을 당했던 라티노나 비하 발언의 대상이었던 여성 유권자들이 예상만큼 힐러리 클린턴에게 몰표를 던지지 않았다는 것을 알 수 있다.

오히려 흑인, 라티노, 아시아계 모두 2012년 및 롬니 때보다 2016년 도널드 트럼프에게 더 표를 던진 것으로 나타났다. 어떤 이유에서건 투표에 참여하지 않은 소수 인종들의 수를 고려해 본다면 더욱이 오바마 선거 연합은 그 효용성에서 한계가 드러났다고 보인다. 이는 지표상으로 나타나는 미국의 경제 회복 실적과 달리 중산층 붕괴, 양극화 심화 등이 가져온 경제적 박탈감이 인종 간 정치적 차이를 넘어설 정도로 예상보다 훨씬 광범위하기 때문인 것으로 해석해 볼 수 있다. 트럼프 비방에만 몰두한 나머지 선거 운동 기간 내내 분명한 미래 비전 메시지를 제시하는 데 실패한 힐러리 클린턴에 대한 실망감과 이민 문제, 테러 문제 등에서 강경하고 확실한 입장을 취했던 도널드 트럼프에 대한 기대감이 2016년 대선 결과를 결정했다고 볼 수 있는 대목이다.

셋째, 선거 운동 방식의 변화와 정치 자금 역할에 대한 재평가 필요성이다. 도널드 트럼프의 경우 자신이 부동산 재벌이지만 선거 운동 기간 중 자기 돈을 별로 들이지 않았을 뿐만 아니라 힐러리 클린턴에게 정치 자금 측면에서 늘 2대1의 열세를 면치 못했다. 선거 전망에서 힐러리의 우세를 점쳤던 측의 논거 중 하나가 힐러리 클린턴 캠프의 그라운드 게임(ground game), 즉 가가호호 방문과 전화 통화를 통한 지지 운동에 있어 트럼프를 압도한다는 점이었다. 다시 말해 이전에는 선거 막바지에 이를수록 30초짜리 TV 캠페인 광고가 중요해짐에 따라 비축해 놓은 선거 자금을 풀어 물량 공세를 해야 한다는 것이 정설이었다. 또한 바닥을 훑어 나가며 지지와 투표를 독려하는(Get–Out–The–Vote) 선거 운동을 위해서는 막대한 액수의 선거 자금이 절대적으로 필요했다. 이러한 선거 자금의 결정적 중요성 때문에 서민층을 대변하던 민주당조차 월스트리트와 대기업 쪽의 눈치를 살피게 되었다는 점이 최근 연구 결과로 드러났다.(Hacker and Pierson 2012)

그런데 2016년 대선 과정에서 도널드 트럼프는 주로 대규모 군중 집회와 트위터(Twitter) 선거 운동에 집중하였다. 선거 운동원들을 확보하여 현장에 투입하느라 큰돈을 써야 할 이유도 없었고, 본인 개인 트위터 계정을 통해 심지어 새벽 시간에도 자기가 하고 싶은 얘기를 시시각각 유권자들에게 설파하였고, 이를 싫든 좋든 주류 언론이 (공짜) 기사로 전달해 주는 역할을 하게 만든 것이다. 만일 도널드 트럼프 식의 새로운 선거 운동 방식이 소셜 미디어 시대에 정석으로 자리 잡게 된다면 기존에 제시되어 온 막대한 선거 자금의 필요성에 대해 의문이 제기될 것이고, 이것은 곧 돈으로부터 좀 더 자유로운 미국 정치와 정당 정책을 만들어 낼 수 있을 것으로 전망된다.

마지막으로 양극화 정당 정치 시대의 변화 가능성이다. 2016년 대선이 마무리되면서 남긴 가장 큰 숙제는 양당 공히 새로운 방향 설정(soul searching)의 필요성이라고 볼 수 있다. 예상과 달리 선거에서 패배한 민주당의 경우 거의 마지막 중도파 정치인이었던 힐러리 클린턴의 퇴장을 계기로 하여 급속도로 진보 세력화할 가능성이 크다. 특히 그동안 지지 세력으로 당연시해 왔던 백인 노동자 계층의 신뢰와 지지를 어떻게 다시 회복할 것인지에 대해 깊은 고민에 빠져들게 될 것인데, 2017년 제115대 상원 민주당 원내총무인 척 슈머(Chuck Schumer) 뉴욕 상원의원과 2016년 경선 기간 내내 진보파의 지지를 한 몸에 받았던 버니 샌더스 상원의원으로 대표되는 민주당 내 중도 대 진보 노선의 경쟁이 더욱 치열해질 것이다.

하지만 앞서 지적한 대로 반(反)월스트리트 정서가 팽배한 데다 새로운 선거 방식으로 인해 월스트리트 정치 자금의 중요성이 약화되는 상황이라면 2020년 민주당 식의 포퓰리즘 선거 전략에 대한 관심이 커질 것이다. 또한 공화당의 경우 만만치 않은 정당 변혁(party transformation) 문제가 나타날 것으로 보이는데, 2016년 전당 대회를 통해 적당히 봉합한 도널드 트럼프 후보와 공화당 주류 간의 입장 차이가 도널드 트럼프 대통령 시대 공화당 의회와 어떻게 조율될 것인지 주목할 필요가 있다. 만일 도널드 트럼프 대통령이 선거 운동 기간 동안 제시했던 정책 방향으로 움직이고자 한다면 여전히 자유무역과 이민 포용을 선호하는 비스니스 부문의 시원을 외면할 수 없는 공화당 의회가 이를 순순히 입법화할 것인지 분명치 않은 상황이다. 그런 차원에서 2018년 중간 선거를 앞두고 도널드 트럼프 대통령과 공화당 의회는 주로 합의가 용이한 분야, 즉 중산층 세금 감면, 오바마케어(ObamaCare)의 수정 또는 폐지, 기후변화 관련 환경 정책 전면 수정 등에 정책 초점을 맞출 것으로 보인다.

결론적으로, 2016년 대선은 아웃사이더 도널드 트럼프의 승리와 기존 정치 대변인 힐러리 클리턴의 패배로 정리할 수 있다. 하지만 전체 유권자의 득표 상황을 놓고 볼 때 힐러리 클린턴이 오히려 도널드 트럼프보다 더 득표 수가 많았고 기존 경합주에서 이전의 민주당 지지자들의 투표 포기가 결국 트럼프 신승(辛勝)의 요인이었다는 점을 고려할 때 성급한 결론은 금물이라 할 수 있다. 포퓰리즘으로 당선된 도널드 트럼프의 경우 분노한 백인 유권자들에게 손에 잡히는 정책 성과물을 신속히 쥐어주어야 하는 부담감이 크다고 할 수 있다. 이미 글로벌 경제의 한복판에 미국 경제가 자리 잡고 있고 정치 경험이 풍부한 상원의원들이 버티고 있는 미국 의회를 고려해 본다면 2020년 이후에도 도널드 트럼프 대통령 시대가 지속되리라고 전망하기는 쉽지 않은 상황이다.

2. 2016년 미국 대선과 동아시아 관계 전망

2016년 미국 대선에서도 예외 없이 후보들이 군사, 안보, 무역, 환경, 인권 등과 관련이 있는 중국 문제에 대한 자신들의 입장을 밝혔다. 공화당 후보들의 경우 마르코 루비오(Marco Rubio) 상원의원을 비롯한 국제주의자들도 무역과 영토 등 현안에 대해 중국에 할 말은 하겠다는 식의 입장을 피력하였다.(Rubio 2015) 민주당의 경우 버니 샌더스 후보가 중국을 비롯한 일체의 자유무역협정에 대해 비판 수위를 높였다. 심지어 임기 말 오바마 행정부 또한 북한 제재를 둘러싸고 중국과의 공조보다는 일방적 강경책을 주도하였다. 이로 인해 2016년 6월 초 베이징에서 열린 제8차 미국과 중국 간 전략경제대화(US–China Strategic and Economic Dialogue, S&ED) 또한 순탄치 못한 진행으로 서로의 입장 차이만 확인한 채 종결된 적도 있다.

역사적으로 볼 때 미국 대선 과정에서 미·중 관계는 대부분 중국에 대한 부정적 이미지 묘사로 점철되어 왔다. 실제로 1979년 중국과의 국교 정상화 과정에서 "하나의 중국" 정책으로 인해 타이완과의 관계를 절연하게 되자 보수 공화당이 반발하였다. 다음 해 1980년 대통령 선거에서 공화당의 로널드 레이건 후보는 이러한 보수 정서를 대변하듯 당선되면 타이완에 전투기를 판매하겠다는 공약을 내세웠다. 이처럼 중국과의 관계 정상화 이후 미국 대선에서 중국 변수는 대부분 상수로서 작동해 왔는데 대권 도전자가 상대 정당 또는 현직 대통령의 중국 정책을 비판하는 내용이 주를 이루었다. 1992년 빌 클린턴의 "베이징의 도살자들" 발언과 2000년 조지 W.

부시의 "전략적 경쟁자" 주장이 그 예이다. 그렇다고 이러한 경우 실제로 대통령직을 수행할 때 대선 캠페인 당시의 반(反)중국 접근법이 정책으로 구체화된 적은 없다. 반대로 2008년 현직 대통령이 없는 대선 경쟁(open-seat race)에서 민주당 후보 버락 오바마는 공화당의 중국 정책을 비판하거나 중국과의 무역 이슈를 거론하지 않았다. 하지만 2008년 금융위기 한가운데서 백악관에 입성한 버락 오바마 대통령은 의료 보험 개혁(ObamaCare) 입법에 전력투구하였고, 이후 경제 위기 극복을 위해 수출에 눈을 돌리며 중국의 환율 조작 가능성을 제기하게 된다. 게다가 중국의 사이버 테러와 남중국해 분쟁 논란, 북한 제재 공조 불협화음 등으로 오바마 행정부 시기에도 중국과의 갈등과 긴장은 지속되었다. 다시 말해 대통령 선거 캠프의 '중국 때리기'가 당선 이후 행정부의 중국 정책에 미치는 영향에 대해서는 특별한 규칙성 또는 방향성이 발견된 것은 없다고 볼 수 있다.

2016년 미국 대통령 선거에서는 막말 정치인 도널드 트럼프가 중국과의 무역 역조 문제를 거론하면서 2016년 5월 "중국이 더 이상 미국 경제를 강간하는 것을 방치할 수 없으며 중국이 미국에 행하는 것은 역사상 가장 큰 절도에 해당한다(We can't continue to allow China to rape our economy, it's the greatest theft in the history of the world)"고 발언한 바 있다. 이미 도널드 트럼프의 거친 언사는 중국에서도 더 이상 뉴스거리가 아니다. 하지만 도널드 트럼프가 당선된 마당에 미·중 관계가 어떻게 변할지에 대해 중국 정부도 예측하기 어려워하고 있는 실정이다. 흥미로운 사실은 도널드 트럼프 후보가 인권 신장이나 정치적 자유 등 중국의 내정에 관련된 주제보다는 무역 문제 정도만을 집중 거론하는 데 대해 중국 내에서 도널드 트럼프의 호감도가 여타 국가와 비교해 볼 때 상대적으로 높다는 점이다. 실용적 비즈니스맨이자 공화당 후보인 도널드 트럼프의 당선으로 미·중 관계가 이념 또는 가치 논쟁에서 벗어나 경제적 실리 차원에 집중될 것이라는 낙관적 전망인 셈이다.

중요한 점은 안보, 무역, 이민 등의 현안에서 전통적 공화당의 입장과는 큰 차이를 보이는 도널드 트럼프 대통령 경우 의회 내 정당들과의 관계가 매우 복잡해질 것이라는 사실이다. 예를 들어 도널드 트럼프 대통령이 대선 캠페인에서 약속한 대로 보호 무역 조치가 담긴 법안을 의회에 상정한다면 정책 내용상 찬성 입장이지만 정책 제안자가 라이벌 공화당 대통령이라는 점 때문에 민주당 상원의원들 대부분이 난처한 입장에 처할 것이다. 반대로 같은 당 소속 대통령을 지지해야 하는 공화당 상원의원들의 경우 그동안 지켜 온 자유무역 원칙을 하루아침에 폐기하기는 쉽지 않을 것이다. 이는 안보와 이민 등 이슈에서도 마찬가지라서 도널드 트럼프 대통령의 임기 동안 미국 행정부-의회 관계, 정당 정치는 상당 기간 혼란에 빠져들 가능성이 크다.

한편 동아시아 지역에서 미국의 전략적 목표는 이 지역에서 미국의 이익을 어떻게 보호해야 하는가에 초점이 맞추어져 있다. 오바마 행정부 이후 지금까지 미국의 동아시아 외교정책을 살펴보면, 중국의 부상으로 지역 질서 재편의 가능성이 대두되는 상황에서 한국과 일본 등 핵심 동맹 국가들과의 협력 관계를 강화하는 한편, 중국과의 관계를 적대적 경쟁자로서보다는 전략적 파트너로 형성함으로써 동아시아 지역에서 미국의 영향력을 최대한 유지하려는 현상 유지 정책을 취하고 있다. 즉, 현 시점 미국의 외교정책은 20세기 후반 이후 동아시아 지역에서 지켜 온 미국의 영향력을 지속적으로 유지하는 데 전략적 초점이 맞추어져 있다.

도널드 트럼프의 외교정책은 탈냉전 이후 미국 경제가 불이익을 당하고 있으므로 주요 통상 국가와 무역 적자 문제를 해소해야 한다는 입장을 강하게 피력하고 있으므로 안보적 가치에도 불구하고 일본에 대해서는 보다 강경한 보호 무역 정책이 가해질 것으로 보인다. 더욱이 후보 경선 과정에서 도널드 트럼프의 공격적 캠페인으로 인해 미국의 경제적 이익을 해치면서 안보에서는 무임승차하는 국가로 한국과 일본을 직접적으로 거명한 바 있기 때문에 도널드 트럼프 후보가 승리한 현 시점에서 일본의 입장에서는 공정한 무역 파트너로서 책임을 다할 것을 요구 받게 될 것이다. 다만 공정한 시장 경쟁에 따른 자유 무역 질서의 유지가 미국 대외 무역 정책의 근간이라는 점을 감안할 때, 미국의 입장에서 과도한 보호 무역의 강화로 이어질 경우 국제무역기구(WTO)에의 제소 등 역풍을 맞게 될 가능성도 배제할 수 없다. 그럴 경우 이념과 가치 측면에서 설득력을 잃어 미국 내부 여론의 지지를 받기 어려워질 경우도 상정할 수 있다. 따라서 직접적인 무역의 측면보다는 미국이 강점이 있는 환율과 지적 재산권 그리고 안보적 측면을 강조한 책임의 분담을 더욱 부각시킬 것으로 예상된다.

도널드 트럼프 대통령 시대 미국의 대일 정책은 지금보다 보호 무역의 기조가 강화되는 상황에서 안보적 측면에서 책임의 분담 요구가 높아질 것은 자명해 보인다. 북핵 문제 등 지역 현안의 해결에 있어서도 미국이 주도적으로 문제 해결에 나서기보다는 관련 국가들에게 책임과 부담을 미룰 가능성도 높아 보인다. 미국 중산층 대부분은 미국이 경제 발전을 위해 많은 투자를 해야 되지만 예산의 약 20%를 국방비에 지출하는 것에 불만을 갖고 있어 어느 정도 국방예산 감축이 불가피한 상황이라는 점을 감안할 때 이 같은 가능성은 더욱 높아진다. 미국의 대일 관계는 일본이 핵심 동맹국으로서 지니는 안보적 가치로 인해 근본적으로 바뀌지는 않겠지만 미국 국내의 사정으로 인해 지금보다는 갈등 요소가 높아지는 국면을 겪게 될 것이고 예상된다. 이러한 갈등의 국면은 일본과 줄곧 우호적 관계를 강조해 왔던 공화당이지만 미국 우선주의(America First)를 강경하게 부르짖으며 대중적 인기를 표로 연결한 도널드 트럼프라는 아웃사이더로 인해 불가피해 보인다.

한반도에 대한 미국의 정책은 도널드 트럼프 대통령 시대에 불확실성이 가장 높은 외교 영역 중의 하나가 될 것이다. 북한과의 대화에 신중한 입장을 보였던 힐러리 클린턴 후보와 달리 도널드 트럼프는 김정은과 직접 만나 대화할 수 있다고 공공연히 발언하였다. 이는 공화당의 주류 정치인들이 민주당에 비해 전통적으로 대화에 의존한 문제 해결에 회의적이었던 사실에 비추어 보면 다소 의외의 모습이라 할 수 있다. 그러나 도널드 트럼프는 한편에서 김정은을 미치광이(maniac)로 묘사하기도 하는 등 북한 문제에 대해 오락가락하는 태도를 보이고 있다. 또한 도널드 트럼프는 북핵 문제 해결을 위해 북한에 대한 통제력을 갖고 있는 중국을 적절히 활용하겠다는 중국 역할론을 계속 강조해 왔다. 도널드 트럼프 대통령은 북한에 대한 직접적 압박이나 제재 또는 한국이나 일본 등 동북아 지역 내 미국의 주요 동맹국들과의 협력 강화보다는 중국이나 북한과의 협상을 통해 북한 문제를 해결하겠다는 의지를 선거 기간 동안 내비쳤다. 이는 도널드 트럼프가 주한 미군이나 주일 미군 등 아시아 지역에 미군을 주둔시키는 데 드는 비용에 강한 거부감을 갖고 있다는 사실과 무관하지 않아 보인다.

실제로 도널드 트럼프 후보는 출마 선언을 한 이래 지속적으로 한국과 일본의 이른바 "안보 무임승차론"을 제기하며 한국이 방위비 분담금을 더 부담하지 않을 경우 주한 미군을 철수시킬 수 있다고 언급했다. 한국은 1991년부터 주한 미군 주둔 비용을 일정 부분 부담해 왔다. 그 분담액은 꾸준히 증가해 2014년 타결된 제9차 한미 방위비분담특별협정(Special Measure Agreement, SMA)에 따라 최근에는 9,000억 원 이상을 부담하고 있으며, 이는 전체 주한 미군 주둔 비용의 절반에 해당한다. 이와 관련해 빈센트 브룩스(Vincent Brooks) 신임 주한 미군사령관은 상원 군사위원회의 인준 청문회에서 한국이 주한 미군 주둔에 상당한 부담을 지고 기여하고 있음을 밝힌 적도 있다. 그럼에도 불구하고 도널드 트럼프 후보는 주한 미군 주둔 비용의 100%를 한국이 부담해야 한다는 다소 비현실적인 주장을 펼쳤다.

물론 도널드 트럼프의 이러한 주장이 단순히 선거 기간에 한정된 정치적 수사에 그칠 수도 있으나 장기적으로는 선거 결과와 별도로 미국 정가에 주한 미군 규모의 구조 조정 논의나 추후 주둔 비용 재협정 논의로 이어질 수 있다는 점에서 경계할 필요가 있다. 다만 중국의 부상과 북핵 위협이 고조되는 가운데 주한 미군이 동북아 지역에서 미국의 국익을 지키는 데 기능하는 역할이 결코 작지 않다는 점에서 섣부른 판단을 하기는 어렵다. 이와 관련해 미국의 주요 외교 엘리트들이 주한 미군 주둔의 전략적 가치를 당파성에 상관없이 높게 평가하고 있다는 사실은 다시금 주목할 만하다. 따라서 한국의 입장에서 주한 미군 철수 문제보다는 전력 구조 개편 또는 주둔 비용 협상에 보다 포커스를 두어 도널드 트럼프 대통령 시대를 대비해야 할 필요가 있을 것이다.

한편 한·미 간의 무역이나 통상 부문에 있어서는 힐러리 클린턴 후보에 비해 도널드 트럼프의 입장과 발언 수위가 더 큰 우려를 불러일으켰던 점이 사실이다. 북미자유무역협정(NAFTA)을 최악의 무역 협정으로 규정하는 등 미국이 체결한 일련의 자유무역협정에 대해 강한 불신을 연일 드러냈던 도널드 트럼프는 한미자유무역협정(FTA) 재협상론을 제기하고 있다. 또한 한·미 FTA 체결로 한국에 대한 미국의 무역 적자가 두 배로 늘어났고 미국 내 일자리도 10만 개나 줄었다는 근거 없는 주장을 펼치는 등 강한 보호무역주의 경향을 드러낸 바 있다. 다만 이러한 도널드 트럼프의 후보 시절 주장이 근거가 없고 틀린 사실임을 알리는 증거들이 한국뿐만 아니라 미국 국제무역위원회(USITC) 등을 통해 보도되고 있다는 점에서 한·미 FTA 문제와 관련해서는 당분간 추이를 지켜볼 필요가 있을 것이다. 물론 미국의 추가적 시장 개방 압력 등에 대해 충분한 대비책을 서둘러 준비할 필요가 있을 것이다.

| 참고문헌 |

강주현, 2009. "외교정책 이슈가 미국 대통령 선거에 미치는 영향 분석", 《한국정당학회보》 8(2), 173~204

권용립, 2003. 《미국의 정치 문명》(삼인)

______, 2010. 《미국 외교의 역사》(삼인)

김관옥, 2010. 《갈등과 협력의 동아시아와 양면 게임이론》(리북)

김경준, "북한은 왜 경제 제재에도 핵 개발을 멈추지 않을까?", 《한국일보》(2016년 4월 4일)

김일수, 2014. 《미국의 대한반도 정책》(충북대학교출판부)

김인욱, 2011. "한반도 문제에 대한 미국 주요 싱크탱크 성향 및 영향력 조사" 《통일부연구용역보고서》(2011년 10월 3일 발간)

김태환, 2015. "일본의 대미 공공외교와 한국의 지식외교 대응 방안." 국립외교원주요국제문제 분석. No. 2015-15

김호섭, 1998. "미국의 일본 정책", 이범준 편, 《미국 외교정책 : 이론과 실제》(박영사)

남궁곤, 2001. "미국 신행정부의 대한반도 안보 및 국방 정책 전망" 한국전략문제연구소(KRIS) 2001 국방정책연구보고서

마고사키 우케루, 2013. 양기호 역, 《미국은 동아시아를 어떻게 지배했나 : 일본의 사

례, 1945~2012년》(메디치미디어)
미국정치연구회 편, 2008. 《미국 정부와 정치》(명인문화사)
박건영, 2007. "제1차 아미티지보고서(2000)와 제2차 아미티지보고서(2007) : 비교 분석과 한국에 주는 정책적 함의", 코리아연구원(KNSI) 특별기고 제15호
박성관, 2010. "미국 오바마 행정부의 대북 정책 결정 요인에 관한 분석", 《국제 정치연구》 13(2) : 79~102
박영준, 2008. 《제3의 일본 : 21세기 일본 외교·방위 정책에 대한 재인식》(한울)
박영호, 2004. "미국의 한반도 정책과 통일 문제", 《통일연구원 연구총서》 04-12.
박찬욱, 2009. "입법부와 미국 외교정책", 이범준 편, 《미국 외교정책 : 이론과 실제》(박영사)
백광일·최준영, 2009. "미국의 한반도 정책", 이범준 편, 《미국 외교정책 : 이론과 실제》(박영사)
백창재, 2015. 《미국무역정책연구》(사회평론아카데미)
서정건·정진민, 2015. "미국 의회와 한국 국회 의원들의 외교정책 전문성 비교 연구", 《오토피아》, 30(2) : 241~271
손병권, 2012. 《기후변화 대처와 미국 패권의 딜레마 : 국제적 공공재 창출에 대한 국내적 저항》(서강대학교출판부)
스노하라 쓰요시, 2007. 이웅현·조진구 역, 《워싱턴의 사쿠라 : 미국 내 지일파에 관한 심층 분석 보고서》(리북)
유성진, 2012. "대외 정책 결정의 견제자로서의 의회 : 자유무역협정(FTA) 체결 과정에서 미국 의회의 역할을 중심으로", 《분쟁해결연구》 10권 1호 : 159~191
유찬열, 2009. "냉전기 미국 외교정책의 전개", 이범준 편, 《미국 외교정책 : 이론과 실제》(박영사)
장동철, 2003. "미·일 군사 동맹과 한반도 안보", 정책 연구 시리즈 2003-1(외교안보연구원)
전성훈, 2007. "부시 행정부의 북핵 정책 변화 분석", 《통일정세분석》(통일연구원)
전재성 편, 2015. 《미중 경쟁 속의 동아시아와 한반도》(늘품플러스)
정재호 편, 2016. 《평화적 세력 전이의 국제 정치》(서울대학교출판문화원)
최우선, 2014. "미국에서의 미·중 관계 연구 평가", 정재호 편, 《미·중 관계 연구론》(서울대학교출판부)

Adler, E., & Haas, P. M., 1992. "Conclusion : epistemic communities, world order, and the creation of a reflective research program", *International organization* 46(1), 367~390

Akira, Iriye and Warren I. Cohen (eds.), 1989. *The United States and Japan in the Postwar World*. (Lexington : The University Press of Kentucky)

Aldrich, J. H., Gelpi, C., Feaver, P., Reifler, J., & Sharp, K. T., 2006. *Foreign policy and the electoral connection*. Annu. Rev. Polit. Sci., 9, 477~502

Aldrich, John H., John I. Sullivan, and E. Borgida, 1989. Foreign Affairs and Issue Voting : Do Presidential Candidates 'Waltz before a Blind Audience', *American Political Science Review* 83 : 123~141

Allison, Graham, 2012. "Avoiding Thucydides's Trap?", *Financial Times*(London), August 22, 2012

Almond, G. A., 1950. *The American people and foreign policy*(Praeger)

Baum, M. A., & Potter, P. B., 2008. *The relationships between mass media, public opinion, and foreign policy : Toward a theoretical synthesis*. Annu. Rev. Polit. Sci., 11, 39~65

Bader, Jeffrey A., 2012. *Obama and China's Rise*.(Washington D. C. : Brookings Institutions Press)

Bader, Jeffrey A., 2016. *A framework for U. S. policy toward China*.(Washington D. C. : Brookings Institutions Press)

Bailyn, Bernard, 1967. *The Ideological Origins of American Revolution*.(Cambridge : The Belknap Press of Harvard University)

Beard, Charles A., 1939. *American Government and Politics*.(New York : Macmillan)

Beinart, P., 2008. *When politics no longer stops at the water's edge : Partisan polarization and foreign policy*. Red and blue nation, 2, 151~167

Bull, Hedley, 1977. *The Anarchical Society : A Study of Order in World Politics*.(New York : Columbia University Press)

Busby, J. W., & Monten, J., 2008. "Without heirs? Assessing the decline of establishment internationalism in US foreign policy", *Perspectives on Politics* 6(03), 451~472

Calder, Kent E., 2014. *Asia in Washington : Exploring the Penumbra of Transnational Power*.(Washington D. C. : Brookings Institution)

Campbell, Kurt., 2016. *The Pivot : The Future of American Statecraft in Asia*.(New York : Twelve)

Carmines, E. G., & James A. S., 1980. "The Two Faces of Issue Voting", *American Political Science Review* 74 : 78~91

Carey, George(ed.), 1998. *Freedom and Virtue : The Conservative-Libertarian Debate*. (Delaware : Intercollegiate Studies Institute)

Carter, Ralph G. and James M. Scott., 2009. *Choosing to Lead : Understanding Congressional Foreign Policy Entrepreneurs*.(Durham : Duke University Press)

Chanlett-Avery, Emma, Mark E. Manyin, Ian E. Rinehart, Rebecca M. Nelson, and Brock R. Williams, 2015. "Japan-U.S. Relations : Issues for Congress." *Congressional Research Service Report* (2015/9/29)

Chapman, B., 2016. "US Congressional Committee Hearings on Korea during the 113th Congress 2013~2014 : Overseeing Multifaceted Aspects of Washington's Peninsular Interests", *The Korean Journal of Defense Analysis*

Chaudoin, S., Milner, H. V., & Tingley, D. H., 2010. "The center still holds : Liberal internationalism survives." *International Security*, 35(1), 75~94

Choate, Pat., 1990. *Agents of Influence : How Japan Manipulates America's Political and Economic System*.(New York : Touchstone)

Christensen, Thomas J., 1996. *Useful Adversaries : Grand Strategy, Domestic Mobilization, and Sino-American Conflict, 1947~58*(Princeton, Princeton University Press)

Christensen, Thomas J., 2015a. *The China Challenge : Shaping the Choices of a Rising Power*(New York : W. W. Norton)

Christensen, Thomas J., 2015b. *Obama and Asia : Confronting the China Challenge*. Foreign Affairs, Sep/Oct 2015

Clinton, H., 2011. "America's Pacific Century : the future of geopolitics will be decided in Asia, not in Afghanistan or Iraq, and the United States should be right at the center of the action", *Foreign Policy*(189), 56~63

Corwin, Edward S., 1957. *The President, office and powers : 1787~1957 ; history and analysis of practice and opinion*(New York : New York University Press)

Crabb, Cecil V. and Pat M. Holt, 1989. *Invitation to Struggle : Congress, the President, and Foreign Policy* (3rd ed.).(Washington D. C. : CQ Press)

Daalder, I. H., & Destler, I. M., 2009. "In the shadow of the oval office : The next national security adviser", *Foreign Affairs*, 114~129

Desler, I. M., 1985. "Executive-congressional Conflict in Foreign Policy : Explaining it, Coping with it." In *Congress Reconsidered* (3rd ed.). Lawrence C. Dodd and Bruce I. Oppenheimer (eds.).(Washington D. C. : CQ Press)

Dionne, E. J., 2016. *Why the Right Went Wrong : American Conservatism-from Goldwater to the Tea Party and Beyond*.(New York : Simon & Schuster)

Doyle, M. W., 1986. "Liberalism and world politics", *American Political Science Review*, 80(04), 1151~1169

Dueck, Colin, 2010. *Hard Line : The Republican Party and U. S. Foreign Policy Since World War II.*(Princeton : Princeton University Press)

______, 2015. *The Obama Doctrine : American Grand Strategy Today*(Oxford : Oxford University Press)

Erikson, Robert S., Michael B. MacKuen, and James A. Stimson, 2002. *The Macro Polity*. (New York : Cambridge University Press)

Fallows, James, 1989. "Containing Japan." *Atlantic Monthly*, 40~54

Fearon, James D., 1994. "Domestic political audiences and the escalation of international disputes", *American Political Science Review*, 88(03), 577~592

Fearon, James D., 1998. "Domestic Politics, Foreign Policy, and Theories of International Relations", *Annual Review of Political Science* 1 : 289~313

Ferguson, Niall and Moritz Schularick, 2007. "Chimerica and the Global Asset Market Boom", *International Finance* 10(3) : 215~239

Fleisher, Richard and Jon R. Bond, 1988. "Are There Two Presidencies? Yes, But Only for Republicans", *Journal of Politics* 50 : 747~767

Forrester, J. W., 2007. "Congressional Attitudes on the Future of the U. S. South Korea Relationship : A Report of the International Security Program Center for Strategic and International Studies." CSIS(The Center for Strategic and International Studies) Report, 2007

Friedberg, Aaron L., 2011. *A Contest for Supremacy : China, America, and the Struggle for Mastery in Asia*. (New York : W. W. Norton)

Friedhoff & Smeltz, 2015. "Strong Alliances, Divided Publics : Public Opinion in the United States, Japan, South Korea, and China", Chicago Council on Global Affairs Report(October 2015)

Fry, Joseph A, 2002. Dixie Looks Abroad : *The South and U.S. Foreign Relations, 1789~1973* (Baton Rouge : Louisiana State University Press)

Gaddis, John Lewis, 1982. *Strategies of Containment : A Critical Appraisal of Postwar American National Security Policy* (Oxford : Oxford University Press)

Gilligan, Thomas and Keith Krehbiel, 1989. "Asymmetric Information and Legislative Rules with a Heterogeneous Committee", *American Journal of Political Science* 33 : 459~490

Gilligan, Thomas and Keith Krehbiel, 1990. "Organization of Informative Committees by a Rational Legislature", *American Journal of Political Science* 34 : 531~564

Goldstein, Judith, 1986. "The Political Economy of Trade : Institutions of Protection",

American Political Science Review 80 : 161～184

Gries, Peter H., 2014. *The Politics of American Foreign Policy : How Ideology Divides Liberals and Conservatives over Foreign Affairs*,(Stanford : Stanford University Press)

Grimmett, R. F., 1999. "Foreign Policy Roles of the President and Congress", CRS Report to Congress(June 1 , 1999)

Haas, P. M., 1992. "Introduction : epistemic communities and international policy coordination", *International organization*, 46(01), 1～35

Haass, Richard, N., Nov, 2002. "Think Tanks and U. S. Foreign Policy : A Policy-Maker's Perspective", U. S. Foreign Policy Agenda : An Electronic Journal of U. S. Department of State, Vol. 7, No. 3

Hacker, Jacob S. and Paul Pierson, 2012. *Winner-Take-all Politics : How Washington made the Rich Richer and Turned its Back on the Middle Class*(New York : Simon & Schuster)

Hartz, Louis, 1955. *The Liberal Tradition in America : An Interpretation of American Political Thought since the Revolution*(New York : Harcourt, Brace and Company)

Hemmer, Christopher and Peter J. Katzenstein, 2002. "Why is There No NATO in Asia? Collective Identity, Regionalism, and the Origins of Multilateralism", *International Organization* 56(3) : 575～607

Hogan, Michael J., 1998. *A Cross of Iron : Harry S. Truman and the National Security State 1945～1954*(New York : Cambridge University Press)

Holsti, O. R., 1996. *Public opinion and American foreign policy*(Ann Arbor : University of Michigan Press)

Howell, William G., 2003. *Power without Persuasion : The Politics of Direct Presidential Action*(Princeton : Princeton University Press)

Hudson, Valerie M., 2005. "Foreign Policy Analysis : Actor-Specific Theory and the Ground of International Relations", *Foreign Policy Analysis* 1:1～30

Huntington, Samuel P., 1997. "The Erosion of American National Interests", *Foreign Affairs*, 76(5), 28～49

Jacobs, L. R., & Page, B. I., 2005. "Who influences US foreign policy?", *American political science review*, 99(01), 107～123

Jentleson, Bruce W., 2010. *American Foreign Policy : The Dynamics of Choice in the 21st Century*(New York : W. W. Norton & Company)

Johnson, Robert David, 2006. *Congress and the Cold War*(New York : Cambridge University Press)

Keohane, Robert O., 1984. *After Hegemony : Cooperation and Discord in the World Political Economy*(Princeton : Princeton University Press)

Koen, Ross Y., 1974. *The China Lobby in American Politics*(New York : Harper and Row Publishers)

Koh, Harold., 1990. *The National Security Constitution : Sharing Power after the Iran-Contra Affair*(New Haven : Yale University Press)

Krutz, Glen S. and Jeffrey S. Peake, 2006. "The Changing Nature of Presidential Policy Making on International Agreements", *Presidential Studies Quarterly* 36(3) : 391~409

Kupchan, C. A., 2003. "The rise of Europe, America's changing internationalism, and the end of US primacy", *Political Science Quarterly*, 118(2), 205~231

Kupchan, C. A., & Trubowitz, P. L., 2007. "Dead center : The demise of liberal internationalism in the United States", *International Security*, 32(2), 7~44

Lasswell, Harold D., 1941. "The Garrison State", *The American Journal of Sociology*, 46(4) : 455~468

Lippmann, Walter, 1955. *The Public Philosophy*(Boston : Little Brown)

Lowther, Adam B., and Casey Lucius, 2013. "Identifying America's vital interests", *International Affairs Forum*, 4(2), 39~54

Maddox, William S. and Little, Stuart A., 1984. *Beyond Liberal and Conservative*(Washington D. C. : Cato Institute)

Mann, James, 2004. Rise of the Vulcans : *The History of Bush's War Cabinet*(New York : Penguin Group)

______, 2007. *The China Fantasy : How Our Leaders Explain Away Chinese Repression*(New York : Viking)

Manyin, M. E., Chanlett-Avery, E., Rinehart, I. E., Nikitin, M. B., and Cooper, W. H., 2014. "U. S.-South Korea Relations", Congressional Research Service Report(February 12, 2014)

Manyin, M. E., Chanlett-Avery, E., Nikitin, M. B., Rinehart, I.E., and Williams, B.R., 2015. "U.S.-South Korea Relations", Congressional Research Service Report(October 28, 2015)

Manyin, M. E., Chanlett-Avery, E., Nikitin, M. B., Rinehart, I.E., and Williams, B.R., 2016. "U.S.-South Korea Relations", Congressional Research Service

Report(April 26, 2016)

Maoz, Z., & Russett, B. 1992. "Alliance, contiguity, wealth, and political stability : Is the lack of conflict among democracies a statistical artifact? 1", *International Interactions*, 17(3), 245～267

Martin, Lisa L., 2000. *Democratic Commitments : Legislatures and International Cooperation*(Princeton : Princeton University Press)

Mayhew, David R., 1974. Congress : *The Electoral Connection*(New Haven : Yale University Press)

Mead, Walter Russell, 2002. *Special Providence : American Foreign Policy and How It Changed the World*(New York : Routledge)

Mearsheimer, John J., 2001. *The Tragedy of Great Power Politics*(New York : W. W. Norton)

McClosky, Herbert and Zaller, John, 1984. *The American Ethos : Public Attitudes toward Capitalism and Democracy*(Cambridge : Harvard University Press)

Miller, Warren E., and Donald E. Stokes, 1966. "Constituency Influence in Congress", in *Elections and the political order*, Angus Campbell, Philip E. Converse, Warren E. Miller, and Donald E. Stokes, eds.(New York : Wiley)

Milner, Helen V., 1997. *Interests, Institutions, and Information : Domestic Politics and International Relations*(Princeton : Princeton University Press)

Milner, Helen V. and Tingley, Dustin, 2016. *Sailing the Water's Edge : The Domestic Politics of American Foreign Policy*(Princeton : Princeton University Press)

Morgenthau, Hans, 1948. *Politics among Nations : The Struggle for Power and Peace*(New York : Alfred A. Knopf)

Morrison, Wayne M., 2015. *China-US Trade Issues*. Congressional Research Service RL33536

Neustadt, Richard E., 1960. *Presidential Power : The Politics of Leadership*(New York : John Wiley & Sons)

Nixon, Richard, 1967. "Asia After Vietnam", *Foreign Affairs* 46

Nokken, Timothy P., 2003. "The Ideological Ends against the Middle : House Roll Call Votes on Normal Trade Relation Status for China, 1990～2000", *Congress and the Presidency* 30(2) : 153～170

North Korea Advisory Group(NKAG), 1999 "Report to the Speaker, U. S. House of Representatives", November 1999, http://www.fas.org/nuke/guide/dprk/nkag-report.htm

Nye, Joshep S. 2015. *Is the American Century Over?*(Cambridge : Polity Press)

Olson, E. A. U. S. Policy and the Two Koreas(San Francisco : World Affairs Council of Northern California, 1988)

Packard, George R., 2010. "The United States-Japan Security Treaty at 50 : Still a Grand Bargain?", *Foreign Affairs*. March 1

Page, Benjamin and Robert Shapiro. 1988. Foreign Policy and the Rational Public, *Journal of Conflict Resolution* 32 : 211~247

Pastor, Robert A., 1980. *Congress and the Politics of U. S. Foreign Economic Policy, 1929~1976*(Berkeley : University of California Press)

Pew Research Center. April, 2015. "Americans, Japanese : Mutual Respect 70 Years After the End of WWII" (http://www.pewglobal.org/files/2015/04/Pew-Research-Center-US-Japan-Report-FINAL-April-7-2015.pdf)

Polsby, Nelson W., 1968. "The Institutionalization of the U.S. House of Representatives", *The American Political Science Review*, 62(1) : 144~168

Putnam, R. D., 1988. "Diplomacy and domestic politics : the logic of two-level games", *International organization*, 42(03), 427~460

Rennack, Dianne E., 2016. "North Korea : Legislative Basis for U. S. Economic Sanctions", *Congressional Research Service Report*(Jan. 14, 2016)

Robinson, James A., 1967. *Congress and Foreign Policy-making*(IL : The Dorsey Press)

Rogowski, R., 1989. *Commerce and coalitions : How trade affects domestic political alignments*(Princeton, NJ : Princeton Univ. Press)

Rossiter, Clinton L., 1955. *Conservatism in America*(New York : Knopf)

Rubio, Marco, Aug. 27, 2015. "How My Presidency Would Deal With China", *The New York Times*

Russett, Bruce, 1994. *Grasping the Democratic Peace : Principles for a Post-Cold War World*(Princeton : Princeton University Press)

Russett, Bruce and Oneal, John R., 2001. *Triangulating Peace : Democracy, Interdependence, and International Organizations*(New York : W. W. Norton)

Schlesinger, Arthur M., 1973. *The Imperial Presidency*(Boston : Houghton Mifflin)

Schoppa, Leonard J., 1997. *Bargaining with Japan*(New York : Columbia University Press)

Schweller, Randall L. and Xiaoyu Pu., 2011. "After Unipolarity : China's Visions of International Order in an Era of U. S. Decline", *International Security* 36(1) : 41~72

Seo, Jungkun, 2010. "Vote Switching on Foreign Policy in the U. S. House of Representatives", *American Politics Research*, 38(6) : 1072～1101

______, 2011. "Wedge Issue Dynamics and Party Position Shifts : Chinese Exclusion Debates in the post-Reconstruction U. S. Congress, 1879～1882", *Party Politics*, 17(6) : 823～847

______, 2013. "Who Takes North Korea Seriously? The US Congress and Policy toward Pyongyang, 2009～2012", *The Korean Journal of Defense Analysis* 25(2) : 191～209

______, 2015. "Security Ties or Electoral Connections? The US Congress and the Korea-US Free Trade Agreement, 2007～2011", *International Relations of the Asia-Pacific* 15(2) : 217～243

Seo, Jungkun and Trubowitz, Peter, 2012. "The China Card : Playing Politics with Sino-American Relations", *Political Science Quarterly* 127(2) : 189～211

Seo, Jungkun and Trubowitz, Peter, 2015. "Carrots and Sticks : The Domestic Political Determinants of American Strategy toward China", *A Paper presented at the American Political Science Association Meetings*, San Francisco, September 2～6, 2015

Shepsle, Kenneth A., 2006. "Rational Choice Institutionalism" in S. Binder, R. Rhodes, and B. Rockman, eds., *Oxford Handbook of Political Institutions*(Oxford : Oxford University Press), pp. 23～39

Smith, Tony, 2005. *Foreign Attachments : The Power of Ethnic Groups in the Making of American Foreign Policy*(Cambridge : Harvard University Press)

Snyder, Jack, Shapiro, Robert Y., and Bloch-Elkon, Yaeli, 2009. "Free Hand Abroad, Divide and Rule at Home", *World Politics*, 61(January 2009) : 155～87

Stein, Arthur A., 2014. "Recalcitrance and initiative : US hegemony and regional powers in Asia and Europe after World War II", *International Relations of the Asia-Pacific*, 14 : 147～177

Stimson, James A., 1999. *Public Opinion in America : Moods, Cycles, and Swings* (2nd ed.)(Boulder : Westview Press)

Sundquist, James L., 1981. *The Decline and Resurgency of Congress*(Washington DC : Brookings Institution)

Sutter, Robert G., 2009. *The United States in Asia*(New York : Rowman and Litttlefield Publishers)

Taylor, Andrew J., 2012. "When Congress Asserts Itself : Examining Legislative

Challenges to Executive Power", *The Forum*, 10(2) : 1～30.

Thompson, K., & Morgenthau, H., 1985. *Politics Among Nations : The Struggle for Power and Peace*(Alfred A. Knopf)

Tulis, Jeffrey K., 1987. *The Rhetorical Presidency*(Princeton : Princeton University Press)

Walt, Stephen, 2006. *Taming American Power : The Global Responses to U. S. Primacy*(New York : W.W. Norton)

Waltz, Kenneth N., 1979. *Theory of International Politics*(New York : McGraw Hill)

Wedemeyer, C. Albert. 1951. Korea, Report to the President(Washington, D. C. : GPO, 1951)

Weingast, Barry, 1998. "Political Stability and Civil War : Institutions, Commitment, and American Democracy," in *Analytic Narratives*, Robert Bates, Avner Greif, Margaret Levi, Jean-Laurent Rosenthal, and Barry R. Weingast, eds.(Princeton : Princeton University Press)

Wildavsky, Aaron, 1966. "The Two Presidencies", *Trans-Action/Society*, 4 : 7～14

Wittkopf, Eugene R., Christopher M. Jones, and Charles W. Kegley, 2008. *American foreign policy : Pattern and process*(Singapore : Thomson)

Wolferen, Karen G. V., 1989. *Enigma of Japanese Power : People and Politics in a Stateless Nation*(London : Macmillan)

Wood, Gordon, 1969. *The Creation of the American Republic*, 1776～1787(New York : W. W. Norton & Company)

Xie, Tao, 2008. *US-China Relations : China Policy on Capitol Hill*(New York : Routledge)